LES
CONVENTIONS DE LA HAYE

DU 29 JUILLET 1899
ET DU 18 OCTOBRE 1907

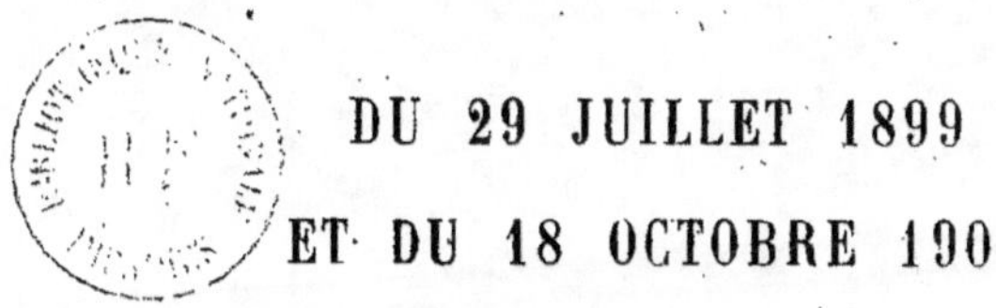

ÉTUDE JURIDIQUE ET CRITIQUE

PAR

A. PILLET

Professeur à la Faculté de Droit
de l'Université de Paris

PARIS

A. PEDONE, ÉDITEUR

13, rue Soufflot

—

1918

INTRODUCTION

Le présent ouvrage a pour objet de soumettre à un examen critique un peu approfondi les conventions de La Haye de 1899 et de 1907.

La négociation et la signature des conventions de La Haye ont été, sans contestation, le plus grand événement de l'histoire du droit international moderne. Ce n'était point, en effet, une idée médiocre que celle de substituer progressivement les moyens pacifiques aux moyens violents dans la solution des litiges internationaux et on doit rendre hommage à ceux qui en entreprirent la réalisation. Le projet de codifier les lois de la guerre en cherchant à les améliorer était aussi fort louable et personne ne peut lui refuser son approbation.

Les travaux des Conférences de La Haye ont subi un échec complet au moment même où ils paraissaient devoir porter leurs fruits. La codification des lois de la guerre et de la neutralité était sinon entière du moins fort avancée. Les lois que ces Conférences avaient portées, les principes qu'elles pensaient avoir établis ont été foulés au pied sans l'ombre d'un scrupule. Par ailleurs, les déclarations et les promesses échangées dans l'intérêt de la cause de la paix n'ont exercé aucune influence sur les destinées de l'humanité. La chute a été profonde et la déconvenue d'autant plus amère que l'on avait eu de plus splendides espérances.

Nous estimons que le moment est favorable à l'examen de l'œuvre des Conférences de La Haye. Nous ne venons pas constater ici le fait d'une immense déception, nous voulons rechercher à un point de vue purement scientifique si cet échec s'explique, quelles en ont été les causes et si une nouvelle entreprise du même genre aurait dans l'avenir de meilleures chances de succès.

L'intérêt d'une pareille étude dépasse de beaucoup son objet immédiat. Voici plusieurs dizaines d'années qu'une école nombreuse cherche à réaliser par le moyen de grands traités les progrès économiques et juridiques dont le monde paraît susceptible. Dans cette doctrine, le traité n'est plus l'accord relatif et occasionnel de deux ou trois Puissances touchant un objet bien déterminé. Le traité s'amplifie singulièrement, son protocole demeure ouvert à toutes les nations qui consentent à le signer, ses stipulations embrassent des champs entiers découpés çà et là dans le domaine du droit international. En même temps son autorité devient plus accommodante et se prête à des exceptions. Ce n'est plus le traité d'autrefois, c'est une sorte de grande loi commune sous laquelle on espère ranger un jour le monde civilisé tout entier, c'est aussi un mode assez attrayant d'organisation de cette grande société des nations dont on parle si volontiers sans la réaliser jamais.

A cette tendance la diplomatie s'est montrée favorable et un nombre assez élevé de grands traités ont été conclus dont quelques-uns, l'Union postale par exemple, ont rendu d'incontestables services. Mais ces résultats étaient loin de satisfaire aux ambitions de l'école nouvelle. Sans relâche elle étendait son action à de nouveaux objets et, insoucieuse des difficultés de sa tâche, allongeait la liste de ces grandes conventions qui paraissaient porter le germe des lois communes de l'humanité. Le droit civil, le droit commercial, la procédure, plusieurs points rentrant dans le droit administratif ou financier servirent de thèmes à ces tentatives, et la vogue de cette méthode était si grande que presque toujours les propositions faites furent accueillies par un nombre respectable d'États et devinrent des conventions.

Ce système eut son apogée dans les deux Conférences de La Haye. Il ne s'agissait de rien moins que d'assurer la paix du monde et de donner des lois à la guerre. L'univers entier fut convoqué à la seconde, il accepta l'invitation et s'y rendit. On a déjà vu des assemblées plus majestueuses, on n'en a pas vu de mieux intentionnées, de plus pleines de zèle pour le bien, ni malheureusement de plus inutiles.

C'est donc le système même qui a eu son couronnement dans les conventions de La Haye que nous allons soumettre à la critique. Le droit des conventions est assez mal connu ; quant au droit particulier aux grandes conventions, autant vaut dire qu'il est presque complètement ignoré. Il est même surprenant que ceux qui les ont faites ne se soient nullement préoccupés de ce point de vue juridique et n'aient pas poussé la curiosité au point de se demander comment elles fonctionneraient en pratique et si leur nature de grandes conventions ne contenait pas le germe de causes de faiblesse ou la menace de condamnations à l'inefficacité. Au rebours des architectes qui ne construisent pas sans s'être assurés de la résistance de leurs matériaux, les diplomates réunis à La Haye n'ont eu souci que de l'ordonnance de leur œuvre, et c'est à nous que revient maintenant le soin de rechercher si un édifice aussi grand peut reposer sur des bases pareilles.

Nous étudierons les conventions de La Haye dans

leurs deux objets principaux, la solution pacifique des litiges internationaux et la réglementation des lois de la guerre. Ici et là notre critique sera double ; nous soumettrons à l'épreuve soit la valeur des règles posées, soit celle des moyens choisis pour les faire valoir. Ce dernier aspect nous conduira à un examen attentif de l'autorité des traités employés à établir certaines règles de droit entre belligérants, matière peu étudiée et sur laquelle il importe à l'heure actuelle d'avoir des lumières plus complètes. Une introduction historique sommaire permettra de comparer le travail accompli par les conférences de La Haye aux efforts faits auparavant dans la double direction où elle s'est orientée.

Nous vivons à une époque où l'on parle volontiers et jusqu'au milieu du fracas des armes de progrès à accomplir dans le sens de la paix du monde et de transformations de la société internationale. Que ces projets aient une valeur certaine ou qu'ils n'en aient aucune, une chose est nécessaire avant tout, c'est que l'on soit bien renseigné sur la valeur des instruments dont on entend se servir et sur l'efficacité des lois nouvelles que l'on voudrait établir.

La présente étude correspond à ce besoin d'information. Elle tend moins à convaincre qu'à éclairer. Si elle permet à ceux qui la liront de porter un jugement plus profond sur les projets de réforme qui leur seront soumis, elle n'aura pas été écrite en vain.

PREMIÈRE PARTIE

CHAPITRE I

Les origines lointaines des conventions de La Haye.

De tout temps la sagesse humaine a poursuivi la lutte contre le fléau de la guerre sur deux terrains, soit pour en diminuer la fréquence, soit pour en atténuer les. rigueurs. Ce double objet fournira au travail que nous allons poursuivre sa double direction.

SECTION I

Tentatives faites en vue de lutter contre le fléau de la guerre.

Les nombreuses tentatives de réformes inspirées par l'intérêt de la paix peuvent être réparties elles-mêmes en deux groupes comprenant respectivement celles qui, sans prétendre extirper le fléau de la guerre, se sont appliquées à en rendre le retour moins fréquent, et celles qui ont prétendu l'abolir pour y substituer le remède universellement prôné de l'arbitrage ; les premières émanent de théologiens et de jurisconsultes, les secondes de philosophes, de publicistes et surtout d'illuminés.

Les théologiens furent les aînés : ils eurent une conception de la guerre très particulière, cette conception passa ensuite à Grotius et à son école.

Doctrine des théologiens. — Le point de vue des théologiens est celui de la conscience. Ils déterminent ce qu'un chrétien peut faire et ce qu'il ne peut pas faire. L'intérêt pratique de cette recherche était de poser des règles pour la direction spirituelle des âmes et aussi de fournir une doctrine à ceux qui étaient appelés à statuer comme arbitres. Le droit international de la guerre a été traité par eux dès l'origine comme une question de conscience : il gardera fatalement ce caractère dans le cours des âges.

La continuité de la doctrine des théologiens, depuis saint Augustin au moins, est certaine et aussi la continuité de leur enseignement. On peut dire que ce fut cet enseignement qui donna à la guerre sa forme la plus juridique.

Puisons-en les éléments dans Victoria, célèbre théologien auteur des *Relectiones theologicæ,* qui vivait à la fin du XVIe siècle, peu avant la laïcisation de la science par Grotius.

Une question préliminaire s'imposait à cette école. Les chrétiens peuvent-ils faire la guerre ? Ce point était très discuté, notamment par Luther qui argumente contre le droit de se défendre par les armes de ce principe que tout ce qui arrive arrive par la volonté de Dieu et par conséquent ne doit pas être empêché. Les textes sont incertains, on en trouve pour les deux partis. La doctrine depuis saint Augustin est en grande majorité en faveur du droit de faire la guerre, non seulement la guerre défensive plus favorable, mais aussi la guerre offensive, dans certains cas au moins. Pourquoi ? L'esprit de cette école se montre déjà là : parce que le prince est armé contre les malfaiteurs de l'extérieur comme contre ceux de l'intérieur, notamment contre ceux qui, ayant commis des injustices, refusent de les réparer et compromettent par leur conduite la sécurité de l'État, sécurité sans laquelle la paix est un bien précaire et la prospérité publique une illusion.

Déjà cette école attribuait un grand poids aux leçons de l'histoire et raisonnait en faveur de la légitimité de la guerre de ce fait que des princes hommes de bien avaient dirigé ou soutenu des guerres contre leurs ennemis.

De là est venue la limitation des guerres légitimes à celles-là seules qui ont une cause juste. Les guerres justes sont seules conformes au droit.

Qu'est-ce qu'une juste cause de guerre? La doctrine des théologiens est très nette là-dessus : l'intérêt n'est pas une juste cause de guerre; la seule juste cause de guerre est dans la violation d'un droit. L'unanimité des docteurs se prononce en ce sens.

Donc, ni la gloire du prince, ni les avantages particuliers qu'il ambitionne, ni le désir d'étendre les domaines de l'État, ni la différence de religion ne sont des guerres justes.

Il faut plus que cela, un droit violé. La guerre est un acte de justice vindicative, elle est faite pour revendiquer le droit qui a été lésé. Le droit de faire la guerre dérive de la juridiction criminelle qui appartient au souverain, c'est la façon d'exercer cette juridiction contre les peuples étrangers. Cajetan, Victoria, Suarez, tous les docteurs sont absolus sur ce principe. Il faut une offense et, de plus, que cette offense soit grave, à cause de la gravité des conséquences de la guerre. De là découlent des règles nombreuses et importantes :

1° Le droit de tuer l'ennemi dans la guerre est comparable au droit de mettre à mort les malfaiteurs à l'intérieur du pays ;

2° Il n'y a de cause juste de guerre que si l'on est attaqué ou si la cité ennemie a refusé de punir ceux des siens qui avaient agi criminellement, ou de restituer des choses qu'ils avaient injustement enlevées ;

3° Le vainqueur est juge du vaincu et peut, en dehors des restitutions dues, lui infliger une peine.

En outre, les théologiens réservaient au prince seul le droit de faire la guerre et exigeaient qu'il eût une intention droite, c'est-à-dire qu'il prît les armes uniquement en vue de réparer l'injustice commise.

Cette doctrine est pleine de difficultés. Comment reconnaître la justice ou l'injustice de la cause de la guerre? le doute est possible[1]. Pourtant une guerre ne peut pas être juste des deux côtés, sauf dans le cas d'ignorance invincible. Lorsqu'il y a doute, la doctrine n'hésite pas à recommander l'arbitrage. Notons que l'école canoniste la plus récente a une tendance à admettre au contraire qu'une guerre peut être juste de part et d'autre. La doctrine canoniste entraîne l'interdiction de prendre part à une guerre injuste, même sur l'ordre du prince, à peine de se rendre coupable d'homicide. Cependant, les sujets de condition inférieure, qui ne sont pas admis aux conseils de leurs princes et n'ont aucun moyen de contrarier leurs desseins, n'ont pas à peser eux-mêmes la justice et l'injustice de la guerre; ils peuvent tenir pour juste la guerre à laquelle ils prennent part. Mais si l'injustice de cette guerre était évidente, ils ne devraient pas combattre. Celui qui fait une guerre juste a seul des droits; celui qui fait une guerre injuste est à la merci de son adversaire et doit, en outre, réparer les dommages qu'il a causés.

Comment peut-on concevoir un droit qui n'existe que pour l'un des belligérants? Que faut-il penser de cette doctrine? Elle est sans doute très amie de la paix, car elle n'admet que bien peu de cas de guerre et exige du prince qu'il soit convaincu de la justice de sa cause, de plus qu'il ait pris le conseil d'hommes sages et prudents; elle impose l'arbitrage dès qu'un doute existe touchant la légitimité d'une action violente. Elle est, en outre, absolument juridique, puisque le droit de guerre n'est qu'une forme du droit de punir et se rattache directement à la juridiction criminelle.

Cette doctrine est-elle satisfaisante? Non, bien certainement.

---

[1] Il n'y a jamais eu, je pense, de guerre plus manifestement injuste que celle que les Empires de l'Europe centrale ont déclarée en 1914 à la Serbie, à la Russie et à la France. Cette guerre n'avait aucune cause si ce n'est l'ambition effrénée de l'Allemagne. Cependant les deux Empires ont toujours soutenu contre l'évidence qu'ils ne faisaient que se défendre et il n'est pas douteux que la plupart de leurs soldats se battent pour une cause qu'ils croient juste. Qui pourrait leur persuader le contraire?

D'abord, sur le terrain pratique, elle ne confère de droits qu'à celui qui fait une guerre juste; il s'ensuit que son adversaire dont la cause est réputée injuste n'a aucun droit et par conséquent qu'aucun ménagement n'est à garder avec lui. Cela invite à la barbarie.

Mais il y a des reproches plus graves à formuler contre elle.

La guerre ne naît pas du droit de punir, les représailles suffisent à cela. Il n'y a d'exception qu'en cas de crime collectif et ce cas est bien rare.

Le droit de guerre naît du droit de protéger l'État des plus grands dangers qui le menacent. La guerre est avant tout un moyen politique tendant à conserver l'État. C'est un moyen extrême, à n'employer qu'autant que tout autre fait défaut. A cet égard, les théologiens ont raison, et aussi quand ils disent qu'une large place doit être laissée à l'arbitrage.

Ce moyen est légitime toutes les fois qu'un grave danger existe pour l'État du fait d'un autre État. Aucune précision plus grande n'est possible. Les guerres purement défensives sont un droit absolu; de là le droit corrélatif, en cas de succès, de prendre des précautions pour écarter tout renouvellement de dangers du même ordre. La guerre peut répondre à une menace directe, non seulement contre l'État même qui prend les armes, mais contre d'autres États dont il sait qu'il partagerait la ruine. Ce sont les guerres d'équilibre.

Une guerre peut être faite pour la défense de la vie économique de la nation. On peut donner comme exemples de causes de guerre de ce genre le blocus continental qui fut la grande cause des coalitions formées contre Napoléon Ier et encore la clause de la nation la plus favorisée stipulée à titre perpétuel par le traité de Francfort (art. 11), qui a été pour la France la source de grands dommages et de graves dangers.

Il peut y avoir des guerres de prosélytisme. Elles sont d'une légitimité plus douteuse, cependant, dans une certaine mesure, elles seront intelligibles.

Cela c'est le droit. Il faut aussi compter avec l'abus, avec les guerres de pure ambition, de conquête, de vengeance, toutes nées des passions des princes et des peuples, qui sont peut-être les plus fréquentes de toutes. Il y a une distance énorme de la théorie des théologiens à la réalité des choses.

La vanité de la distinction des guerres justes et injustes est évidente, ce point est une pure question de conscience personnelle. Elle a aussi son danger, car il faut que l'influence du droit s'étende même aux guerres injustes. Cela est dans l'intérêt de l'humanité et de la civilisation.

Grotius et son école. — La doctrine des théologiens passa dans les ouvrages de Grotius, homme très érudit qui l'amplifia et tira de ces recueils de cas de conscience le premier grand traité de droit international, le *De jure belli et pacis,* paru en 1625 et composé dans une maison de campagne du président J.-J. de Mesmes, près de Senlis, pendant l'exil de l'auteur.

Tout ce qui concerne la légitimité de la guerre et ses justes causes est traité abondamment par Grotius, mais avec une faiblesse déconcertante.

Il consacre un chapitre (l. I, ch. II) à se demander si la guerre peut être quelquefois juste et recherche si elle est contraire au droit naturel et aux lois divines. Pour l'affirmative, au lieu d'alléguer les exigences de la défense des États, il argumente, par une réminiscence des définitions romaines, de ce que le corps de l'homme convient au combat comme aux arts de la paix et de ce que les animaux eux-mêmes emploient la force de leur défense. Tout le droit de guerre dérive, à son sens, du droit de défense personnelle[1], la *non scripta sed nata lex,* de Cicéron, et quand il passe au droit divin, il s'égare dans une controverse interminable sur les textes de l'Écriture.

---

[1] Par une méthode semblable et avec une faiblesse au moins égale, les jurisconsultes allemands ont cherché à étayer sur le droit de légitime défense leur fameuse théorie de la raison de guerre (v. p. ex. Lueder dans le *Holtzendorff's Handbuch,* t. IV, p. 255 et s.).

Une semblable méthode ne fait pas faire un pas à la question.

Le chapitre des causes de la guerre et de la juste défense de soi-même est plus faible encore (l. II, ch. ı). Grotius convient qu'il faut une cause juste de guerre aussi bien dans les guerres publiques que dans les guerres particulières, mais venant à l'énumération des causes, c'est aux seules guerres privées qu'il paraît songer. Il faut à la guerre une injustice commise, et par liaison avec la juridiction intérieure, Grotius dit qu'il peut y avoir autant de sources de guerre que de causes de procès.

La guerre peut être faite pour la défense, le recouvrement de ce qui nous appartient, la punition des crimes. Le jurisconsulte ajoute à cette énumération traditionnelle la poursuite de ce qui nous est dû. Il admet que la guerre peut être faite en vue d'écarter une injure imminente, aussi bien que pour venger une injure déjà commise.

De ces développements, il ressort qu'il n'a en vue que les actions des particuliers et que le droit de faire la guerre se confond pour lui avec le droit de tuer celui qui nous attaque.

Des guerres publiques, un seul mot est dit à la fin du chapitre (§§ 16 et suivants). Il leur étend ce qu'il a dit des guerres privées en remarquant qu'entre États le recours à la force peut avoir plus d'amplitude, parce que les États n'ont pas de juge commun que l'on puisse saisir de sa plainte. Il mentionne, en outre, cette différence que le particulier ne peut prendre les armes que pour sa défense, alors que le prince peut les prendre pour venger et punir les injures. Le seul agrandissement d'un voisin n'est pas pour lui un juste sujet de guerre, mais peut entrer comme élément de décision quand une juste cause existe.

Tout cela est enfantin. En quoi les raisons qui peuvent autoriser les particuliers à user de la force ressemblent-elles aux causes de guerre — l'attentat à la vie, les blessures, les mutilations, l'attentat à la pudeur, la soustraction des biens en sont les exemples.

Comment entendre l'assimilation de Grotius des maux subis par les sujets de l'État aux dangers courus par l'État ? On ne peut pas le démêler. Il est impossible de tirer rien d'utile de cette doctrine.

Pufendorf, l'un des plus célèbres juristes après Grotius (*De jure naturæ et gentium*, l. VIII, ch. vi), est plus bref et plus net, quoique s'inspirant des mêmes principes. Il enseigne qu'entre les nations, la paix est l'état normal et la guerre un phénomène exceptionnel et établit, à ce point de vue, une opposition nette entre l'homme et les animaux. Ce point de départ est très bon. Puis vient un autre principe. La guerre ne doit jamais être entreprise que pour une cause claire et certaine (*liquida*), c'est-à-dire sans que l'on soit bien fixé sur l'injustice commise. Dès qu'il y a doute, il faut recourir à des négociations directes ou par mandataires, à des arbitrages, ou encore à la décision par le sort.

Dans la matière des causes de guerre, un progrès s'est accompli. Pufendorf considère les causes qui concernent les États et non pas les simples particuliers. Parmi les causes injustes, il distingue celles qui le sont absolument comme l'ambition, l'avarice, et celles qui ont une couleur de probabilité comme l'accroissement du pouvoir d'un voisin qui peut être ou peut ne pas être menaçant suivant les cas.

La simple utilité n'est pas une cause de guerre. Peut-on faire la guerre aux peuplades sauvages adonnées aux sacrifices humains ? Le jurisconsulte distingue suivant qu'elles usent de ces pratiques criminelles seulement entre elles ou aussi à l'égard des étrangers. Il réserve le pouvoir de faire la guerre à celui à qui appartient l'empire suprême et ne considère comme guerres véritables que celles qui ont été solennellement déclarées.

Ces propositions procèdent d'un esprit de limitation décidé et décèlent des tendances pacifiques ; mais elles sont encore bien hésitantes et ne creusent pas suffisamment la question de la cause juste des guerres.

Burlamaqui (*Principes de droit politique*, 4ᵉ partie, ch. ii) est plus clair et plus moderne. Il fait dériver le droit de guerre du droit de conservation, ce qui est exact, et distingue après Grotius les causes justificatives que l'on allègue du motif qui fait réellement agir. La guerre n'est juste que lorsque la cause justificative se confond avec le motif, et que ce dernier est du reste juste. Les guerres justes sont encore pour lui celles entreprises pour se défendre, pour obtenir restitution de ce qui nous est dû, pour punir une offense. De là la condamnation des guerres sans cause ou pour une cause de pur intérêt. La seule augmentation des forces d'un voisin n'est pas une juste cause de guerre, mais si ce voisin pousse ses armements très loin, on peut lui demander des sûretés et, en cas de refus, lui déclarer la guerre. Le seul avantage ne justifie pas la guerre, comme l'espoir de se procurer une meilleure frontière ou de vivre dans un pays plus fertile.

La guerre ne sanctionne que les obligations parfaites, réserve faite du cas de nécessité où la violation d'une obligation même imparfaite peut amener la guerre. Il en est ainsi du droit de passage pour une armée. Grotius pense qu'on peut l'exiger, Burlamaqui le conteste. Une longue discussion est consacrée à ce sujet. On ne peut pas faire la guerre pour étendre sa religion, mais on peut défendre cette religion les armes à la main.

Burlamaqui parle longuement des diverses sortes de guerres et note bien que la guerre offensive peut être juste et la guerre défensive injuste, bien que le contraire soit plus fréquent.

Comme chez les autres auteurs de la même école, c'est encore la préoccupation des offenses que peuvent recevoir de simples particuliers qui absorbe surtout Burlamaqui quand il traite des causes de guerre. La guerre est toujours une extension du droit privé aux rapports internationaux. Rien n'est dit de son véritable rôle dans la vie des États.

Bynkershock (*de rebus bellicis*)[1] appartient au même temps, mais à une autre école. Le droit naturel ne le préoccupe pas. Sa doctrine est plus dure, mais plus voisine de la vérité. La seule cause de la guerre est de défendre ou recouvrer notre

---

[1] *Questiones juris publici, lib. I.*

bien, mais il ajoute qu'il faut se garder de penser que telle soit aussi la fin de la guerre. Le prince à qui on fait la guerre est le maître de toute la chose publique ennemie, hommes et biens : la guerre a pour effet de dissoudre le lien de la société humaine et donne à chaque belligérant des titres à tout ce qui appartient à son ennemi. Il dit ailleurs : « Ton ennemi est devant toi comme un condamné et tu es tel aussi devant lui ; vis-à-vis d'un tiers ami de l'un et de l'autre, votre cause est égale et vous êtes justes tous deux. » Jamais formule plus tranchante n'a été donnée de la position respective de deux adversaires.

Bynkershoek a mieux compris la guerre, mais sa doctrine est trop absolue. Il affirme se soucier beaucoup de la justice dans la guerre, mais c'est la justice du bourreau. Ce que les autres appellent justice, il l'appelle grandeur d'âme et il dit que la grandeur d'âme n'est jamais due à l'ennemi.

Ce qu'il a très bien marqué, c'est que la guerre détruit tout respect pour la souveraineté de l'adversaire et qu'à la rigueur tout ce qui dépend de cette souveraineté est mis en jeu par l'événement des hostilités.

Doctrine de Vattel. — Venons à Vattel qui est déjà un moderne (*Droit des gens*, l. III, ch. III).

La guerre ne doit se faire que pour venger une injure. Toute atteinte aux droits parfaits d'une nation est une injure. Le but de la guerre est de poursuivre la réparation de l'injure ou une juste satisfaction, c'est aussi de punir l'offenseur et de pourvoir à notre sûreté pour l'avenir. Encore faut-il que la guerre n'ait pas été faite pour des motifs vicieux ou sur de simples prétextes. On ne doit faire la guerre ni sans cause, ni pour une cause douteuse.

Il admet que la guerre peut être déclarée soit pour répondre à une menace pressante (il résolvait par là une question fort agitée entre les docteurs), soit pour rétablir l'équilibre compromis.

C'est du bon sermon, mais rien de plus. Cette doctrine n'a pas dégagé l'idée essentielle : la guerre est légitime quand l'État est en danger et elle n'est légitime qu'alors, mais toute politique mettant en péril l'existence de l'État ou son indépendance, en le condamnant à une décadence certaine, autorise la guerre.

Il n'y a pas à se demander si un droit a été violé ou non, pas davantage si un crime a été commis qui mérite punition. La guerre est pour l'État le moyen extrême de se conserver. C'est sa seule fonction rationnelle ; encore cette notion est-elle très éloignée de la réalité [1].

Les guerres sont, en outre et le plus souvent, un moyen d'acquérir. Cela n'est pas rationnellement explicable et ne concorde pas bien avec un état de droit entre les nations, mais cela est. Nous observerons de plus que les acquisitions faites par cette voie peuvent être excusées par un souci d'équilibre ou par des revendications fondées. Ces idées sont justes, mais pas assez précises. Il faudrait établir et faire accepter la définition d'une revendication fondée. Il faut donc être très mesuré dans ses appréciations.

Il est clair, par exemple, que les revendications fondées sur l'idée de nationalité sont, pour les intéressés, les plus sérieuses de toutes. Cependant, si on les accueillait sans de grands ménagements, elles suffiraient à bouleverser le monde [2].

Après Vattel, nous arrivons aux auteurs modernes ; inutile de les suivre. Du reste, on trouve chez eux peu de doctrine,

---

[1] Nous éviterons de dire avec les anciens que la guerre est pour l'État un moyen de se défendre. Quoique cette expression renferme une très grande part de vérité, elle n'est pas assez compréhensive. Lorsque la politique d'un État est pour un autre État la source d'un danger grave, lorsque ce dernier voit ses intérêts essentiels compromis et surtout lorsqu'il peut craindre de n'être plus en état de se défendre contre une agression ultérieure que cette politique prépare visiblement, il a le droit de prendre les armes. Cependant il n'a pas été attaqué. C'est que l'État n'a pas seulement le droit de se défendre, il a le devoir d'écarter à tout prix les périls qui le menacent à peine de se perdre lui-même.

[2] Elles l'ont bouleversé déjà et l'une des nécessités politiques les plus pressantes à l'heure actuelle est de soumettre à des limitations inflexibles les revendications fondées sur l'idée de nationalité. Si l'on ne prend pas cette précaution plusieurs guerres sont à prévoir dans un avenir prochain.

et une doctrine peu certaine sur ce point. Mérignhac, par exemple (t. III, p. 9 et suiv.), indique comme causes de guerre la légitime défense, le souci de la conservation de soi-même, la nécessité de sauvegarder le territoire national et les droits essentiels du pays. Cela est donné à titre d'exemple et, comme les droits essentiels de chaque État sont jugés par cet État lui-même, cette limitation ne fournit aucune garantie.

En fin de compte, il faut toujours en venir à cette idée que la réduction de la guerre aux seuls cas de nécessité est une question de conscience et ne peut être attendue que de l'honnêteté des gouvernants.

Parallèlement à la tentative de limiter les causes de la guerre afin de la rendre plus rare, des efforts sont faits par les politiques dans le sens de l'extension de l'arbitrage, ce qui serait sans doute un remède meilleur.

Influence pacificatrice de l'arbitrage. — L'histoire de l'arbitrage est mal connue. On ne remonte pas assez haut quand on l'étudie et on ne voit pas qu'il y a eu des arbitrages très fréquents à toutes les époques de l'histoire, particulièrement au moyen âge et antérieurement à la paix de Westphalie souvent considérée comme ayant marqué l'aurore du droit international.

Ce qui est à observer surtout, c'est que les cas soumis aux arbitres étaient autrefois bien plus considérables qu'ils ne le sont aujourd'hui et portaient sur des questions que l'on ne songerait pas actuellement à soumettre à cette procédure.

Quelques exemples suffisent à le montrer.

En 1334, la paix faite entre Jean, duc de Brabant, d'une part, et Jean, roi de Bohême, uni à un certain nombre de seigneurs, constitua arbitre Philippe de Valois, roi de France.

Rien ne manque à cette paix pour en faire un document très considérable dans l'histoire de l'arbitrage. La mission confiée à l'arbitre était d'arrêter les conditions de la paix entre les deux partis belligérants. On ne concevrait pas, de nos jours, un traité de paix fait par d'autres que les belligérants eux-mêmes. Philippe de Valois n'est pas là un simple médiateur, mais un juge qui décide, prononce et ordonne, soit par lui-même pour les points les plus importants, soit par certains hommes qu'il désignera pour les points secondaires. Philippe dissout la confédération formée par les seigneurs, il décide le mariage de Renaud, fils aîné du comte de Gueldre, et de Marie, fille aînée du duc de Lorraine. Ce dernier s'oblige sur tous ses biens à consentir à ce mariage.

Le roi de France, arbitre, promet solennellement, pour lui et ses successeurs, de faire exécuter la sentence. On peut voir là ou une conception du rôle de l'arbitre éloignée de nos idées actuelles, ou plutôt une conséquence de la qualité de suzerain que possédait l'arbitre par rapport aux parties engagées dans le litige.

L'année 1443 nous fournit une sentence de Charles, roi de France, entre René d'Anjou, roi de Sicile, et Antoine de Vaudemont, au sujet de la possession du duché de Lorraine. Le roi de France est choisi par les compétiteurs pour mettre fin à de longues hostilités par son jugement. Rien de plus grand qu'un pareil débat; on ne songerait même pas, de nos jours, à le soumettre à des arbitres. Le roi attribue la Lorraine à René d'Anjou et donne certaines terres au comte de Vaudemont à titre de fiche de consolation. Ce n'est pas un jugement féodal, mais bien un jugement arbitral; c'est du consentement des intéressés que le roi de France a été appelé à vider leurs contestations, et ils se sont engagés à exécuter sa sentence sous une peine de 50.000 écus d'or. La question pendante a été débattue en Conseil du roi avec l'assistance des grands seigneurs du royaume.

Cet arbitrage est encore remarquable en ce qu'il prévoit que si quelque nouveau différend vient à naître relativement aux choses portées au traité, celui-ci ne sera pas tenu pour rompu et le roi de France sera investi du soin d'arbitrer ces difficultés.

On peut citer des exemples plus anciens encore. On voit, en 1263, Saint Louis servir d'arbitre entre le roi Edouard III d'Angleterre et ses barons. Le roi d'Angleterre vient en France à l'occasion de ce jugement. En 1278, l'empereur

Charles IV fut appelé en France pour donner son avis sur
les litiges divisant la France et l'Angleterre. Mais c'était un
simple avis, et le roi de France se garda bien de rendre à
l'empereur les honneurs dus à un suzerain. Le roi Louis XI
servit plusieurs fois d'arbitre entre des souverains étrangers.
De même, le Parlement de Paris statua souvent comme
arbitre sur des droits de souveraineté intéressant des princes
étrangers.

L'histoire nous fournit également un certain nombre de
sentences arbitrales émanées des empereurs, de souverains
étrangers ou de dignitaires ecclésiastiques. Par exemple, en
1353, les archevêques de Mayence et de Cologne décident
par arbitrage, entre l'évêque de Bamberg et les deux Rupert,
comtes palatins du Rhin, de la possession des forteresses
d'Hartenstein et de Niedenstein. Les archevêques menacent
d'une peine de mille marcs d'or celui qui contreviendrait à
leur jugement.

Quelquefois aussi, mais très rarement, des sentences ont
émané de simples particuliers.

Ces arbitrages laissent loin derrière eux les arbitrages
actuels. C'est un fait qui mérite d'être considéré quand on
spécule sur les destinées de l'arbitrage. Il faut ajouter qu'à
l'époque où la souveraineté était considérée comme patri-
moniale, on était plus facilement porté à la soumettre aux
règles du droit commun.

Des anciens compromis. — Une autre catégorie d'actes
anciens présente à notre point de vue plus d'intérêt encore
que les sentences arbitrales, ce sont les compromis qui les
précédaient ; certains d'entre eux sont conçus en termes très
larges et tendent moins à assurer une solution amiable à un
litige particulier qu'à créer un état de paix durable entre deux
nations.

Le plus remarquable des compromis anciens se trouve
dans le traité de paix et de concorde signé en 1343 entre
Magnus III de Suède et Waldemar III de Danemark. Cet
acte répond vraiment à ce qu'on appelle actuellement un

traité d'arbitrage permanent. Il débute par un préambule sur les avantages de la paix et déclare éteintes toutes les discordes et querelles pouvant exister entre les souverains signataires. C'est une méthode très sage et que l'on a eu le tort de ne pas suivre aux conférences de La Haye. Deux catégories de litiges étaient prévus : 1° ceux qui concernent l'honneur ou les intérêts des deux rois ou de leurs successeurs ; 2° les cas moins graves, quoique non susceptibles d'être vidés par les juridictions ordinaires. Le tribunal arbitral change suivant l'hypothèse où l'on se trouve.

Pour les litiges les plus graves, on fera choix de trois évêques et de trois chevaliers parmi les plus prudents des deux nations ; ceux-ci se réuniront à Helsingfors dans les douze semaines de la réclamation. S'ils ne parviennent pas à s'entendre, ils délégueront deux d'entre eux, un Suédois et un Danois, qui décideront en dernier ressort.

Pour les causes de moindre importance, les arbitres seront les conseillers des deux couronnes. Le même traité contient certaines règles de droit criminel touchant les délits commis à l'étranger et diverses promesses que se font les souverains contractants, notamment par rapport au commerce maritime et à la condition des personnes.

A titre de sûreté particulière, un certain nombre de seigneurs prirent part au traité sous le nom de *fidejussores* ou *compromissores*, et leurs souverains respectifs les autorisaient à les contraindre, au besoin par la force des armes, à l'exécution des obligations qu'ils avaient assumées.

Plus spécial, mais très remarquable aussi est le compromis de 1290 entre Édouard, roi d'Angleterre, et Philippe le Bel, roi de France, acte d'une durée limitée à celle de la trève conclue entre les deux pays et soumettant à l'arbitrage du pape toutes les contestations soulevées entre les deux couronnes. Le pape est expressément considéré comme personne privée et son autorité pontificale n'est pas mise en jeu. Le pape rendit en effet deux sentences ordonnant des restitutions de terres réciproques et décidant deux mariages entre les familles de France et d'Angleterre. L'exécution était assurée par une peine de 1.000 marcs d'argent. On voit quelle liberté était, à cette époque lointaine, reconnue aux arbitres.

La procédure était souvent réglée dans le compromis et parfois suivant des idées surprenantes. En 1633, dans une affaire entre Venise, Florence et Milan, les arbitres, qui sont les marquis d'Este et de Saluces, reçoivent le pouvoir de décider en dehors de toute assignation et sans la présence des parties. D'autres fois, le droit à observer est indiqué. En 1245, dans un compromis entre Jean et Baudoin d'Avesnes et les enfants de Dampierre, il est recommandé à l'arbitre de décider non d'après le droit strict, mais d'après l'équité. C'est une formule qui se retrouvera dans bien des actes postérieurs. Par contre, le style des compromis et des sentences rédigés de bonne heure par des notaires est lâche et d'une redondance fatigante.

Plusieurs autres affaires de ce genre mériteraient d'être citées : un plus grand nombre sans doute n'a pas laissé de traces dans les recueils. Nous en avons dit assez pour affirmer que les XIIIe, XIVe et XVe siècles ont assisté à des arbitrages aussi nombreux et plus importants que ceux de toute autre époque. On se servait alors de l'arbitrage pour terminer des guerres. Qui l'oserait aujourd'hui ? On laissait les arbitres décider de l'attribution de provinces, voire de royaumes, et la chose paraît également inconcevable. Rappelons pourtant que le système de la patrimonialité, qui faisait du territoire de l'État le domaine du souverain, rendait plus facile l'émission de sentences juridiques à leur sujet. Enfin, on se préoccupait des litiges à venir et ainsi un premier arbitrage devenait la source de plusieurs autres.

Au XVIIe siècle, l'usage de l'arbitrage se restreint et l'importance de son objet se réduit. L'arbitrage tend déjà au droit privé et porte plus fréquemment sur des questions de juridiction que sur des questions de souveraineté territoriale. Parallèlement à la décadence relative de l'arbitrage, le rôle de la médiation grandit.

Dès lors, les cas d'arbitrage que l'on rencontre perdent toute importance comme précédents de la convention de La

Haye. Il subsiste pourtant quelques rares exceptions à cette règle. Nous citerons comme importants les arbitrages relatifs aux droits de la princesse palatine (1697), au projet de pacification du Nord (1719), à l'affaire de la ville de Genève (1738).

On a quelquefois reproché au moyen âge d'avoir confondu la médiation et l'arbitrage. Ce reproche est immérité. Il n'y a aucun doute sur le caractère des sentences citées par nous et de quantité d'autres. Ce sont des décisions et l'on ne peut en douter quand on voit les puissances contractantes s'exposer à des peines graves en cas de désobéissance et, parfois, l'arbitre lui-même s'engager à faire exécuter sa sentence.

Les projets de paix perpétuelle. — Nous arrivons ainsi à la troisième forme de la lutte menée contre la guerre, lutte directe et tendant à rendre toute guerre impossible en imaginant d'autres moyens de résoudre les conflits entre nations.

Nous entrons ici dans le domaine des faiseurs de systèmes, des irénistes, hommes à l'esprit fécond, au jugement peu sûr et dont les ambitions excessives n'ont jamais obtenu même une apparence de succès.

Cependant, avant de parler de ces constructions imaginaires, il faut observer qu'il a existé un système politique qui aurait pu conduire à la paix perpétuelle s'il avait jamais fonctionné avec régularité, c'est le régime féodal. C'était une conception propre à assurer la paix du monde, si le monde entier avait jamais été rangé sous les lois d'un seul suzerain. La féodalité consistait dans une vaste hiérarchie comprenant tous les possesseurs de fiefs constitués dépositaires d'une part de souveraineté ; chaque seigneur était relié à ceux qui étaient placés au-dessus de lui par les liens des inféodations et sous-inféodations. Du vassal au suzerain, partout on trouvait les mêmes devoirs, service d'aides (qui n'importe pas ici) de cour et de guerre.

Le monde entier prenait dans ce système la figure d'un arbre généalogique dont le tronc était le chef suprême, l'empereur.

Supposons cette organisation parfaite. Elle renferme et une justice internationale et une force armée suffisant à en assurer le cours. Tout seigneur lésé peut en appeler au suzerain de l'offenseur, faire juger le cas par la cour féodale de ce suzerain, et si le condamné n'exécute pas la sentence, mobiliser contre lui toutes les forces du groupe dont il fait partie.

Ce système contenait en germe tout ce que l'on peut faire pour assurer la paix du monde. Pourquoi échoua-t-il? Pour diverses raisons. L'autorité de l'empereur ne fut jamais reconnue en France ni en Angleterre, le régime lui-même ne fonctionna bien que dans les pays du Nord. De plus, la supériorité du titre ne fut pas toujours appuyée sur la supériorité des forces. Le roi de France fut longtemps moins fort que ses grands vassaux. Puis, le système ne tenait pas assez compte de la tendance des peuples à vivre suivant leurs mœurs et dans un état de séparation. Son échec est peut-être la meilleure preuve de l'inutilité de toute organisation internationale, mais le système reste l'exemple unique d'un régime politique calculé en vue de l'établissement d'une justice permanente et assurée.

Sauf cette exception, tout dans ce domaine appartient à la théorie et à la pire, celle qui suit les fantaisies de l'imagination sans se préoccuper des exigences de la réalité.

Encore dans ces constructions idéales faut-il faire deux parts et mettre dans un camp ceux qui ne cachent pas qu'ils se livrent à des spéculations imaginaires, dans l'autre, ceux qui prétendent sérieusement réformer le monde.

Les premiers tendaient à revenir à l'âge d'or et écrivaient pour une humanité parfaite. Une simple mention de leurs idées suffira. Thomas Morus, dans son royaume d'Utopie où il admet la communauté des biens, ne condamne pas absolument la guerre, mais la permet seulement dans des cas très rares. Campanella, dominicain à idées absolument communistes, prônait un régime théocratique sous le nom de Cité du Soleil; il admettait également la guerre, mais la voulait uniquement défensive. Cela encore est de la théorie.

Sait-on quand une guerre est défensive ? Le landgrave Ernest de Hesse Rheinfels (xvııe siècle) pensait éteindre les guerres en faisant disparaître la rivalité de la France et de la maison d'Autriche. Il proposait dans son opuscule, *Le Catholique discret,* une union des princes catholiques sous l'autorité d'un grand conseil établi à Lucerne. C'est déjà un rudiment d'organisation internationale.

Émeric de Crucé, au même temps, attendait la disparition de la guerre du développement du commerce et de la multiplication des voies de communication. Il voulait, en outre, établir à Venise une cause de justice internationale où tous les princes auraient leurs délégués et où seraient jugés les conflits surgissant entre eux.

Le grand dessein d'Henri IV. — Venons aux projets étudiés et complets.

Le premier est le grand dessein d'Henri IV. C'était un dessein en effet fort considérable. Il ne s'agissait de rien moins que du remaniement de l'Europe. Le seul goût de la paix n'y porta pas le roi de France. Il faut compter aussi pour beaucoup le désir d'abaisser la maison d'Autriche aux frais de qui devait se faire toute l'opération. Le projet reçut, paraît-il, l'approbation de la reine Élisabeth d'Angleterre, mais il rencontra en Allemagne une opposition bien intelligible.

Ce moyen de rendre la paix durable, c'était la constitution d'une Europe nouvelle. Pour y parvenir, on proposait une confédération successive de la France avec tous les États de second ordre de l'Europe, sous la haute direction du pape dont le projet augmentait sensiblement le domaine temporel, fait assez curieux de la part d'Henri IV et de Sully. Puis on formerait une Europe de quinze puissances sensiblement égales en territoire et en population, ces États étant obtenus, soit par le groupement en communauté d'États minuscules, — le Corps Helvétique recevait ainsi une constitution commune et de grands accroissements, — soit par des retranchements opérés au détriment de l'Autriche et de l'Espagne.

L'empire subsistait, mais non héréditaire; il serait défendu de prendre l'empereur deux fois de suite dans la même famille.

Tout cela est pure fantaisie, mais fantaisie de politique avisé. La liberté des Pays-Bas était stipulée, la création de royaumes électifs en Hongrie et en Bohême prévue. On devait arriver par des négociations à tous ces résultats, et sur ce point éclate déjà le caractère illusoire de toute la combinaison, quoique son auteur ait recherché et exposé avec grand soin les raisons à faire valoir pour l'apprécier. Une fois cette république chrétienne constituée, il serait établi entre les États qui en seraient les membres une paix perpétuelle, la guerre contre les Turcs leur demeurant seule permise.

Il ne restait plus qu'à créer l'instrument qui servirait à apaiser les conflits entre nations. A cet effet, sept conseils étaient établis, si bien ajustés qu'ils pourront terminer tous les différends. En tête était placé un grand conseil de quarante membres dont vingt à la nomination du pape, de l'empereur, des rois de France, d'Espagne et d'Angleterre, par parts égales ; la résidence de ce conseil était mobile, mais dans un certain rayon seulement, celui de la vallée du Rhin. Dans ses attributions rentraient les propositions universelles, les affaires concernant toute la république chrétienne, les appellations des conseils particuliers.

Les conseils particuliers étaient au nombre de six correspondant à autant de régions dont ils connaîtraient les affaires.

Le grand projet contient une esquisse de règlement des affaires religieuses. Étaient reconnues trois religions seulement : la romaine, la protestante, la réformée. Chaque pays était obligé de suivre une seule religion. On recommandait toutefois la tolérance. Toute idée de liberté religieuse est entièrement absente de ce projet, qui établissait au contraire pour chaque pays le devoir de s'en tenir à sa religion.

Le projet constituait une force militaire commune; elle était considérée comme un dérivatif pour les mauvaises humeurs des États. Cette force devait être employée contre les Turcs et probablement aussi pour faire exécuter au besoin les décisions des conseils, mais ce n'est pas dit. Les contingents à fournir par chaque puissance étaient fixés.

Tout cela est compliqué et peu pratique. Mais le défaut le plus grand de ce système est encore de reposer sur la condition préalable d'un démembrement volontaire de l'Autriche et de l'Espagne. A quel titre l'exiger de ces deux puissances? Pensait-on vraiment qu'elles se laisseraient démembrer de bonne grâce et pour l'honneur de la paix universelle?

Le projet de l'abbé de Saint-Pierre. — Le grand projet d'Henri IV conduit à celui de l'abbé de Saint-Pierre, projet le plus célèbre de tous et qui a sauvé de l'oubli le nom de son auteur. Excellent homme, très instruit, très charitable, très peu ouvert aux idées politiques, et n'ayant pas compris l'œuvre accomplie par Louis XIV, car il fut exclu de l'Académie française en 1718 pour avoir fait injure à la mémoire de ce grand roi, l'abbé de Saint-Pierre poursuivit toute sa vie l'abolition de la guerre et travailla sans cesse à son projet de paix perpétuelle. Juridiquement, ce projet est, en effet, le plus intéressant de tous par le rôle qu'il a donné aux traités et à l'arbitrage.

En voici l'idée première : Pourquoi se borner à faire des traités de paix ou de trève accommodant des querelles passées et laissant toute latitude aux conflits futurs? Pourquoi ne ferait-on pas des traités regardant l'avenir, pourquoi ne pas constituer la communauté internationale en une union dont plusieurs sociétés nationales, les cantons suisses, les États de la Hollande, donnent le modèle? Remarquons que l'idée est très vivante actuellement encore de constituer les sociétés européennes en une confédération perpétuelle soumise à un régime de droit.

L'abbé de Saint-Pierre ne voit pas plus de difficultés d'un côté que de l'autre.

Son œuvre contient une partie de critique et une partie de construction, la première naturellement plus forte que la deuxième. Elle se compose de sept discours fort amples, consacrés à célébrer les mérites de son plan et à en faire connaître la disposition.

Le premier soin de l'auteur est de montrer qu'en dehors d'une société régulièrement organisée les États prétendraient vainement au bienfait de la paix. Les traités sont incertains et souvent violés, l'arbitrage manque fréquemment son objet faute d'une autorité qui sanctionne les décisions rendues, l'équilibre ne supprime pas les rivalités et pas davantage les guerres qui en résultent. La paix ne trouvera sa garantie que dans l'intérieur d'une société européenne qui rendra impossibles toutes guerres internationales ou civiles et assurera en tout temps aux États la sûreté de leur conservation et les bénéfices de leur commerce.

L'abbé touche là à la question centrale du sujet et tout ce qu'il dit est fort raisonnable. Les moyens inventés pour garantir la paix n'ont jamais un effet assez sûr et assez constant pour que l'on puisse s'en reposer sur eux. Il est plus sage de compter sur une Europe organisée, une grande société pourvue d'institutions communes et des moyens d'en assurer le jeu régulier.

Cette société est-elle possible? L'auteur cite en faveur de l'affirmative deux préjugés, l'existence du corps germanique et l'approbation unanime qu'a reçue le grand dessein d'Henri IV. Ces préjugés ne sont bien forts ni l'un ni l'autre. Le corps germanique a été constitué par des princes de même race, possesseurs de terres voisines et incapables pour la plupart de se défendre eux-mêmes; de plus, la paix n'a jamais régné à l'intérieur de ce corps perpétuellement agité par les querelles de ses membres. Quant au grand dessein, il est tombé tout à plat lors de la mort de son auteur. L'intention de l'abbé de Saint-Pierre était même de lui donner une vie nouvelle.

Mais il poursuit. Les souverains ont de si grands avantages à récolter de la formation de cette société européenne qu'ils ne peuvent pas balancer d'y entrer. Cela fournit à cet apôtre de la paix l'occasion d'un beau discours sur l'inanité de l'ambition des souverains et sur l'avantage que procure la certitude de la paix. Ce sont de ces homélies qui ne convertissent personne, et avec raison, car la meilleure société est sujette à se dissoudre ou à se corrompre et un souverain peut toujours être amené à regretter d'avoir trop compté sur le lien social et de ne s'être pas reposé sur lui-même du soin de sa propre défense.

L'abbé passe de là à la constitution de la société européenne. Il lui consacre deux séries d'articles, les uns qualifiés de fondamentaux, les autres de simplement importants.

Parmi les premiers, c'est d'abord la formation d'une Union permanente entre Puissances européennes, le czar de Russie compris, en vue d'une paix inaltérable en Europe, Union complétée par la signature de traités de ligue offensive et défensive avec les potentats mahométans. Cette Union garantit aux souverains leurs pouvoirs et aux républiques leur constitution. Ce point réservé, elle ne se mêlera pas des affaires intérieures de chaque État. Elle donnera tous ses soins à ce que les minorités et les régences ne deviennent pas une cause de troubles. Chaque souverain devra se contenter des domaines qu'il possédera au moment de la formation de l'Union, sans pouvoir en acquérir de nouveaux par voie amiable ou par la force des armes. Toute convention de cession ou d'échange de territoires ne pourra avoir effet que du consentement de l'Union. On ne peut guère, en effet, dans un projet semblable éviter d'adopter la base de l'*uti possidetis,* mais ce qui est moins sûr, c'est l'intérêt que peuvent avoir les souverains à se tenir à cette base, ainsi que l'abbé de Saint-Pierre s'efforce de le leur persuader.

L'Union veillera en outre à l'établissement dans les pays confédérés de lois propres à favoriser le commerce et de tribunaux commerciaux dont les jugements auront un effet international.

Comment douer de vie ce grand corps ? Par deux moyens : l'institution d'un Sénat et la création d'une milice commune. Le Sénat devait siéger à Utrecht (la Hollande attire les faiseurs de projets de paix perpétuelle) ; il devait être com-

posé d'un certain nombre de députés, étant entendu que
chaque État n'aurait jamais plus d'un suffrage, quelle que fût
son importance, et que les plus petits se réuniraient à plusieurs pour en posséder un. Ce Sénat devait posséder une
indépendance absolue et être doué d'une personnalité distincte, il pouvait députer des ambassadeurs. A lui le soin de
juger les plaintes qui lui seront envoyées et de mettre au ban
de la société les coupables. Ceux-ci devront être poursuivis
jusqu'à satisfaction complète. Ils paieront les frais de la
guerre et les terres conquises sur eux seront acquises à la
société des nations. Les pays formant l'Union fourniront
une contribution en argent et en hommes, au prorata de
l'importance de chacun. Ces troupes seront entretenues à
frais communs.

L'Union, conçue comme purement volontaire à ses débuts,
deviendrait obligatoire quand les associés auraient atteint un
certain chiffre, celui de quatorze; les autres souverains
seraient alors sommés d'y entrer sous menace de dépos-
session.

Cet exposé, forcément très bref, ne donne aucune idée de
l'abondance des développements contenus dans l'*Essai*, ni de
la peine que l'auteur se donne pour convaincre le public.
Qu'il suffise de mentionner qu'après avoir divulgué son plan,
il ne réfute pas moins de soixante-dix objections qu'il
prévoit. Nous laisserons de côté le détail de l'organisation
qui est poussé à l'extrême et qui fait l'objet des articles
appelés utiles. Ces articles sont curieux à consulter, mais ils
nous arrêteraient trop longtemps.

Il semble que l'œuvre soit finie là. Il n'en est rien et elle
comprend encore un volume où l'auteur essaie de démontrer
l'intérêt que cette œuvre présente pour chacun des pricipaux
États. Ce volume serait à passer s'il ne contenait pas les
vues les plus originales et les plus scientifiques de cette
doctrine. L'abbé de Saint-Pierre montre très bien la supériorité de condition d'États assurés de vivre en paix et
comment ils doivent, pour y arriver, posséder un juge commun. C'est la partie la plus forte de son discours. Il montre

bien aussi que la formation d'une société est pour les nations un gage de sécurité — bien qu'il exagère déjà — mais il verse décidément dans l'illusion en prétendant démontrer que chaque État gagnera en indépendance à la formation de la société dont il rêve.

En dépit d'idées intéressantes, cette partie de l'ouvrage sur l'influence pacificatrice du droit manque quelque peu de finesse. Une société formée d'égaux ayant fréquemment des intérêts divergents et ne possédant pas de supérieur commun ne peut pas être comparée à une société nationale ayant tout entière les mêmes intérêts et soumise en outre aux mêmes lois. La justice de l'une est plus suspecte que celle de l'autre, car elle peut favoriser secrètement des mobiles égoïstes ou des vues ambitieuses; par suite, chacun des justiciables tendra naturellement à en appeler à la force des sentences qui lui seront contraires. L'histoire du corps germanique est une preuve de cette assertion. On ne peut pas laisser à des États toute leur autonomie et les priver du droit de faire valoir leurs revendications les armes à la main.

C'est aussi une question fort délicate que de savoir si une liberté mesurée, mais exempte de périls, est plus précieuse à l'État qu'une liberté complète, sans garantie. L'auteur n'en doute pas. Cela convient à son système, mais cela n'est pas sûr. La certitude de l'existence n'empêche pas un État de dépérir et un peuple de devenir misérable; si la loi qu'on lui impose est contraire à ses intérêts essentiels, il n'a plus aucun moyen de se soustraire à son effet.

Pour rendre la lecture de son projet plus facile à tous, l'abbé de Saint-Pierre en publia un résumé succinct qui n'eut pas un meilleur sort. Il ne s'expliqua jamais que les divers souverains n'aient pas admis un instant l'idée d'entrer en société et de se soumettre aux lois et aux arrêts d'un Sénat dirigeant, parce qu'il n'a jamais aperçu la valeur de cette idée qu'un souverain responsable du salut d'un peuple ne peut se lier les mains et renoncer à user de tous moyens pour l'assurer. Il n'a pas compris davantage qu'une société d'États promet l'impossible en prétendant garantir à l'infini

le pouvoir des souverains de ces États et s'engage à l'absurde
en voulant les faire vivre toujours sous l'empire des traités
qui les obligent lors de la formation de cette société. Là est
un des grands échecs de toute doctrine de ce genre. On ne
peut pas penser que les rapports respectifs des États engagés
dans le lien social resteront perpétuellement ce qu'ils sont
au début de la société; on ne peut pas davantage, sans
menacer l'existence de chacun, donner au pouvoir confé-
déral la mission de sanctionner dans l'avenir les transformations nécessaires.

Le projet de l'abbé de Saint-Pierre est resté le plus célèbre
de ceux qui ont été imaginés. Remarquons qu'il repose sur
l'*uti possidetis* et qu'il implique une organisation de la communauté internationale avec établissement d'un pouvoir
central.

Il a servi de modèle à plusieurs projets ultérieurs, particulièrement à celui que Rousseau a publié sous le titre
d'« Extrait du Projet de paix perpétuelle de l'abbé de Saint-
Pierre ». Les propositions sont les mêmes, mais la discussion
est plus brillante et la partie d'observation tout aussi
superficielle. L'abbé comptait naïvement sur les mérites de
son projet pour lui rallier les suffrages du monde entier;
Rousseau, plus fin, pense qu'un semblable projet n'a pas de
chances d'aboutir, mais il accuse de son échec l'ambition et
le despotisme des rois. C'est facile à dire, mais tous les rois
n'ont pas été des ambitieux et des despotes, et cependant
il y a toujours eu des guerres. Rousseau n'a pas recherché
si le simple phénomène de la vie séparée et indépendante
de chaque État ne créait pas fatalement des inégalités et
des conflits devant conduire à la guerre.

Leibnitz également prêta grande attention au projet de
l'abbé de Saint-Pierre. Il en approuvait le principe, ne le
croyait pas réalisable, mais voyait plutôt les chances de paix
du monde dans la soumission des peuples à la juridiction du
pape et de l'empereur.

Les projets de Bentham et de Kant. — Bentham est

parmi les philosophes qui épousèrent avec le plus d'ardeur la cause de la paix perpétuelle. Pour Bentham, la cause de la paix se confond avec celle du désarmement. Désireux d'aider au triomphe de cette cause, il engage les États à se séparer de leurs colonies dont la possession est une source inépuisable de querelles et dont l'industrie absorbe une partie du capital national au détriment de la métropole. Il avance que l'Angleterre n'a aucun intérêt à avoir des alliances offensives ou défensives avec les autres peuples, qu'elle n'en a pas davantage à obtenir par traité des avantages commerciaux.

Il affirme également que l'Angleterre ne devrait pas entretenir de flotte de guerre, hormis celle qui lui est nécessaire pour se défendre contre les pirates.

L'intérêt de la France est le même. La France et l'Angleterre devraient donc s'entendre pour donner ces bases nouvelles à leur politique et cela seul serait assez pour assurer la pacification de l'Europe. Alors les États pourraient signer entre eux des traités généraux et perpétuels, par lesquels ils s'engageraient à ne pas porter leurs forces au delà d'une limite fixée, entreprise plus aisée, Bentham le reconnaît, pour les forces maritimes que pour les armées de terre. Pour celles-là il voulait que les trois grandes nations maritimes, la France, l'Espagne, la Hollande, entretinssent une flotte plus petite de moitié que celle de l'Angleterre.

Enfin, il engage la France à donner l'exemple de ces réformes et à les réaliser, même si la Grande-Bretagne ne s'y ralliait pas.

A titre d'arguments, Bentham invoque des faits historiques, la ligue des neutres, le traité franco-anglais de 1787, les opinions de Turgot et de Vergennes.

Il ne s'en tient pas au désarmement. Il veut un tribunal international, mais sans pouvoir coercitif correspondant. Ce tribunal éviterait que la guerre ne découlât des différences d'opinions des nations sur ce qu'elles considèrent comme leur droit et sauvegarderait le crédit et l'honneur de chacun. Pourquoi un semblable tribunal serait-il plus difficile à établir que les ligues suisses, le corps germanique, la confé-

dération américaine? L'avantage même du projet et particulièrement la diminution des contributions publiques qui en
résulterait lui vaudrait la faveur des peuples. Quel rôle
aurait cette diète? Elle exprimerait son opinion sur chaque
litige et la ferait circuler parmi les intéressés dans l'espoir
que la publication de cet avis rendrait la guerre impossible.
Cependant cette affirmation laisse un doute à l'esprit du
publiciste et, quoique ayant dit antérieurement que les
décisions de son tribunal ne seraient pas appuyées par la
contrainte, il revient à la question, reconnaît que l'on
pourrait, à titre de dernier remède, recourir à la force coerci-
tive, mais que fort probablement on réussirait à s'épargner
cette extrémité simplement grâce à l'établissement de la
liberté de la presse, par quoi on donnerait aux décisions du
tribunal la publicité la plus large. La chute est inattendue.
C'est faire preuve d'une naïveté singulière que de compter
sur la liberté de la presse pour obliger un souverain à
exécuter la décision d'un tribunal international. La presse,
qui donne forcément l'écho des opinions populaires, s'empres-
serait, au contraire, de critiquer les décisions du tribunal
international toutes les fois où elles seraient mal accueillies
dans le pays.

Le reste de l'ouvrage n'est pas plus raisonnable. Bentham attache également un grand prix à ce que les négociations diplomatiques soient toujours rendues publiques. Pour
lui, le secret ne peut servir qu'à couvrir de mauvais desseins. Il veut que l'on renonce aux traités secrets, observant
avec raison que la conclusion d'accords de ce genre se fait au
mépris des droits des parlements, mais n'observant pas que
les traités secrets sont une ressource à laquelle aucun État
ne peut renoncer[1].

---

[1] Voilà un sophisme encore en grande faveur à l'heure présente. L'abandon de toute diplomatie secrète rendrait les guerres plus rares. Pour certains esprits les traités secrets servent les intérêts des souverains contre
ceux des peuples. C'est un jugement puéril. Les traités secrets, au contraire,
servent à mener à bien des négociations dont la divulgation serait périlleuse
pour la cause de la paix. Aucune diplomatie ne s'est jamais passée et ne se
passera jamais du secret.

La doctrine de Bentham n'est pas plus sérieuse que les productions du même ordre déjà parcourues, mais elle est plus originale. Bentham attaque la guerre, non pas parce qu'elle est irrationnelle et barbare, mais parce qu'elle est inutile. Les guerres des peuples de la Nouvelle-Zélande, qui mangent leurs prisonniers, ont un sens ; les guerres européennes n'en ont pas, surtout pour l'Angleterre qui ne peut pas étendre son territoire. On ne doit pas faire la guerre pour le commerce. Le commerce dépend du capital et la guerre ne l'augmente pas, elle le diminue au contraire. Tout cela est plus que contestable.

De tout ce fatras, une idée intéressante est à extraire, qui est peut-être la seule de quelque valeur dans la matière ; c'est l'idée d'un jugement non accompagné de force exécutoire. En elle-même, cette idée n'a rien de déraisonnable[1]. Ce serait déjà beaucoup qu'un corps composé d'hommes instruits et impartiaux portât un jugement sur les conflits qui divisent les États, sans prétendre imposer ce jugement aux Puissances intéressées. Si la valeur de ces hommes est grande, la teneur de leurs opinions prendra une grande signification. Le condamné dans cette instance serait obligé de se soucier de l'arrêt rendu. Les neutres en seraient mal impressionnés à son égard et il aurait doublement à redouter l'issue de la guerre si la fortune des armes lui devenait défavorable.

Mais quels hommes de quels pays accepteraient de rendre de pareils jugements et quelle nation consentirait à donner asile à ce tribunal compromettant ?

Le projet publié par Kant sous le titre de « Zum ewigen Frieden » est fort complexe. Il comprend des articles préliminaires, des articles définitifs et deux suppléments. Les articles préliminaires sont des maximes de droit public. En voici le résumé :

---

[1] Cf. ma réponse à M. Stead dans la *Revue de droit international public*, 1899, p. 328.

1° Aucun traité de paix ne doit laisser subsister de germes de guerre pour l'avenir ;

2° Aucun État ne peut être acquis par un autre par les voies amiables. L'État est une société et toute tentative d'annexion détruit le contrat qui lui sert de base ;

3° Un État ne doit avoir ni armées permanentes, ni trésor de guerre, proposition au moins inattendue sous la plume d'un Allemand ;

4° L'État ne doit pas contracter de dettes pour ses affaires extérieures ;

5° L'État ne doit pas intervenir dans les questions constitutionnelles ou administratives intéressant un autre État ;

6° Un État en guerre ne doit pas autoriser d'actes susceptibles de détruire la confiance dans le rétablissement de la paix.

L'originalité de la doctrine du philosophe allemand consiste en ce qu'il prétend résoudre le problème de la paix par des moyens de droit constitutionnel intérieur. Dans ses articles définitifs, il proclame que chaque État doit se donner une constitution républicaine, parce que cette constitution est la seule qui soit dérivée de l'idée de contrat à laquelle il tient beaucoup et parce que dans cette forme c'est aux citoyens qu'il appartient de déclarer la guerre, et que, devant en supporter tout le poids, ils ne la déclareraient pas à la légère. Tout cela est d'une sagesse bien sommaire. Ce que dit Kant ne serait vrai que d'une république où les citoyens exerceraient en personne l'autorité, ce qui est un mythe ; en outre, il est probable que les passions collectives dont un peuple est parfois agité le conduiraient à des guerres très inconsidérées. La république romaine n'a pas été pacifique, la première république française ne l'a pas été davantage[1].

---

[1] Cette idée de Kant a trouvé de nos jours un renouveau de faveur et bien des gens considèrent comme un axiome qu'une constitution démocratique est une garantie pour la paix. C'est une erreur flagrante. Les institutions démocratiques sont de date récente et l'on a vu déjà des démocraties singulièrement belliqueuses. Ce qui est vrai, c'est qu'un état démocratique ne va

Kant recommande la formation d'une Union d'États comme étant le moyen unique donné aux peuples de sortir de l'état de nature livré à la pure violence. C'était une simple union entre États dont chacun garderait son existence séparée et non pas la constitution d'un État plus grand par la fusion de plusieurs autres. Cette union aurait pour unique objet d'empêcher les guerres à venir ; elle se bornerait à garantir à chaque État sa liberté sans chercher à le soumettre à des liens ou à une autorité extérieure. Il suffirait d'un peuple puissant se constituant en république pour donner aux autres l'idée de se fédérer à lui et pour parvenir ainsi à l'union projetée.

L'avenir de l'humanité est dans le développement, dans un sens cosmopolitique, des institutions que les peuples se donneront sous l'influence de l'idée de la vocation de tous les hommes à parcourir tout l'univers. D'où la nécessité d'une lutte contre tous les abus dont les étrangers peuvent souffrir.

Kant rêvait d'un cosmopolitisme général. Il se trompait fort et l'expérience a prouvé depuis qu'une nation ne peut, sans être menacée de ruine, se montrer par trop accueillante pour les étrangers. Comme doctrine, cela est assez vague. Dans un appendice philosophique, Kant veut montrer comment cette fédération pour la paix pourra s'établir. Il compte pour cela sur cette nécessité naturelle qui pousse souvent les hommes à faire même malgré eux des choses utiles et bonnes. L'égoïsme des États n'est pas incompatible avec le droit des gens, pas non plus avec la paix. Il compte aussi sur les vertus qu'il prête à la constitution républicaine.

Dans un second appendice est contenu un article prétendu secret et surtout naïf, par lequel il est recommandé aux rois de se pénétrer des maximes des philosophes.

Un autre supplément est extrêmement particulier, mais

guère sans de graves agitations intérieures qui diminuent dans l'État la capacité de faire la guerre. Mais elles ne diminuent pas moins la capacité de se défendre et en cela elles sont particulièrement à redouter. Est-il besoin de citer l'exemple de la Russie ?

intéressant. Préoccupé de la définition du juste et de l'injuste dans le domaine du droit public et dans celui du droit des gens, Kant découvre le criterium qui sépare le juste de l'injuste dans la possibilité ou l'impossibilité de supporter la publicité. Il en fait immédiatement l'application. La fédération à constituer ne peut être publiée que si elle est formée en vue de la paix. Il est donc juste qu'il en soit ainsi. Un souverain peut-il, au nom du salut de l'État, refuser des subsides ou un secours qu'il a promis? Il n'aurait pas pu faire publiquement cette réserve au moment de la promesse ; en justice, il ne peut donc pas refuser. Un État menacé par l'accroissement d'un voisin peut-il l'attaquer? Il ne pourrait pas publier son intention, donc il ne peut pas justement l'exécuter. Un État enclavé dans un autre peut-il être conquis par ce dernier? Il ne le peut pas, parce que ce dessein serait inavouable.

Tout ce qui ne peut pas être publié est injuste. Inversement, toutes les maximes ayant besoin de la publicité pour réussir réalisent l'accord de la politique et du droit, étant certainement conformes à l'intérêt général.

Du reste, dans sa conclusion comme dans son exorde, le philosophe montre un grand scepticisme à l'endroit du triomphe de la cause de la paix perpétuelle.

Terminons cette revue par une brève analyse de la discussion à laquelle la question de la paix et de la guerre donna lieu dans l'Assemblée nationale en 1790. Cette discussion surgit à l'occasion d'une demande de crédits pour l'armement de quatorze vaisseaux de guerre, armement motivé par les préparatifs que faisaient l'Angleterre et l'Espagne. De là, on en vint à se demander si le droit de déclarer la guerre et de faire la paix devait appartenir au roi ou à l'Assemblée. Bien des choses raisonnables furent dites à ce sujet, notamment par Malouet, bien plus encore de déraisonnables. Le temps n'était pas propice à cette discussion, surtout à cause de l'infatuation singulière de ces hommes. Ils croyaient trop à l'excellence de leur système. Petion, après maintes diatribes contre la politique des rois, propose un manifeste aux Puissances étrangères dans lequel la France promettra de suivre une politique de loyauté et de bonne foi, seule digne d'un peuple libre, renonçant à toute idée d'agrandissement et résolue à s'en tenir à ses limites actuelles. Avec Volney, l'essentiel est la distinction des guerres offensives et défensives et dans la diffusion de la liberté politique qui amènera sûrement le régime de la paix entre les peuples. Chacun apporta, dans cette discussion qui dura trois semaines, ses tendances particulières et, ce qu'il y a de plus surprenant, c'est que parmi les orateurs, il y en eut plusieurs qui traitèrent le sujet en esprits libres de tout préjugé.

Plus tard, en 1795, ces mêmes questions furent reprises à la Convention sur la motion de Grégoire, qui prétendait faire décréter un Code de droit des gens. La discussion fut beaucoup plus courte et la motion repoussée comme dangereuse.

Telle est l'histoire de l'idée de paix perpétuelle au cours de notre ancien droit. Le XIXᵉ siècle nous fournit aussi certains projets, mais de caractère purement scientifique, et il faut venir aux conventions de La Haye pour rencontrer un nouvel effort tenté en faveur de cette cause.

SECTION II

Tentatives faites en vue de l'amélioration des coutumes de la guerre.

L'histoire des origines lointaines des conventions de La Haye comprend également l'exposé des idées émises et des tentatives faites pour humaniser les pratiques de la guerre. Rappelons-les brièvement.

Doctrine des canonistes. — Les canonistes, qui nous ont fourni une doctrine si étroite et si aveuglément juridique de la légitimité de la guerre, ont été beaucoup meilleurs quand il s'est agi d'en réprimer les excès. Ils ont établi à cet égard

un certain nombre de règles intéressantes que nous trouvons
notamment dans Victoria. Leur principe, c'est que, dans une
guerre juste, on doit se borner à faire périr les coupables et
à se saisir de leurs biens dans la limite d'une indemnité suffisante et d'une punition proportionnée à l'offense. Donc, les
innocents doivent épargnés, et par innocents il faut entendre
ceux qui ne soutiennent pas par les armes la cause injuste.
Remarquons ici une déviation voulue. La logique aurait exigé
que l'on considérât comme innocents tous ceux qui n'ont pas
commis ou aidé à commettre l'injustice cause de la guerre ;
on donne à ce mot un autre sens pour rendre l'idée de justice
compatible avec les nécessités de la guerre.

Partant de là, on enseigne que, même dans les guerres
contre les Turcs, il ne faut tuer ni les enfants, ni les femmes,
qui sont des innocents, et que, dans les guerres entre chrétiens, il faut étendre la même immunité aux cultivateurs
inoffensifs et à toute la population civile et paisible, également
ment aux étrangers qui ne sont pas des ennemis, aux clercs
et aux religieux, sauf s'ils étaient pris les armes à la main. Toutefois, dans quelques circonstances, et notamment après un
siège, lorsqu'on use de machines et de projectiles pour
réduire la ville, les innocents sont confondus avec les coupables parce que la nécessité le veut ainsi. Ceci est d'une application constante de nos jours, mais les théologiens, plus
humains, ne permettaient pas ce procédé sans réserve ; ils
ne l'approuvaient que lorsque le résultat attendu de la reddition de la ville est très important[1]. Est-il permis de mettre
à mort les innocents que l'on sait devoir être dangereux
dans l'avenir, ainsi les enfants des Sarrazins vaincus, enfants
destinés à devenir à leur tour les ennemis de la chrétienté ?
Ce point était controversé, mais la doctrine scolastique incli-

____

[1] On trouve dans les anciens usages trace d'une idée qui a disparu depuis,
c'est que les défenseurs d'une place sont responsables d'une résistance inutile. Les habitants d'une ville s'exposaient à être massacrés s'ils poussaient
la résistance jusqu'à obliger l'assaillant à tirer le canon. Au contraire, les
occupants du château qui défendait la ville n'encouraient aucune responsabilité pour avoir résisté jusqu'à la dernière extrémité.

nait à la négative par cette raison qu'il n'est pas permis de faire le mal pour éviter un mal plus grand et qu'on ne doit pas venger une injure avant qu'elle ait été commise. On se demandait encore s'il est permis, en cas de violation d'un accord, de mettre à mort les otages donnés en sûreté de la parole échangée. Cette question était résolue dans un sens différent, suivant que ces otages étaient personnellement des innocents ou des coupables.

Restait donc le droit de mettre à mort tous les coupables et, sur ce point encore, l'influence bénigne de la doctrine se fit sentir. Dans la chaleur du combat, et tant qu'on peut craindre d'eux quelque mal, on peut tuer ces coupables. Après la victoire, c'est plus douteux. Le droit de tuer existe encore parce que l'injure subsiste, mais on doit en user avec modération. Que l'on massacre tous ceux qui ont porté les armes, dans une guerre contre des infidèles, cela est admissible, on ne peut pas faire une paix équitable avec eux. Dans les guerres entre chrétiens, il faut agir différemment. Les guerres ne doivent pas dépeupler un pays et les soldats ont suivi de bonne foi leur chef. Il ne faut pas en mettre à mort un seul.

Pour les prisonniers, il est d'usage de les épargner et il faut se conformer au droit des gens dans la mesure où les hommes de bien ont coutume de le faire. Pourtant après la reddition d'une place, un édit du prince ou du juge peut condamner à mort les principaux coupables.

De même, les règles posées touchant les droits du combattant sur les biens de son ennemi sont empreintes de modération et d'équité. On pourrait les donner aujourd'hui encore comme l'expression d'un droit très raisonnable sur ce point, à l'exception d'une seule, l'autorisation du pillage d'une ville en cas de nécessité et sur l'ordre des chefs de l'armée.

Rappelons que cette époque a vu écrire les lois du Consulat de la mer, cette première protection donnée à la propriété neutre — on disait alors amie — contre les saisies dont les vaisseaux étaient souvent les victimes.

Influence de la papauté et de la chevalerie. — Lorsqu'on parle du moyen âge, il est impossible d'oublier que l'influence de la papauté se prononça régulièrement dans un sens pacifique conformément à l'esprit de la religion chrétienne. Bien que la papauté ait été souvent engagée dans des guerres pour la défense de ses domaines temporels, et bien que l'on ait vu plus d'une fois des dignitaires ecclésiastiques, qui étaient aussi des seigneurs terriens, mêlés aux hostilités, son action fut pacifique. Cette action se servit de moyens divers ; elle favorisa les arbitrages là où ils paraissaient possibles, usa de son autorité pour imposer (pas toujours avec succès) sa médiation aux belligérants, édicta pour les princes chrétiens certaines lois qu'ils ne devaient pas enfreindre sous peine des censures ecclésiastiques, telles que l'établissement de la trêve de Dieu et de la paix de Dieu tendant à interdire les hostilités, soit pendant certains jours de la semaine, soit durant certaines périodes de l'année. La papauté intervint aussi de concert avec la chevalerie dans le but de proscrire certaines armes jugées trop meurtrières et l'histoire nous a conservé le canon du concile de Latran qui prohibait pour ce motif l'usage de l'arbalète. Il faut ajouter que, sur ce dernier point, l'action de la papauté resta inefficace. C'est une loi constante de la guerre d'adopter, sans résistance possible, toutes les inventions pouvant rendre plus funestes à l'ennemi les moyens de nuire que l'on possède.

La chevalerie, qui doit également être nommée ici, fut la grande école de l'honneur militaire. Au moment où il était armé, le chevalier jurait fidélité à l'Église et au roi et se mettait au service des faibles et des opprimés. De là pour un bon chevalier le devoir de traiter humainement les victimes innocentes de la guerre et on entendait par là ceux qui, à raison de leur âge, de leur sexe ou de leurs occupations, ne prenaient aucune part active aux hostilités.

Mais le mérite de la chevalerie a été surtout de mettre en honneur la fidélité à la parole donnée et la pratique de la courtoisie entre ennemis. La fidélité à la parole était recommandée déjà antérieurement et les Romains disaient : *fides etiam hosti servanda,* mais ils interprétaient si rigoureusement cette maxime qu'ils se souciaient seulement de fidélité à la lettre de leur promesse et s'étudiaient volontiers à en éluder le sens. On donne de très nombreux exemples de semblables supercheries ; ils tendent à prouver que, dans l'antiquité, on ne se croyait obligé de respecter que la lettre seule de la parole engagée, sauf à en déformer complètement le sens [1]. La loyauté requise des chevaliers à peine de perte de leur dignité n'admettait pas ces compromissions.

Nous devons à ce caractère du chevalier l'usage du défi solennel et la réprobation des guerres sans déclaration. Souvent même, le scrupule de ne point attaquer un adversaire sans défense faisait que l'on désignait à l'avance l'heure et le lieu où le combat serait livré. La rencontre ressemblait alors à un duel ; au surplus, il n'était pas rare que l'on proposât à son ennemi de décider de la victoire dans un combat singulier. De l'habitude de la courtoisie vient l'usage des rançons, grand adoucissement au sort réservé au vaincu tombé au pouvoir de son ennemi. On eut alors le spectacle de raffinements inattendus. Le Prince Noir ayant fait prisonnier Duguesclin voulut qu'il fixât lui-même sa rançon et le grand capitaine répondit que, comme chef des armées du roi, il ne devait pas payer moins de 100.000 florins d'or. L'Anglais refusa la rançon comme trop forte, mais le Français ne voulut pas descendre au-dessous de 70.000 florins. C'est alors qu'un célèbre chevalier anglais, Chandos, lui fit présent de 30.000 florins pour l'aider à payer. La chevalerie eut un dernier trait qui l'honora singulièrement, cette idée que l'on ne doit combattre son ennemi qu'ouvertement et en s'exposant soi-même à ses coups. De là la préférence pour la lutte corps à corps. Pendant longtemps, on ne fit pas quartier à ceux qui employaient l'arbalète, alors que l'arc était admis, puis ce furent les arquebusiers qui furent l'objet d'un semblable traitement ; les boulets et les bombes ne furent d'abord considérés comme de bonne

---

[1] Cf. Farrer, *Military mamers and customs,* p. 126 et s. Dans l'*Iliade,* lors du meurtre de Dolon, Ulysse manque à sa parole, et Homère ne l'en blâme pas (liv. X).

guerre que pour enfoncer les murailles, les boulets rouges ne pouvaient pas toujours être employés. Jusqu'au XVIIIe siècle, on disputa, au témoignage de Voét, sur la légitimité de l'emploi de la poudre à canon.

Il est demeuré une trace nette de cette aversion. Jusqu'à nos jours, l'usage du poison et des armes empoisonnées demeura sévèrement proscrit. Il a fallu la guerre actuelle pour renverser cette dernière barrière, mais je doute que l'on fasse quartier à ceux qui envoient des gaz asphyxiants ou délétères. Et c'est justice. Pour ceux qui emploient des procédés barbares, point de pitié[1].

Du reste, on sait que ces essais de limitation des armes permises n'eurent jamais de succès, mais on doit le regretter.

Particularités de la doctrine de Grotius. — Dans l'histoire des tentatives faites pour adoucir les pratiques de la guerre, la doctrine de Grotius présente une configuration bien surprenante. Elle peut se résumer en quelques mots. Au cours des hostilités, les adversaires jouissent d'une liberté illimitée, mais il est louable de leur part de tempérer leur action par tous les ménagements compatibles avec le but poursuivi.

C'est une rétrocession évidente. Les prédécesseurs de Grotius n'ont jamais admis qu'un ennemi possédât cette liberté illimitée à l'égard de son ennemi. Pourquoi un homme religieux, humain et savant comme était Grotius professait-il cette doctrine de sauvage ? Précisément parce qu'il était trop érudit. Grotius s'appliquait à tracer les lois de la guerre d'après le droit de la nature et, suivant lui, le droit de nature permettait tout. Comment justifier cette assertion ? Il allègue que dans les actions humaines les moyens employés se qualifient d'après la fin poursuivie, de sorte qu'il suffit qu'une guerre soit juste pour que toutes les armes employées contre l'ennemi deviennent légitimes. Il ajoute que lorsqu'on a un

---

[1] Il est à craindre que l'on ne puisse pas rétablir dans l'avenir la prohibition de l'usage du poison à la guerre. Ce sera un grave échec pour la cause de l'humanité.

juste sujet de punir quelqu'un, toutes les voies de fait employées à cette fin sont à approuver et que le droit d'agir emporte souvent le droit de faire indirectement bien des choses que l'on n'aurait pas la faculté de faire directement et pour elles-mêmes.

Ces raisonnements sont discutables ; il est permis de penser qu'ils n'ont pas entraîné l'adhésion de Grotius. C'est plutôt l'exemple des anciens qui l'a décidé et c'est en cela que son érudition l'a desservi. Afin de justifier ses propositions extrêmes, il cherche des leçons et des exemples chez les peuples de l'antiquité et l'on sait que, dans l'antiquité, les guerres se poursuivaient souvent sans ménagement aucun.

Et, dans sa logique, il va très loin. Il permet de tuer par droit de guerre tous ceux que l'on trouve sur les terres de l'ennemi, même les étrangers qui y résideraient par hasard. Les femmes et les enfants n'ont pas de droit à la vie sauve et il cite à ce sujet Homère, Thucydide et Tacite. Les prisonniers ne peuvent pas compter sur la vie, les otages non plus. Ce sont choses que le droit des gens, fondé sur le consentement des nations, permet absolument. Le droit de nature les permet aussi, mais en tant qu'elles sont nécessaires au but de la guerre. Le droit des gens condamne toutefois l'usage du poison.

Pourtant, la licence autorisée par le jurisconsulte a une limite et il n'est pas conséquent jusqu'au bout avec sa doctrine. Il enseigne que la pudeur des femmes doit être respectée et c'est encore sur les opinions des anciens qu'il base cette restriction.

Naturellement, la licence admise à l'égard des biens de l'ennemi n'est pas inférieure à celle qui regarde sa personne. Le droit de prendre, de piller, de détruire est absolu : il s'étend même aux choses sacrées.

Cette doctrine est évidemment tirée tout droit des livres anciens. Le chapitre des prisonniers en est la preuve. D'après Grotius, ils deviennent esclaves eux et leur postérité, et les effets de cet esclavage sont sans bornes. Tout cela en vertu du droit des gens. Duquel? évidemment de celui du temps des Grecs et des Romains, car l'auteur remarque à la fin de son chapitre que le droit de réduire les prisonniers en esclavage n'a jamais été reçu parmi les chrétiens, mais cela ne l'incite pas à changer sa doctrine (l. III, ch. vii).

Cette doctrine est impitoyable. Hâtons-nous d'ajouter que Grotius ne l'expose que pour la démentir ensuite. Le jurisconsulte était un homme juste, modéré et charitable, et sa doctrine propre reste bien éloignée de celle qu'il enseigne par respect pour les leçons de l'antiquité. Voyons comment il se tire d'affaire.

Son premier soin est de citer les anciens qui ont prescrit de garder une juste mesure dans la punition. Il faut donc tempérer la rigueur du droit strict par les inspirations de la conscience. Ainsi le droit de tuer dans la guerre n'est pas absolu, on ne peut tuer que ceux qui méritent la mort par leurs crimes et ceux qui menacent notre vie ou nos biens, quand nous n'avons pas d'autre moyen de les garantir. Il faut à cet égard distinguer entre les malheureux et les coupables, nous devons laisser la vie à ceux qui ont suivi le parti de nos ennemis, non par inimitié, mais par nécessité. Il faut aussi séparer l'offense pleine et entière de ce qui n'est que malheur ou faute simple. Les exemples tirés des anciens ne manquent point pour édifier ce laborieux assemblage. On doit considérer en outre que, même à l'égard des auteurs de la guerre, bien des gens se laissent éblouir dont le cœur n'est pas mauvais et encore que les causes de la prise d'armes sont si délicates à apprécier que la guerre peut paraître juste des deux côtés.

Enfin, même quand les lois de la justice condamnent les vaincus, la bonté, la modération, la grandeur d'âme peuvent inciter à les épargner.

Par ce long chemin, cet éternel raisonneur arrive à dire que tout vainqueur qui aura à cœur de faire son devoir et de suivre les règles de la vertu ne fera mourir aucun ennemi, sinon pour se garantir de la mort ou de quelque chose d'approchant, également pour punir des crimes personnels dignes du dernier supplice. Encore est-il mieux de faire grâce aux coupables soit par humanité, soit par quelque autre bonne raison.

Comme suite de ces principes, on doit épargner les enfants à cause de leur âge et les femmes à cause de leur sexe. Les vieillards doivent aussi être respectés. Il faut laisser vivre les hommes dont le genre de vie est fort éloigné du métier des armes, au premier rang les ministres de la religion auxquels il faut joindre les moines et frères lais ou pénitents, de même les gens de lettres dont les études sont honnêtes et utiles au genre humain, les laboureurs à cause du bien qu'ils font au monde par leur travail, les marchands, ouvriers et artisans.

Parmi ceux qui ont porté les armes, il ne faut pas faire mourir les prisonniers, même si l'on est obligé de les relâcher faute de pouvoir les garder. Il convient de même de recevoir à composition ceux qui se rendent.

On ne pourrait manquer à cette règle d'indulgence qu'envers ceux qui auraient eux-mêmes violé le droit des gens. La loi du talion ne peut s'exercer que contre les coupables. Ni l'opiniâtreté de la défense, ni le ressentiment des échecs que l'on a subis, ni l'avantage que l'on trouve à intimider l'ennemi n'autorisent à tuer ceux qui tombent entre nos mains. Il est à noter que Grotius, plus rigoureux que tout autre dans la doctrine, est ici plus indulgent qu'il n'est permis de l'être dans la guerre. Il condamne les représailles ; elles sont pourtant indispensables. Les otages condamnés plus haut par Grotius sont maintenant sauvés par lui.

L'auteur termine ce chapitre (l. III, ch. XI) en défendant tous les combats qui ne visent pas à obtenir ce que l'on veut se faire restituer ou à terminer la guerre. Relativement au dégât permis en terre ennemie, Grotius est aussi modéré. A la vérité, il permet de ravager les domaines de l'ennemi quand on le fait pour se défendre (il voit là une exception vraisemblablement admise lors de l'institution du droit de propriété et donne l'exemple d'une épée que l'on saisirait pour éviter d'en être transpercé) ou pour obtenir une indemnité qui nous est due, ou encore quand on nous a fait quelque mal qui mérite d'être puni de cette manière. Encore le jurisconsulte s'empresse-t-il de corriger la règle par de nombreuses exceptions qui ne lui laisseront qu'un domaine illusoire. Nous le voyons à cette place recommander le respect des peintures et tableaux, des temples, des portiques, des statues dont la ruine n'affaiblit point l'ennemi et n'apporte aucun avantage au destructeur. Il ordonne aussi d'épargner les choses sacrées et les monuments funéraires.

Le droit de s'approprier les choses prises sur l'ennemi devient fort modeste. On peut lui prendre ce qu'il nous doit, mais Grotius ne pense pas que l'on puisse saisir les biens des sujets pour punir le crime du souverain. Il reconnaît que la fortune des sujets répond de la dette qui naît de la guerre elle-même, mais en observant que les préceptes de la charité empêcheront souvent d'exiger cette dette tout entière.

De même encore le traitement des prisonniers, d'après les règles de cette justice qui est conforme aux lumières de la conscience, est aussi humain qu'il était rigoureux suivant le droit des gens.

Ces exemples sont assez nombreux pour nous rendre compte de la dualité de la doctrine de Grotius. D'après un droit des gens conforme lui-même au droit de la nature, tout est permis ; d'après les lois de la conscience, on est obligé à une grande humanité et à une grande modération. Il n'est pas douteux que les sympathies de Grotius allaient à ce dernier parti.

Pourquoi alors émettre des principes contre lesquels sa conscience protestait et qui n'avaient pas moins le tort de fournir une base juridique aux pires excès, peut-être de le faire soupçonner lui-même de duplicité ? Je crois que la seule réponse possible est dans le respect aveugle de Grotius pour les anciens. Le fait n'en est pas moins regrettable et, en outre, la méthode est à condamner. On trouve tout dans les auteurs anciens, des exemples de rare vertu et des abominations ; il le montre lui-même, car à ses propres idées de modération il trouve des précédents chez les mêmes auteurs. Alors, comment affirmer que le droit se trouve d'un côté plutôt que de l'autre ? Il faudrait faire une statistique complète des faits pour pouvoir tirer de là des déductions générales. Grotius avait une notion trop étroite du droit de la guerre. Parce que tous liens d'amitié et d'hospitalité sont rompus entre les nations belligérantes, il pensait qu'aucun droit ne pouvait plus exister. C'est une erreur. Même au fort des hostilités, certaines idées communes existent entre les belligérants susceptibles de former la base d'un état de droit, cette idée que la lutte se poursuivant entre les hommes et non pas entre des bêtes fauves, doit être conduite avec humanité, cette autre idée que la guerre doit être engagée en vue d'un but défini et réprouve tout ce qui ne concourt pas à le faire atteindre, cette idée encore que la guerre est faite en vue du rétablissement de la paix et ne doit pas la rendre impossible. Il y a là matière à établissement de véritables lois, car les lois naissent des besoins communs de ceux pour qui elles sont écrites et non pas de la pure autorité d'un législateur.

Pufendorf est bref sur ces questions et, du reste, renvoie le plus souvent à Grotius. Pourtant, on ne trouve plus chez lui cette opposition radicale entre le droit des gens et le cri de la conscience ; il dit simplement qu'il faut corriger par la loi de nature la licence extrême de la guerre. Lorsqu'il parle de la violence dont on ne peut user envers un ennemi, il a deux remarques intéressantes. L'une est qu'il ne faut pas assimiler le fait de la guerre à l'exercice d'une juridiction criminelle. Celle-ci suppose un supérieur et un inférieur et permet de maintenir une proportionnalité exacte entre l'offense et la réparation, laquelle n'est pas possible dans la guerre. Il ajoute que l'on peut légitimement pousser l'usage de la violence au delà du nécessaire pour se préserver des dangers à venir.

Nous savons déjà qu'aux yeux de Bynkershoek, les ménagements que l'on garde parfois à la guerre sont pure question de grandeur d'âme. Il n'est pas besoin d'insister. Pour Bynkershoek, nous faisons la guerre en vue d'arriver à la perte de l'ennemi. A cette fin tous les moyens sont bons. Il réprouve pourtant la perfidie et, pour l'expliquer, il dit que sur le point où ils ont engagé leur foi les adversaires cessent d'être des ennemis. C'est phraséologie pure. Burlamaqui se borne à reproduire sommairement et assez mal la doctrine de Grotius.

Doctrine de Vattel. — Venons à Vattel. Il est beaucoup plus moderne comme méthode et comme idées.. La guerre se fait en vue d'une fin, réparation à obtenir, injure à venger, sûretés à acquérir ; tout moyen est légitime quand il est nécessaire pour atteindre cette fin. L'emploi d'un moyen plus rigoureux est encore légitime dans le cas où des voies plus douces auraient pu conduire au but. C'est une liberté limitée, car le jurisconsulte ajoute immédiatement qu'il faut encore que les procédés utilisés n'aient rien d'odieux ni de contraire aux lois de la nature. Remarquons la distance de cette doctrine à celle de Grotius. Pour Vattel, le droit ne permet pas tout et c'est seulement dans la limite de ce qu'il permet que la conscience exerce son action modératrice. On doit épargner la vie d'un ennemi qui se rend, sauf en cas de justes représailles. Naturellement, toutes les personnes étrangères au métier des armes doivent être respectées. Il admet pourtant qu'on a le droit de les réduire à la condition de prisonniers de guerre, quoiqu'il reconnaisse que cela n'est pas un usage de son temps. On ne peut se servir ni de poison, ni du moyen de l'assassinat. Les prisonniers seront humainement traités : ils ne peuvent, en aucun cas, être confondus avec les malfaiteurs. Vattel mentionne même les habitudes de courtoisie existant de son temps, on envoie parfois des rafraîchissements au gouverneur d'une place assiégée, on s'abstient de tirer sur le quartier du roi ou du général. Que toutes ces choses sont loin de nous !

Le droit que l'on peut avoir sur les biens de l'ennemi a sa source soit dans le droit de nous faire rendre ce qui nous appartient, soit dans le fait de nous emparer des choses dont la perte affaiblira l'ennemi. On peut aussi enlever certaines choses à l'ennemi à titre de peine et ce procédé est recommandable parce qu'il n'est pas barbare. Enfin, on peut prendre à l'ennemi beaucoup plus que l'on n'est en droit de garder, uniquement pour l'amener à de plus justes conditions.

On ne peut dévaster un pays qu'en cas de nécessité, encore faut-il respecter les monuments et les œuvres d'art. Ne multiplions pas ces citations jusqu'à la lassitude. A la vérité, on trouverait dans Vattel toutes les règles communément considérées comme faisant partie du droit de la guerre.

Développement du droit de la guerre maritime. — Passons au droit maritime. L'histoire de la guerre maritime n'est pas aussi fournie au point de vue du droit que celle de la guerre terrestre. Certains usages pourtant se formèrent, premiers éléments d'un droit. La pratique de la course fut régularisée par les ordonnances, l'idée du respect dû aux naufragés se fit recevoir, de même la règle qui oblige à montrer ses couleurs avant le combat. La guerre maritime a toujours été surtout une guerre à la propriété. Le droit de capture a été et est encore son principal moyen.

Sur un point, la guerre ancienne aboutit à la création d'un droit ; c'est à elle que l'on doit la consécration des droits du commerce neutre en temps de guerre. Le développement de la neutralité territoriale et celui de la neutralité maritime ne marchèrent pas d'un pas égal. Le premier était ralenti par l'admission de la neutralité imparfaite à côté de la neutralité proprement dite, et celle-là tolérait des actes que celle-ci réprouvait, par exemple le passage des troupes d'un belligérant sur un territoire neutre. Il est curieux d'observer que cet abus, qui semblait définitivement condamné et dont on n'avait pas eu d'exemple depuis le passage des alliés en Suisse en 1815, s'est renouvelé au cours de cette guerre [1]. La neutralité imparfaite admettait aussi la fourniture par le neutre au belligérant de subsides, voire même de troupes, dans certaines circonstances au moins. Il arrivait parfois que l'on envoyait

---

[1] Au congrès de Vienne on admit que le passage accordé aux armées autrichiennes en marche contre la France n'était pas une infraction à la neutralité helvétique. C'était aller contre l'évidence. De même, de nos jours, la presse suisse même la plus éclairée soutient que la garantie financière accordée par la Suisse à l'Allemagne jusqu'à concurrence d'une somme déterminée n'est pas contraire à la neutralité. C'est encore une erreur manifeste.

en pareil cas des régiments étrangers pour que l'atteinte à la neutralité fût moins patente. Cette ancienne tolérance n'a point encore été ressuscitée. Attendons.

Cependant, le droit de la neutralité maritime se développait rapidement. L'instrument de son développement fut dans les traités de commerce. Au xviie siècle, les traités de commerce deviennent importants et fréquents : bientôt l'usage fut suivi d'annexer à tous les grands traités de paix des traités de commerce. Dans les clauses de ces traités, clauses d'autant plus nombreuses que la spécialisation n'était point encore en honneur dans les traités, on en trouve en nombre appréciable qui sont consacrées à la guerre maritime. La règle que le pavillon couvre la marchandise s'est établie par ce moyen. On sait qu'elle était alors réciproque et que de même que la marchandise ennemie n'était pas saisissable sous pavillon neutre, la marchandise neutre était saisissable sous pavillon ennemi. Les traités contiennent fréquemment des énumérations d'objets de contrebande et contiennent alors la promesse de chaque contractant, au cas où il ferait la guerre, de ne confisquer sur son co-contractant resté neutre que les seules marchandises de contrebande nommées par le traité. Il faut remarquer que la notion de la contrebande était alors bien plus restreinte qu'aujourd'hui. Elle ne comprenait pas tous les objets utiles à une armée et dont le défaut risque d'entraver la marche des opérations, mais ceux-là seuls qui se rapportent à l'armement du soldat ou au harnachement des chevaux. Il est vrai aussi que les guerres étaient moins étendues et exigeaient moins d'approvisionnements. D'autres clauses concernaient le droit d'asile des vaisseaux de guerre dans les ports, soit en temps de paix, soit en temps de guerre, la faculté de se pourvoir de vaisseaux dans les ports ou les chantiers de la Puissance avec laquelle on contracte, la permission de vendre ses prises dans les ports de celle-ci, etc. Souvent ces diverses concessions, accordées pour le cas d'une guerre dans laquelle le co-contractant serait impliqué, sont accompagnées de l'engagement de ne point accorder de facilités de ce genre à l'adversaire de ce co-contractant. C'est que

l'on ne considérait pas alors que la neutralité dût être égale
à l'égard de tous.

La déclaration de neutralité armée. — L'acte le plus
considérable de cette période est certainement la déclaration
de neutralité armée de 1780, due à l'initiative de Catherine II
de Russie. C'était une réponse aux exactions commises par
l'Angleterre au détriment du commerce neutre pendant la
guerre de Sept ans et en même temps un essai intéressant de
codification des règles les plus importantes de la guerre
maritime. La déclaration contient déjà la substance des articles de la déclaration de Paris de 1856. On y trouve l'affirmation du droit à l'intercourse coloniale, le droit à la liberté
du commerce neutre et de la propriété neutre, une énumération limitative des marchandises de contrebande et la règle
dè l'effectivité des blocus. C'était très remarquable. Ce document avait une portée générale et l'impératrice Catherine II
annonçait l'intention de le faire soutenir par des forces
imposantes. Il n'en fut rien du reste, et cela est regrettable,
car si les neutres armaient au besoin pour défendre l'autorité
du droit de la guerre, ce droit serait sans doute mieux respecté.
La grande majorité des Puissances maritimes adhéra à la
déclaration, mais, comme elles ne soucièrent pas de lui
donner sa sanction, ce fut un coup d'épée dans l'eau. Cette
déclaration fut toutefois renouvelée presque dans les mêmes
termes en 1801, ensuite on n'en parla plus.

Un autre genre de conventions est encore à mentionner.
Bien que l'assistance à donner aux blessés n'ait été, avant
1864, l'objet d'aucun traité général, l'usage s'était introduit
depuis longtemps entre généraux de passer de petites conventions sur cet objet, lesquelles ne devaient garder leur valeur
que pendant la durée de la guerre. Un collectionneur en a
compté jusqu'à 300, très semblables les unes aux autres.

Nous arrêterons là cette revue des précédents. Les opinions
et les faits que l'on recueille au cours du XIXe siècle sont très
dignes d'intérêt, mais ils seront cités au cours de nos inves-
tigations ultérieures.

Arrivons aux conférences de La Haye.

CHAPITRE II

Les conférences de La Haye.

Les deux circulaires Mourawief. — La réunion des
conférences de La Haye fut provoquée par la célèbre circulaire des 12-24 août 1898 que le comte Mourawief expédia
au nom du tsar Nicolas II.

L'objet de cette convocation fut uniquement d'abord de
mettre fin à la folie croissante des armements et d'assurer au
monde le bénéfice d'une paix durable[1]. Nulle proposition ne
pouvait être regardée d'un œil plus favorable que celle-là.
Elle suscita pourtant l'étonnement. Depuis longtemps, le
mouvement pacifiste s'était cantonné dans des publications et
dans des congrès peu pacifiques eux-mêmes le plus souvent.
On aurait pu croire qu'il n'en sortirait plus, ou du moins
personne ne prévoyait qu'il allait en sortir.

Il y avait des précédents, mais bien éloignés déjà et combien légers. En 1816, une proposition de désarmement
général avait été émise par l'empereur Alexandre Ier. Ce
projet n'eut aucune suite. Un demi-siècle plus tard, à l'ouverture de la session du corps législatif, le 5 novembre 1863,
l'empereur Napoléon III lançait l'idée d'un grand congrès

---

[1] « Le maintien de la paix générale et une réduction possible des armements
excessifs qui pèsent sur toutes les nations se présentent, dans la situation
actuelle du monde entier, comme l'idéal auquel devraient tendre les efforts
de tous les gouvernements..... Le gouvernement impérial croit que le moment
présent serait très favorable à la recherche, dans les voies de la discussion
internationale, des moyens les plus efficaces d'assurer à tous les peuples les
bienfaits d'une paix durable et de mettre avant tout un terme au développement progressif des armements actuels, etc. »

qui établirait sur des bases nouvelles et plus solides la paix du monde. Cet appel ne fut pas entendu.

La circulaire Mourawief faisait immédiatement naître deux questions.

Sur quelles bases établirait-on ce régime nouveau et comment éteindrait-on les questions irritantes subsistant entre les nations? La question n'avait pas échappé aux pacifistes et la plupart d'entre eux avaient usé de constructions artificielles pour la résoudre. Ce problème n'est pas moins ardu à l'heure présente que du temps de l'abbé de Saint-Pierre et l'entente ne règne certainement pas entre les peuples touchant les limites des possessions de chacun. Si l'on veut avoir la moindre chance de réussir dans une entreprise de pacification, il faut d'abord constituer un état de choses dont tous puissent se contenter. En second lieu, quelle serait la sanction des dispositions que l'on voulait prendre? Rêvait-on d'une confédération européenne et, si même chose pareille pouvait être tentée, qui pourrait éviter dans son sein les luttes et les brigues de l'ancien empire d'Allemagne?

Une seconde circulaire Mourawief des 30 décembre 1898-11 janvier 1899 vint modifier notablement l'objet assigné à la convocation lancée par la première. En voici des extraits :

« ..... Espérant toutefois que les éléments de trouble qui agitent les sphères politiques feront bientôt place à des dispositions plus calmes et de nature à favoriser le succès de la conférence projetée, le gouvernement impérial est, pour sa part, d'avis qu'il serait possible de procéder dès à présent à un échange préalable d'idées entre les puissances dans le but : *a)* de rechercher sans retard les moyens de mettre un terme à l'accroissement progressif des armements de terre et de mer..., et *b)* de préparer les voies à une discussion des questions se rapportant à la possibilité de prévenir les conflits armés par les moyens pacifiques dont peut disposer la diplomatie internationale.

« ..... Les thèmes à soumettre à une discussion internationale au sein de la conférence pourraient, en traits généraux, se résumer comme suit :

« 1° Entente stipulant la non-augmentation, pour un terme
à fixer, des effectifs actuels des forces armées de terre et de
mer, ainsi que des budgets de guerre y afférents ;

« 2° Interdiction de la mise en usage dans les armées et
dans les flottes de nouvelles armes à feu quelconques et de
nouveaux explosifs aussi bien que de poudres plus puissantes
que celles adoptées actuellement ;

« 3° Limitation dans les guerres de campagne des explosifs
d'une puissance formidable déjà existants et prohibition du
lancement des projectiles ou d'explosifs quelconques du haut
des ballons ou par des moyens analogues ;

« 4° Défense d'employer dans les guerres navales des
bateaux torpilleurs, sous-marins ou plongeurs...; engagement de ne pas construire à l'avenir de navires à éperons ;

« 5° Adaptation aux guerres maritimes des stipulations de
la convention de Genève de 1866 sur la base des articles addi-
tionnels de 1868 ;

« 6° Neutralisation au même titre des navires ou chaloupes
chargés de recueillir les naufragés ;

« 7° Révision de la déclaration concernant les lois et coutumes de la guerre élaborée en 1874 par la conférence de
Bruxelles et restée non ratifiée jusqu'à ce jour ;

« 8° Acceptation en principe de l'usage des bons offices de
la médiation et de l'arbitrage facultatif, pour les cas qui s'y
prêtent, dans le but de prévenir les conflits armés... »

Ce document relate l'accueil empressé fait par la presque
totalité des puissances à l'initiative du gouvernement russe
et note, en même temps, la hâte de certaines d'entre elles à
accroître immédiatement leurs armements — il semble, en
effet, que c'était un signe de confiance dans le succès de la
conférence — son auteur en conclut que le moment n'est peut-
être pas opportun pour discuter les idées émises dans la circu-

laire dès 12-24 août. Pourtant, le comte Mourawief maintient son avis touchant l'opportunité d'un échange de vues sur les questions de la limitation des armements et de la solution pacifique des conflits internationaux. Suit alors l'énumération des huit thèses à la discussion desquelles pourrait s'employer utilement l'activité de la conférence ; thèses très variées et parmi lesquelles on voit figurer notamment la révision de la déclaration de Bruxelles sur les lois et coutumes de la guerre et l'adaptation à la guerre maritime des principes de la convention de Genève du 22 août 1864. C'était un thème fort large, ainsi établi probablement pour éviter que la conférence n'aboutît à un échec absolu. En même temps, pour répondre à des préoccupations dont l'écho lui était parvenu, l'auteur de la circulaire donne comme bien entendu que les rapports politiques des États et l'ordre des choses établis par les traités, comme en général toutes les questions non comprises dans le programme de la conférence, demeureront entièrement exclus de ses délibérations.

C'était faire acte de prudence, mais c'était se priver déjà de toute chance d'aboutir, au moins à un résultat durable. Comment imaginer, en effet, que les Puissances que l'on convoquait à cette réunion consentiraient à rester éternellement dans les rapports où elles se trouvaient au moment de cette convocation et que les traités qui les unissaient garderaient indéfiniment leur autorité. On se rit de l'abbé de Saint-Pierre parce qu'il a prétendu fixer à jamais la condition de l'Europe sur les traités d'Utrecht. L'auteur des deux circulaires ne montrait pas une sagesse plus grande sur ce point. Napoléon III était plus prudent quand il souhaitait la réunion d'un congrès qui, d'abord, s'efforcerait de résoudre amiablement les plus irritantes des questions qui divisaient les nations.

Sur ces invitations, la conférence s'ouvrit à La Haye le 18 mai 1899. Étaient représentés vingt-six États. Une centaine de délégués étaient présents. La circulaire de M. de Beaufort (6 avril 1899), contenant l'invitation du gouvernement néerlandais, énonçait de nouveau l'objet de la conférence en mettant la paix en premier lieu, ce qui fait qu'il n'est pas étonnant, quoi qu'on en ait dit, qu'elle ait été appelée Conférence de la paix, et en répétant l'exclusion de tout débat des rapports politiques des États et de l'état de choses établi par les traités.

La première conférence. — Dès son ouverture et avant qu'elle n'eût abouti à mettre sur pied ses fameuses conventions, la conférence de La Haye laissa apparaître plusieurs causes de faiblesse. Une surtout fut manifeste. Dans la liste des souverains appelés à envoyer des délégués à La Haye, le Pape ne se trouvait pas. Cette grande omission s'inspirait évidemment de tout petits motifs. Il s'agissait de ne pas froisser l'Italie en restituant au Saint-Siège une apparence de souveraineté, grâce à son entrée dans ce grand conseil du monde. Il s'agissait, je pense, aussi, pour certains au moins, de démontrer à l'univers étonné que l'on peut fort bien réaliser une réforme humanitaire de première importance sans le concours d'aucune influence religieuse, ni l'immixtion d'aucune idée spirituelle. C'était une lourde erreur, suffisante à elle seule à compromettre l'œuvre de la conférence et à ruiner l'autorité de ses délibérations. Quelque idée que l'on professe sur la condition juridique de la papauté (et il n'est pas certain du tout que la perte du pouvoir temporel ait dépouillé le pape de sa souveraineté), cette autorité, qui a toujours combattu pour la paix, devait être appelée la première à un congrès de la paix, et Chrétien[1] rappelle avec raison qu'au concile du Vatican, le 18 février 1870, un projet de désarmement réunit quarante signatures et que, dans des propositions remontant sensiblement à la même époque, l'idée avait été émise de l'établissement à Rome d'un tribunal arbitral international.

Dans les matières où l'on doit agir par la voie de la persuasion, il faut d'abord faire appel aux maîtres de la persuasion,

---

[1] *Revue générale de droit international public*, 1899, p. 281 et s.

et le Pape est là le premier. Cela est si vrai que dans la présente guerre on surveille avec une inquiétude jalouse jusqu'à la moindre parole du pape et on se dispute avec âpreté l'appui de son autorité. Ce n'est pas sans raison.

L'exclusion du Souverain Pontife résolue dans le but de complaire à l'Italie contenait en elle-même un grave symptôme. Puisque la conférence se préoccupait dès le début des prétentions particulières de chaque Puissance, n'était-il pas à prévoir que toute œuvre commune lui serait impossible? Un progrès général ne s'accomplit pas sans le sacrifice préalable de nombreuses ambitions particulières.

On s'aperçut bientôt de cette imperfection. Plusieurs peuples, les Polonais, les Finlandais, les Arméniens, coururent à ce tribunal, lui portant leurs doléances séculaires de nationalités opprimées, réclamant de lui cette justice que paraissait promettre au monde sa convocation. Les Boers se plaignirent de n'être pas invités à accréditer un délégué à la conférence. On avait craint de mécontenter l'Angleterre. On répondit aux suppliants que, toute question politique devant être exclue des délibérations de la conférence, leurs causes ne pouvaient pas être entendues.

Misérable réponse en vérité. Lorsque l'on prétend faire régner la paix et inaugurer le règne de la justice dans le monde, il ne faut pas commencer à se donner à soi-même un démenti en fermant la bouche à ceux qui demandent justice. Plutôt que de spéculer à vide sur les moyens d'éviter la guerre, il eût été plus sage de s'occuper de la reconstitution de la Pologne à laquelle il faut bien enfin que l'on vienne, des justes doléances des Finlandais, des garanties qui auraient pu épargner aux Arméniens les massacres qui les ont décimés. Cela était plus pressant et plus utile. Alors même que la conférence de la paix aurait abouti à des résultats plus brillants et que, par exemple, le principe de l'arbitrage obligatoire aurait effectivement été adopté, à l'esprit de qui pouvait-il venir que ce procédé pacifique serait employé à résoudre les plus graves d'entre les conflits existant entre les nations : le sort de l'Empire ottoman, l'état politique de la presqu'île balkanique, la question d'Égypte, la question d'Alsace-Lorraine et tant d'autres? Donc, loin de chasser ces questions du programme par une formule d'exclusion, il aurait fallu les appeler, les discuter, en rechercher la solution et c'est seulement après l'avoir trouvée que l'on aurait pu travailler avec quelques chances à la pacification du globe.

Mais il est probable que cette œuvre préliminaire elle-même n'aurait pas pu être accomplie et comme l'idée était lancée, comme elle accaparait l'attention universelle, il fallait faire quelque chose à peine de s'exposer à la critique. Je suis convaincu, pour ma part, que ce besoin tyrannique de faire quelque chose a été le mauvais génie des conférences de La Haye.

C'est dans ces circonstances que s'ouvrit, le 18 mai 1899, la première conférence de La Haye. Vingt-six États y prirent part : l'Allemagne, l'Autriche-Hongrie, la Belgique, la Chine, le Danemark, l'Espagne, les États-Unis d'Amérique, les États-Unis mexicains, la France, la Grande-Bretagne, la Grèce, l'Italie, le Japon, le Luxembourg, le Monténégro, les Pays-Bas, la Perse, le Portugal, la Roumanie, la Russie, la Serbie, le Siam, la Suède et la Norwège, la Suisse, la Turquie, la Bulgarie. Chacun y avait envoyé une délégation, mais il était entendu que chaque délégation n'aurait qu'une voix.

A la première séance, le 18 mai 1899, M. Staal fut nommé président; M. van Karnebeck, Hollandais, vice-président. L'ouverture de la conférence eut lieu par un discours de M. de Beaufort, ministre des Affaires étrangères des Pays-Bas. Ce fut un discours de remerciements.

Le 20 mai[1], dans la deuxième séance, M. Staal précisa l'objet de la conférence de la paix : assurer un résultat tangible que l'humanité entière attend avec confiance, tel est cet objet. Il faut faire de la diplomatie une science possédant des règles fixes pour la solution des conflits internationaux. L'orateur recommandait la généralisation et la codification de la pratique de l'arbitrage dans le but de prévenir les conflits par

---

[1] *Actes*, 1899, p. 16 et s.

l'emploi des moyens pacifiques, tout en se gardant de tomber dans l'utopie. Il faut prendre pour point de départ la communauté[1] des intérêts matériels et moraux qui ne cesse pas de s'étendre entre les nations ; il faut considérer que les rivalités existent principalement sur le terrain économique et qu'elles peuvent être fécondes, pourvu qu'au-dessus d'elles planent l'idée de justice et le sentiment de la grande fraternité humaine. Les conflits s'élevant d'un point du globe ont leur répercussion sur beaucoup d'autres, tous ont intérêt à les éviter ; la paix est le besoin de tous et ce sera faire œuvre utile de préciser le mode d'emploi de quelques-uns des moyens destinés à assurer la paix, ainsi de définir les cas auxquels la médiation et l'arbitrage seront applicables. En ce faisant, on peut avoir la conviction de travailler pour le bien de l'humanité tout entière. De là l'orateur passait aux autres objets proposés à l'activité de la conférence.

Ce discours était dangereux et décevant à le lire de près. Il contient une promesse faite au monde, faire progresser la cause de la paix ; quant aux moyens proposés, on peut les trouver un peu puérils. Si les guerres éclatent, ce n'est pas parce que l'on ignore les cas auxquels la médiation et l'arbitrage sont applicables, mais parce que les Puissances n'ont pas la volonté de se servir de ces moyens. Il est remarquable que déjà alors la question du désarmement avait passé du premier plan au deuxième.

L'assemblée se divisa en trois commissions : celle du désarmement et des questions annexes, celle de la réglementation des lois de la guerre, celle de l'arbitrage ; ces commissions pouvaient elles-mêmes se diviser en sous-commissions.

---

[1] Là se trouve, je crois, l'erreur fondamentale de cette philosophie politique. Il y a entre les nations civilisées une similitude d'intérêts certaine, mais cette similitude n'est pas une communauté d'intérêts, encore moins un état de solidarité comme on le répète trop souvent. Pour ne prendre que l'exemple de la prospérité économique des nations, il est certain que cette prospérité ne s'accroîtra chez l'une qu'au détriment des autres. Le commerce de l'une refoulera en s'étendant le commerce des autres ; il y aura enrichissement d'un côté et appauvrissement de l'autre. C'est l'évidence même.

Les premiers délégués de chaque puissance devaient désigner ceux de leurs collègues qui feraient partie de chaque commission. Puis chaque commission ou sous-commission entendit le rapport fait par celui de ses membres qui avait été désigné à cet effet et arrêta le texte qui serait soumis à l'assemblée générale.

La conférence a ainsi abouti à la signature de trois conventions et de trois déclarations portant la date du 29 juillet 1899.

Les conventions ont respectivement pour objet :

1° Le règlement pacifique des conflits internationaux ;

2° Les lois et coutumes de la guerre sur terre ;

3° L'adaptation à la guerre maritime de la convention de Genève du 22 août 1864.

Les déclarations concernent :

1° L'interdiction de lancer des projectiles ou des explosifs du haut des ballons ou par d'autres modes analogues nouveaux ;

2° L'interdiction des projectiles qui ont pour but unique de répandre des gaz asphyxiants ou délétères ;

3° L'interdiction des balles qui s'épanouissent ou s'aplatissent facilement dans le corps humain, telles que les balles à enveloppe dure dont l'enveloppe ne couvrirait pas le noyau ou serait pourvue d'incisions.

En outre, la conférence émit une résolution touchant à la limitation des armements et des vœux relatifs à :

La révision de la convention de Genève ;

La réglementation des droits et devoirs des neutres ;

L'établissement de nouveaux types de canons et de fusils ;

La formation d'une entente sur la limitation des forces armées ;

L'inviolabilité de la propriété privée dans les guerres maritimes ;

Le bombardement par des forces navales.

Les conventions et les déclarations ont été en général

toutes signées par les puissances représentées à la conférence. Cependant, ni la Chine ni la Suisse n'ont signé la convention sur les lois et coutumes de la guerre sur terre et, dans un certain nombre de cas, les signatures données furent accompagnées de réserves. L'état des ratifications a suivi celui des signatures.

Nous ne nous occuperons pas pour le moment du contenu de ces conventions et déclarations. Cette étude sera faite plus tard. Disons un mot de l'impression sous laquelle la conférence se sépara. Le président, après avoir donné connaissance à l'assemblée d'une lettre adressée au Pape par la reine Wilhelmine des Pays-Bas et de la réponse du Saint-Père, prononça le discours de clôture[1]. Les compliments d'usage y figurent, et on y voit se refléter l'opinion que se faisaient de leur œuvre les membres du congrès. Cette opinion n'était pas médiocre : ils pensaient avoir ouvert l'ère de la réalité aux conceptions pacifistes. L'œuvre par eux accomplie dans le domaine de la médiation et de l'arbitrage leur paraissait d'une importance exceptionnelle. Elle était sincère, pratique et sage ; elle affirmait que, dans l'ère nouvelle qui s'ouvrait, ce qui dominerait c'était la concorde et la collaboration des États dans une paix solide réglée par la justice.

L'illusion était grande en vérité à La Haye, mais cette illusion ne régnait pas au dehors et le public était plutôt surpris du peu de résultats obtenus par la conférence.

On déclarait à La Haye que la conférence marquait le début de temps nouveaux, l'inauguration du règne de la justice dans les rapports des nations entre elles. Ce sont choses qu'il vaut mieux laisser dire à la postérité ; à devancer ainsi son jugement, on s'expose au regret de voir que l'ère nouvelle annoncée ressemble singulièrement à celle que l'on croyait avoir close pour jamais.

Plusieurs orateurs prirent encore la parole à cette occasion. Leurs discours furent d'un optimisme moins florissant. M. de Beaufort, qui parla le dernier, plaça ses espérances dans

---

[1] *Actes*, 1899, p. 211.

l'effet moral des délibérations de La Haye qui devait, selon lui, se faire sentir de plus en plus et se manifester dans l'opinion publique d'une manière éclatante..... Le vent a emporté ces paroles et il n'en est rien resté. Tout le monde sait que les promesses de la première conférence de La Haye ont été vaines et que le cours des événements n'en a été nullement changé. Nous le montrerons bientôt d'une façon plus complète. Si c'est être pessimiste que de constater ce fait, il faut se résigner à être appelé pessimiste, car ce résultat est certain.

Le mouvement pacifiste que la première conférence de La Haye avait encouragé ne s'arrêta pas là. Bien au contraire. L'Amérique du Sud était restée étrangère à la première conférence. Ce fut elle qui entreprit d'abord d'en appliquer les principes. En 1900, le congrès hispano-américain réuni à Madrid se prononça pour l'arbitrage obligatoire. En 1901, la conférence panaméricaine de Mexico vit signer des traités d'arbitrage obligatoire avec compétence de la cour de La Haye, traités qui ne furent pas toujours ratifiés. De nombreux traités d'arbitrage furent conclus sous l'influence de ces idées. De même, un certain nombre de litiges internationaux furent portés à la cour permanente d'arbitrage de La Haye. C'est seulement lorsque nous connaîtrons le contenu des conventions de La Haye qu'il nous sera possible d'estimer la valeur des résultats qu'elles ont produits.

La seconde conférence de la paix. — Poursuivons. Les membres de la première conférence de La Haye ont toujours paru considérer que cette réunion ne devait pas demeurer isolée, qu'elle était le premier anneau d'une chaîne destinée à s'allonger presque indéfiniment. Le 1er janvier 1903, une pétition était présentée par la Société américaine de la paix à la législature de Massachussetts, la priant de demander au président des États-Unis et au congrès d'inviter tous les gouvernements à établir un conseil qui leur serait commun et qui délibérerait à intervalles réguliers sur les affaires les intéressant. Ce conseil, tout d'abord, ne donnerait que des avis, puis, lorsque son autorité serait devenue plus grande, on pourrait le douer de pouvoirs plus étendus [1].

C'était aller beaucoup plus loin que de simples conférences ont coutume de le faire, et dans cette pétition, qui fut en effet adoptée et transmise, il y avait le germe d'une organisation régulière et complète de la société des nations, organisation ne différant de celles que l'on avait proposées antérieurement que par ce trait qu'elle devait se réaliser progressivement. Nous croyons ce projet tout aussi chimérique. Les questions qui s'élèvent entre États, les plus graves surtout, n'attendent pas la réunion d'un conseil pour être résolues et ne se plient pas commodément à l'intervention de tiers non intéressés à leur règlement. Le 28 avril 1904, le congrès demandait au président de ménager entre les Puissances maritimes un accord qui mettrait les marchandises à l'abri de la capture et de la destruction en cas de guerre maritime, la contrebande de guerre seule exceptée. Il touchait ainsi à l'un des thèmes favoris de pacifisme, thème aussi peu acceptable que les autres. La guerre actuelle démontre surabondamment l'importance vitale du droit de capture dans la conduite des hostilités. Cela n'empêchera sans doute pas les pacifistes de renouveler leur proposition, ils ont coutume de ne point se souvenir des faits qui contrarient leurs illusions.

De son côté, l'Union interparlementaire pour la paix ne demeurait pas inactive. Réunie à Saint-Louis, elle adressait, le 13 septembre 1906, au président des États-Unis un vœu, le priant d'inviter toutes les nations à se faire représenter à une grande conférence qui traiterait les points ajournés en 1899, parmi lesquels était mentionné l'établissement d'un congrès international périodique pour la discussion des questions d'intérêt général. Il y avait là une référence claire à la résolution du congrès touchant l'immunité de la propriété privée. Le président Roosevelt fit communiquer, le 21 octobre 1904, sa circulaire demandant une nouvelle convocation de la confé-

---

[1] Cf. de Lapradelle, La deuxième conférence de la paix, *Revue de droit international public*, 1909, p. 385 et s.

rence de La Haye. Cette circulaire n'avait pas un objet aussi
étendu que celui des vœux qui l'avaient provoquée. Elle se
bornait à demander la discussion des points que la première
conférence avait laissés en suspens, insistant sur la matière
des droits et devoirs des neutres, ainsi que sur celle de
l'immunité de la propriété privée dans les guerres maritimes.
C'est bien l'attitude d'un gouvernement qui se croyait certain
de demeurer neutre dans les guerres qui viendront ensan-
glanter le monde, et songeait avant tout à son commerce et
aux profits que sa situation peut rapporter.

La guerre russo-japonaise faisait rage à ce moment, le
Japon articulait des réserves, la Russie déclarait ne pas
pouvoir prendre de part à la conférence projetée. Il était
impossible de réaliser immédiatement ce projet.

La guerre terminée, ce fut la Russie qui, après s'être
assurée de l'agrément des États-Unis, prit l'initiative de la
convocation d'une deuxième conférence à La Haye. De là,
la circulaire russe du 27 septembre annonçant cette intention, circulaire suivie de l'énoncé du programme de la nouvelle conférence, contenu dans les trois notes remises les
3 et 4 avril 1906. Ce programme contenait deux parties
distinctes — des améliorations aux traités votés en 1899
particulièrement sur le droit de la guerre, traités dont la
campagne russo-japonaise avait montré l'insuffisance — de
nouveaux thèmes en assez grand nombre touchant surtout
au droit de la guerre maritime et dont l'introduction avait
pour objet de compléter et d'étendre l'œuvre poursuivie
dans la première conférence.

La conférence annoncée d'abord pour l'automne de 1906
ne se réunit en réalité que le 15 juin 1907. Diverses considérations avaient motivé ce retard, principalement le désir
de ne pas la faire coïncider avec la conférence de révision
de la convention de Genève qui se tint à Genève en juin 1906.
Ce délai ne fut pas inutile, il permit aux États participants
de fixer leur attitude au regard de la nouvelle réunion, et,
notamment, d'annoncer leur projet de lui soumettre diverses
questions que le programme russe ne comprenait pas. C'est

ainsi que fut introduite par les États-Unis la question du recouvrement par la force des dettes contractuelles des États.

Vingt-deux États nouveaux furent invités à cette conférence conformément au vœu exprimé par les sociétés de la paix, ce qui eut pour effet d'y faire comprendre les républiques de l'Amérique latine. Cette généralisation était intelligible ; lorsqu'on veut traiter les affaires du monde, il est naturel de convoquer le monde entier à la réunion. L'idée était-elle bien pratique ? On peut en douter. Le grand nombre est peu compatible avec l'ordre et le calme dans les délibérations, et nous rappellerons que les traditions de la diplomatie ne sont pas en ce sens. Au congrès de Vienne, dont l'œuvre était autrement grandiose que celle des conférences de La Haye, ce sont les puissances signataires du traité de Paris du 30 avril 1814 qui ont géré seules les affaires de toute l'Europe.

L'agrégation de nouveaux États à ceux qui avaient figuré à la première conférence de la paix suscita des difficultés assez sérieuses. La seconde réunion étant présentée et entendue comme la continuation de l'œuvre de la première, il était nécessaire de lier les nouveaux invités aux contrats arrêtés en 1900 hors de leur participation. Mais cela n'allait pas de soi. Lors de la première conférence, la question de la faculté d'adhésion, faculté toujours admise dans les traités généraux, fut posée, discutée et enfin résolue par une distinction. Des trois conventions alors signées, deux étaient ouvertes, celles des lois et coutumes de la guerre sur terre et celle qui concernait l'adaptation de la convention de Genève à la guerre maritime. Les nouveaux venus adhérèrent à ces deux conventions. Mais la troisième, celle relative au règlement pacifique des conflits internationaux, était une convention fermée. Pourquoi cette différence ? S'il était une convention dont le protocole dût rester ouvert, c'était bien celle-là. On craignait peut-être que le Pape qui, on le sait, n'avait point été invité à La Haye, ne se glissât subrepticement par le moyen d'une adhésion dans le cénacle des signataires. C'était une crainte puérile et destituée de tout fondement.

Quoi qu'il en soit, il fallait aviser. On imagina d'user d'un biais. Le 16 juin, veille de l'ouverture officielle de la deuxième conférence, les signataires de la convention ouvrirent un protocole spécial pour permettre l'adhésion des États invités à la deuxième conférence et qui ne l'avaient pas été à la première. Ceux-ci vinrent s'inscrire à un procès-verbal d'adhésion déposé le lendemain par le Ministère des Affaires étrangères des Pays-Bas. La comédie finit ainsi[1].

En tout quarante-huit États étaient invités, dont quatre ne se firent pas représenter : l'Abyssinie, le Costa-Rica, le Honduras, la Corée, cette dernière parce que, par l'effet de la guerre, elle avait passé sous le protectorat japonais. Nouvel exemple de la puissance du fait et de l'inanité du droit quand il prétend à la toute-puissance.

Les divers États participants se firent représenter par des hommes d'une compétence éprouvée et cela ne rendit que plus sensible l'inefficacité de leur effort. La conférence fut ouverte le 15 juin par le Jonkheer van Tets van Goudriaan, ministre des Affaires étrangères des Pays-Bas. M. Nélidoff, premier délégué russe, prononça le discours d'ouverture[2]. Cette harangue est pour une part une défense. C'est une allure que l'on remarque fréquemment dans cette littérature pacifiste, que l'on y remarquait déjà parfois lors de la pre-

---

[1] Il est évident qu'une semblable adhésion opérée en vue d'un objet déterminé ne ressemble en rien à celle qu'inspire le désir de participer aux avantages d'un traité et n'en a pas l'autorité. Cette adhésion a été faite pour concourir à la modification de la convention dont il s'agissait et non pas du tout pour lui donner une nouvelle extension. Elle n'implique nullement la volonté de se soumettre à la convention primitive. En fait, ces adhésions ont-elles été suivies de ratifications régulières ? Nous ne le croyons pas. Le tableau dressé par les soins de la fondation Carnegie ne porte pas que ces adhésions aient été suivies de ratifications régulières. Il nous semble que dès lors elles n'ont pas plus de valeur que n'en auraient de simples signatures. Décider autrement serait attentatoire aux droits des parlements des pays intéressés. S'il en est ainsi, ces adhésions ne rendent pas les États qui les ont données parties aux conventions de 1899.

[2] *Actes,* 1907, I, p. 48 et s.

mière conférence et qui s'explique par les doutes justifiés qui s'élevaient déjà autour de l'œuvre de la conférence. M. Nélidoff prétend que les progrès du droit de la guerre, et particulièrement ceux dus à la première conférence, auront créé un courant pacifique et répandu un sentiment d'aménité internationale dans tout le monde civilisé. Il estime que la signature de trente-trois conventions d'arbitrage depuis la première conférence, que les cas, si modestes soient-ils, confiés à la cour permanente de La Haye sont des faits capitaux et qui témoignent hautement du bienfait de cette conférence.

C'était de l'éloquence de circonstance et l'orateur lui-même mit une sourdine à son enthousiasme en reconnaissant à la fin de son discours que les passions des peuples, la gravité des intérêts versés dans leurs discussions ne permettent pas de penser à une suppression prompte de la guerre et, dans une chute bien déconcertante, il engageait ses auditeurs à ne point abandonner l'idéal d'une paix universelle et d'une fraternité des peuples si conforme aux aspirations naturelles de l'âme humaine. La condition de tout progrès n'est-elle pas d'avoir un idéal dont on se rapproche sans jamais l'atteindre ?

C'était une excuse préparée en vue de déboires possibles, mais non pas un jugement sain sur les choses. M. Nélidoff aurait dû prévoir que le désir de réaliser des progrès auxquels le monde n'est pas préparé peut entraîner la ruine des conquêtes qu'il a péniblement faites.

La conférence de 1907 se divisa en quatre commissions, dont la première dut examiner les propositions relatives à la cause de la paix et de l'arbitrage, les trois autres ayant dans leur domaine les diverses questions touchant le droit de la guerre.

Il n'est pas sans intérêt de mentionner ici la séance plénière du 20 juillet, où M. de Beaufort présenta un rapport au nom de la commission des adresses. Des adresses nombreuses avaient été remises, provenant surtout des sociétés de la paix et de diverses églises protestantes. Ces groupements, par leurs adresses, ne faisaient que continuer leur œuvre, car c'était bien à leur initiative que la conférence était due.

Nombre de ces adresses dépassaient les pouvoirs de la conférence. On le fit observer.

Plus longue de beaucoup que la précédente, la seconde conférence de la paix dura près de quatre mois. Elle se termina le 18 octobre 1907.

Son œuvre fut aussi plus considérable. Elle comprend les actes suivants :

I. — Convention pour le règlement pacifique des conflits internationaux.

II. — Convention concernant la limitation de l'emploi de la force pour le recouvrement de dettes contractuelles.

III. — Convention relative à l'ouverture des hostilités.

IV. — Convention concernant les lois et coutumes de la guerre sur terre.

V. — Convention concernant les droits et les devoirs des puissances et des personnes neutres en cas de guerre sur terre.

VI. — Convention relative au régime des navires de commerce ennemis au début des hostilités.

VII. — Convention relative à la transformation des navires de commerce en bâtiments de guerre.

VIII. — Convention relative à la pose des mines sous-marines automatiques de contact.

IX. — Convention concernant le bombardement par des forces navales en temps de guerre.

X. — Convention pour l'adaptation à la guerre maritime des principes de la convention de Genève.

XI. — Convention relative à certaines restrictions à l'exercice du droit de capture dans la guerre maritime.

XII. — Convention relative à l'établissement d'une cour internationale des prises.

XIII. — Convention concernant les droits et les devoirs des puissances neutres en cas de guerre maritime.

XIV. — Déclaration relative à l'interdiction de lancer des projectiles et des explosifs du haut des ballons.

Voilà une masse imposante et d'une distribution singulière,

comprenant à la fois et de grandes conventions couvrant tout le domaine auquel elles s'appliquent et de petits accords relatifs à des points très particuliers. On remarquera ainsi que le droit de la guerre sur terre est codifié, tandis que le droit de la guerre maritime est simplement abordé sur quelques points, sans faire l'objet de dispositions générales et complètes.

L'acte final qui contient l'énumération de ces divers documents se livre ensuite à certaines manifestations bien inutiles.

La conférence, tout en réservant à chaque puissance le bénéfice de ses votes, est unanime (comment concilier ces deux termes ?) :

1° A reconnaître le principe de l'arbitrage obligatoire ;

2° A déclarer que les différends relatifs à l'interprétation et à l'application des stipulations conventionnelles internationales sont propres à rentrer dans son domaine.

Puis vient une déclaration emphatique prétendant expliquer pourquoi des conventions n'ont pas été faites sur ce point.

A quoi bon cette vaine manifestation et cette prétendue unanimité, alors qu'il a fallu renoncer à obtenir un accord sur ces points essentiels ? Cela ne rappelle-t-il pas la salve de mousqueterie que l'on tire sur un cercueil ?

De plus, la seconde conférence a confirmé la résolution de la première, relative à la réduction des armements, et ayant constaté leur récente augmentation a déclaré urgente la reprise de la question.

Un certain nombre de vœux étaient exprimés.

Enfin, la recommandation d'une troisième conférence à convoquer après un délai égal à celui qui a séparé les deux premières. Elle devait donc se réunir en 1915. On crut nécessaire de faire annoncer par la voie de la presse qu'elle n'aurait pas lieu.

Comme nous l'avons fait pour la première conférence, jetons un coup d'œil sur ce qui s'est passé lors de la clôture de cette assemblée.

Le discours de clôture prononcé par le président, M. Nélidoff, est de ton modéré[1] ; il contient de sages avis, mais
reflète encore d'étranges illusions. Le distingué président dit
fort bien que les délégués ne sont point venus poser des
vérités abstraites, mais chercher des formules de conciliation
pour les intérêts divergents des États. C'est d'une méthode
sage, mais comment espérer que ces divergences d'intérêt
jusque-là si rudes s'adouciront au point d'accepter le joug
commun d'une convention? M. Nélidoff croit aux grands
services que rendra la cour internationale des prises. Cette
cour n'a jamais vu le jour. Concevrait-on qu'une cour internationale d'appel vînt actuellement nous enjoindre de laisser
passer des vivres à destination de l'Allemagne? D'après
l'honorable président, la principale signification de la conférence a été de réaliser pour la première fois la réunion des
représentants de tous les États qui ont pu discuter ensemble
de leurs intérêts. De la connaissance de ces intérêts naîtront
des relations intimes et variées qui créeront une solidarité
morale et matérielle réfractaire à toute entreprise guerrière.
En disant que la conférence avait réalisé en ce sens le plus
grand progrès que l'humanité ait jamais fait, M. Nélidoff a
commis une erreur énorme. La multiplication des relations
n'entraîne aucune solidarité, elle peut susciter la guerre aussi
souvent qu'assurer la paix.

D'autres discours furent prononcés à cette occasion. M. de
Beaufort s'étudia surtout à expliquer pourquoi la conférence
n'avait pas fait davantage et à démontrer qu'elle avait tout de
même fait quelque chose. M. Saenz-Pena, délégué de l'Argentine, a bien laissé entendre que, dans l'état actuel du monde,
l'œuvre de pacification entreprise par la conférence était
prématurée. Il en appelait à la science pour fournir de nouvelles formules de la souveraineté dégagées de la notion de
force et paraissait compter principalement sur la France pour
les trouver. M. de Saenz-Pena avait trop de confiance dans la
puissance de la science. D'autres discours furent encore pro-

---

[1] *Actes,* 1907, I, p. 586 et s.

noncés où l'on retrouve plus de mesure que dans les harangues qui furent prononcées à la première conférence et plus d'espérance dans la tâche qu'accomplirait la troisième conférence que de confiance dans les résultats de la deuxième.

Les orateurs reconnaissaient le caractère incomplet des résultats de la conférence : ils ne se doutaient pas de la leçon souveraine qu'un avenir bien proche leur donnerait en leur prouvant que ce peu qu'ils avaient fait était encore infiniment trop, que l'œuvre était imprudente, prématurée, totalement inefficace.

Autorité des décisions des conférences. La loi de l'unanimité. — Quel degré d'autorité présentaient les résolutions adoptées au cours de ces conférences? En apparence, au moins, cette autorité est très grande. Il est impressionnant de voir des principes, des règles de conduite approuvés unanimement par les représentants du monde civilisé tout entier et l'on est stupéfait en constatant que ces règles sont pratiquement négligées, plus encore en observant qu'elles n'échappent pas à la critique.

L'autorité réelle de ces règles n'est pas aussi considérable qu'on le penserait et, dans cette impressionnante unanimité, il y a plus d'apparence que de réalité. La besogne de préparation était trop grosse à La Haye pour être menée de front par tous les délégués; elle fut répartie entre des commissions, des sous-commissions, parfois des comités d'examen. Ainsi l'importante rédaction des lois de la guerre a été préparée en 1899 par la deuxième sous-commission de la deuxième commission. Ajoutons que cette discussion avait lieu entre un fort petit nombre de personnes, toujours les mêmes, et que, parmi eux, les spécialistes ne figuraient pas en proportion suffisante, ce qui faisait que les rares militaires présents comptaient assez peu dans la formation de l'opinion commune.

Il faut observer, en outre, que les commissions nommées n'ont jamais abordé de face et par le principe les questions qui leur étaient soumises ; elles ont toujours pris pour base de leurs délibérations un texte antérieur dépourvu de force obligatoire, comme les résolutions de la conférence de Bruxelles de 1874 pour les lois de la guerre ou les articles de 1868 pour l'adaptation de la convention de Genève aux guerres maritimes, ou bien un rapport fait par un de leurs membres, rapport établi parfois après délibération d'un comité d'examen ayant reçu mission d'étudier les nombreux documents particuliers soumis à la conférence. Qu'en est-il résulté ? Que la décision des questions de principe a été ou évitée ou remise à un petit nombre d'hommes et que, lorsque ces questions ont été soumises aux commissions et *a fortiori* à l'assemblée plénière, la situation n'était plus entière et, à moins de ruiner l'œuvre entreprise, il n'y avait plus de place que pour des observations de détail.

Relativement aux votes, la même observation est à faire. Ils sont rares et généralement la discussion se passe en demandes d'éclaircissement. Quand il y a des divergences, on se sauve par des changements de formule. En voici un exemple : dans l'occupation du territoire ennemi, l'article 3 donna lieu à un scrutin. Il fut adopté par 13 voix contre 10 et 1 abstention. Au cours de la séance suivante, on modifia la formule, sans en changer le sens, mais en l'élargissant, en l'affaiblissant, et on finit par obtenir ainsi l'unanimité désirée.

Devant la commission, on vote par chapitres. A l'assemblée plénière, on vote le projet d'un seul coup.

Que devient au milieu de tout cela la règle de l'unanimité ? une pure apparence, une équivoque. On ne peut pas dire qu'elle ait été ouvertement violée, on ne peut pas dire que son esprit ait été respecté. On a rusé avec la règle. Cela est dit pour la première conférence.

Dans la deuxième, il en fut de même, et la loi de l'unanimité fut au moins très imparfaitement appliquée [1]. Prenons encore un exemple. Le projet de règlement des lois et cou-

---

[1] Les votes ne furent pas toujours recueillis avec beaucoup de soin, comme le montre l'observation faite par M. José Tible Machado à la première commission, séance du 7 octobre 1907. *Actes,* 1907, II, p. 101.

tumes de la guerre voté en 1899 fut, devant la première sous-commission de la deuxième commission, l'objet de plusieurs amendements qui, après discussion, furent les uns rejetés, les autres adoptés à des majorités plus ou moins considérables : 23 voix contre 11, 30 voix contre 3 et 2 abstentions, 23 voix contre 6, 23 voix contre 12, 18 voix contre 15. Puis, devant la commission, les partis qui ont eu la minorité ont retiré leurs amendements et c'est ainsi que l'on a obtenu l'unanimité.

Un seul vote a été émis à ce sujet par la commission ; il a donné 23 voix contre 9.

En séance plénière, cette divergence s'est reproduite sous la forme du vote avec réserves.

La faute la plus grave que l'on puisse reprocher au système suivi dans l'élaboration des conventions de La Haye est le mépris des précédents. Lorsqu'on entreprend de transformer des lois coutumières en droit écrit, il est de toute nécessité de s'enquérir d'abord du contenu de la coutume. C'est ce que l'on a négligé de faire à La Haye. La seule base solide des travaux des conférences aurait été dans une enquête approfondie tant sur la médiation et l'arbitrage que sur les lois de la guerre. Sans doute, si l'on avait eu la patience de procéder ainsi, on ne se serait pas exposé à d'aussi grandes décep-tions [1].

La procédure adoptée à La Haye a donc été compliquée et on y relève plusieurs imperfections :

1° Toutes les délégations ne prennent pas part au vote, et cela est surprenant. En pareille matière, les abstentions ne se comprennent pas. Aucun État ne peut se désintéresser de

---

[1] De la lecture des procès-verbaux il n'apparaît pas que les membres de ces deux conférences se soient jamais souciés de ce qui s'était passé avant eux. Cela est d'une bien mauvaise méthode. En pareille matière le rappel de ce qui a été fait fournit la mesure la plus exacte de ce que l'on peut espérer d'un avenir prochain. Il est certain, par exemple, qu'un rapport approfondi sur l'histoire de l'arbitrage aurait été pour la commission compétente le meilleur des guides, et que dans le droit de la guerre il était essentiel de s'informer de l'accueil fait en pratique à la déclaration de Bruxelles.

ces grandes questions ni laisser à d'autres le soin de les résoudre.

2° Le retrait en seconde instance d'une proposition repoussée par la majorité en première instance n'équivaut pas à l'unanimité. C'est un sacrifice fait au succès de l'œuvre commune, ce n'est pas un assentiment véritable.

3° L'adoption sans débats à la commission ou à l'assemblée plénière de propositions examinées et votées à la commission par un certain nombre de délégations seulement compromet l'autorité des délibérations prises.

La vérité est que le plus grand nombre se conforme sans nouveau débat à l'avis du comité d'examen.

Les textes adoptés ont été l'œuvre de peu de personnes. Une part de leur défaut d'autorité vient de là.

On peut alléguer la grandeur de la tâche. On aurait pu la limiter davantage.

Il fallait ordonner le travail autrement. La première conférence n'aurait pas dû travailler sur des textes antérieurs dépourvus de force obligatoire.

L'assemblée plénière aurait dû arrêter d'abord les bases sur lesquelles les commissions auraient ensuite à travailler. La conférence de Bruxelles avait procédé ainsi. Il est curieux, en effet, que les questions primordiales n'ont presque jamais été posées à La Haye. Il semble qu'elles aient été esquivées et on ne s'explique pas pourquoi on a suivi cette voie. Ensuite, on devait renvoyer aux commissions et sous-commissions pour l'élaboration des textes, enfin faire revenir ce travail pour la discussion devant l'assemblée plénière qui aurait tout entière étudié, discuté et résolu. Alors la loi de l'unanimité aurait eu toute sa valeur.

C'est ainsi que se passèrent les conférences de La Haye. Avant d'étudier les conventions qui en sont sorties, une très grosse question théorique appelle notre attention. Les conventions sont-elles un moyen approprié de faire passer dans la pratique des résolutions telles que celles que les conférences de la paix devaient émettre ?

Des conventions comme source de droit. — Cette question est un peu imprévue, tant il paraît évident que le principal en la matière est toujours d'obtenir des États qu'ils *s'obligent* à réaliser les progrès en vue desquels de semblables réunions ont lieu, et qu'entre États il n'y a d'obligation que là où se trouve une promesse, donc une convention. Par là s'explique la tendance de notre époque à enfermer dans des conventions les règles nouvelles qu'il lui a plu de formuler touchant les rapports tant publics que privés des diverses nations.

L'autorité de Mancini a surtout contribué à favoriser ce mouvement [1] et depuis lui, personne ne conteste que la conclusion de conventions ne soit le meilleur moyen de faire avancer le droit international, on ne dispute plus que sur la possibilité de faire rentrer telle ou telle matière juridique dans le cadre de ces conventions.

En ce sens, on répète volontiers qu'une promesse signée vaut mieux que la simple coutume. Nous allons montrer que cette affirmation est des plus contestables.

Les grands traités passés en vue de cet objet ne ressemblent pas aux traités ordinaires, ils forment une classe nouvelle et sont dénommés fréquemment, mais non pas toujours, des unions ; ils ont pour caractéristique leur plus grande généralité. C'est souvent une grande généralité d'objet, le traité pouvant embrasser dans ses clauses toute une matière du droit, les relations postales ou télégraphiques par exemple, ou encore la propriété littéraire et artistique et c'est, en outre, invariablement une très grande généralité quant aux personnes des contractants, ces traités étant passés entre de nombreux signataires et contenant le plus souvent la clause d'accession. Une autre particularité doit encore être signalée. Il arrive que ces traités ne contiennent pas uniquement des préceptes fermes formant la matière de véritables obligations, mais laissent dans leur texte des blancs, des vides destinés

---

[1] *Journal de Clunet*, 1874, p. 221 et 285. Cette étude, qui ne se rapportait qu'au droit privé, a exercé une influence très grande sur l'opinion.

à être comblés par la législation intérieure de chaque État.
C'est sur le modèle de ces grands traités que nos conventions de La Haye ont été faites.

Cette orientation nouvelle n'est-elle pas due à une erreur
et l'insuccès des conventions de La Haye n'était-il pas chose
fatale ?

Nous le croyons et allons essayer de le démontrer.

La science a présenté quantité de systèmes de classification
des traités. Ces classifications sont, en général, tout à fait
inutiles. On en a oublié une qui aurait sa valeur, celle des
traités à effet limité et des traités à effet permanent, suivant
que leur objet s'analyse en une ou plusieurs prestations finies
dont l'accomplissement constitue toute l'exécution du traité
ou consiste dans la définition d'une conduite constante que
les co-contractants promettent de tenir les uns à l'égard des
autres. Nos conventions appartiennent à la seconde de ces
catégories. A la vérité, il faut distinguer les conférences de
La Haye ayant visé à un double but.

Pour le règlement pacifique des litiges internationaux, il
n'y a pas eu d'obligations véritables dans la convention. Pour
le droit de guerre, il y en a eu, et précisément avec ce
caractère de règles de conduite permanentes, de véritables
lois issues d'une convention.

Or, précisément cette distinction est essentielle. Autant un
traité règle bien une situation limitée et transitoire, autant
il s'accommode mal d'un effet indéfini. Dans un traité, il y
a toujours un marché[1] et un marché a nécessairement un
objet défini ; on ne fait pas entrer dans un marché un règle-

---

[1] Dans ce trait essentiel de la nature de tout traité réside la source d'une
imperfection sensible surtout dans les grands traités comme les nôtres.
Chaque État songe à ses intérêts particuliers plus qu'aux intérêts généraux
de l'humanité (en cela il pense correctement) et repousse toute règle générale qui pourrait le léser gravement. De là vient l'impossibilité d'établir dans
son intégrité un principe général ; si juste soit-il, on est forcé de l'entailler
de tous côtés pour le rendre acceptable, et alors il n'est plus que l'ombre de
lui-même. C'est pour cette raison que les listes d'objets de contrebande contenues dans la déclaration de Londres de 1909 n'ont pas pu subir un instant
l'épreuve de l'application,

ment de vie, la conduite que l'on tiendra. Cela est enchaîner sa liberté pour l'avenir et l'on ne sait pas quel sort l'avenir nous réserve et quelles résolutions deviendront nécessaires. En voulant ainsi transformer un traité en une sorte de loi internationale, on fait violence à sa nature et l'on court au-devant d'un insuccès[1].

Dans l'ordre du droit privé, le traité, dans le rayon d'action qui lui est propre, paralyse le droit de législation civile, car la loi ne peut pas défaire ce que le traité a fait; dans l'ordre du droit public, il tend à créer des rapports politiques permanents. De tels rapports ne se plient pas aux changements de circonstances et aboutissent invariablement à se rompre avant un temps très long[2].

Il faut observer, du reste, que c'est à une époque relativement récente que l'on a versé dans ce défaut de vouloir par le moyen de traités enchaîner d'une façon permanente et indéfinie la liberté des États. Et par une contradiction singulière, ce mouvement s'est produit à une époque où l'on affectait le plus grand respect pour l'indépendance des États. Alors que les auteurs, méconnaissant la réalité des choses, traitent de notion absolue la liberté des États, les praticiens, par une autre erreur, ne craignent pas d'entreprendre par des traités à portée trop ample sur ce qu'il y a de respectable et d'essentiel dans cette liberté.

Les diplomates d'autrefois ne tombaient pas dans ce défaut et se servaient des traités beaucoup plus pour rétablir l'indépendance respective des États en mettant fin à leurs obligations que pour l'enchaîner. Si nous nous reportons, par exemple, au siècle de Louis XIV, nous voyons qu'une bonne

---

[1] C'est en vain que l'on tente de fondre les notions de traité et de loi, il y a un abîme entre elles. Une loi peut se faire, se modifier, se défaire, le législateur qui l'a écrite demeure le maître de son sort ultérieur. Le traité est fixe, constant; une fois conclu, il faut le subir. Une sagesse élémentaire commande de ne pas tenter d'expériences par la voie des traités.

[2] Récemment, une décision judiciaire française n'a pas craint de dire qu'un acte de législation intérieure peut modifier un état de droit fondé sur un traité. Si une pareille hérésie venait à s'accréditer, elle marquerait la ruine irrémédiable de l'autorité des traités (Référé, Seine, 18 mai 1916, Faber S. 1916.2.19).

part des traités de l'époque se réfère aux affaires de famille
des souverains, contrats de mariage, testaments, partages,
à des cessions de territoires, à des arbitrages destinés à
mettre fin aux difficultés existant entre eux, au règlement de
cas de souveraineté commune, toutes choses bien limitées
et d'un intérêt momentané.

Ce n'est pas qu'il n'y eût pas à cette époque de traités
permanents. Il y en avait beaucoup, mais tous traités d'une
nature politique et d'une autorité casuelle et transitoire. Au
premier rang sont les traités de paix, toujours conçus comme
perpétuels, mais qui en réalité n'obligent que jusqu'à ce qu'il
survienne un nouveau sujet de guerre. Les traités de paix
sont le meilleur exemple possible de traités conçus pour être
perpétuels et qui ne le sont jamais. A côté d'eux des traités
de commerce consacrés surtout à l'énumération des droits
des personnes et de ceux des vaisseaux : ils partagent le sort
des traités de paix auxquels ils sont joints.

Également nombreux sont les traités d'alliance et de
neutralité, tantôt limités, tantôt illimités, mais n'enchaînant
pas dans une mesure sérieuse l'indépendance des signataires.
Jamais on ne trouve de traités empiétant sur l'indépendance
interne, sauf quelques traités d'extradition, encore très rares,
et quelques cas de cosouveraineté réglés par traités.

Les traités ainsi faits étaient compatibles avec la liberté de
mouvement qu'il faut laisser à l'État.

Le monde nous a offert depuis un spectacle tout différent.
La confiance que les États mettaient dans leurs institutions
et leurs lois intérieures, ils l'ont accordée de préférence aux
traités, oublieux de la fragilité de ces instruments et confiants
à l'excès dans le supplément de force que vaudrait à un texte
arrêté en commun l'adhésion de plusieurs souverains. C'est
par traité que se fixe la politique de la Sainte Alliance, par
traité que l'on établit les neutralités perpétuelles, la garantie
de l'Empire ottoman, par des traités encore que l'on poursuivit
l'abolition de la traite des noirs et la réglementation du droit
de visite et même jusqu'au démembrement de la Turquie et
au partage de l'Afrique.

Dans un autre ordre d'idées, les droits de la neutralité ont fait l'objet de la déclaration de Paris du 22 avril 1856 (après avoir fait déjà en 1780 l'objet de la déclaration de neutralité armée), puis de la déclaration de Londres de 1909 ; en droit privé, de nombreuses conventions relatives, les unes à la procédure, les autres au fond du droit, ont cherché à établir un droit commun entre nations. Il est à peine besoin de rappeler enfin que dans l'ordre administratif de très grands traités comme l'Union postale ou l'Union télégraphique nous offrent le modèle des conventions à signatures multiples et à domaine presque indéfini. C'est à ce cycle que nos conventions de La Haye sont venues mettre le dernier anneau.

A la fin du xixe siècle en particulier, une ardeur excessive s'est emparée des jurisconsultes. Ils ont pensé que l'on n'avait point avant eux soupçonné le parti que l'on peut tirer des traités pour le bien de l'humanité ; ils ont résolu de changer la face du monde par le moyen des traités. Ils ont agi sans délai comme sans mesure, et leur œuvre était déjà caduque alors qu'elle n'était pas encore terminée. C'est que l'on ne confond pas impunément une source du droit avec une autre. La loi a sa fonction sociale qui est de tracer une règle de conduite à ceux qu'elle oblige, le traité a aussi la sienne qui est de consacrer les obligations acceptées par les États et, dans sa sphère, il l'emporte sur la loi[1]. Mais empiéter au moyen de traités sur le domaine de la loi, c'est priver l'État d'une puissance nécessaire à sa vie. L'État ne veut pas mourir et le traité s'écroule.

Ces grandes conventions ont-elles été complètement inefficaces ? A cette question, il faut répondre par une distinction. Celles de ces conventions qui ont un objet purement réglementaire et dont l'utilité est de simplifier et d'unifier certains services publics qui se retrouvent identiques chez tous les

---

[1] Considérés dans leurs rapports avec l'indépendance de l'État, loi et traité présentent des caractères bien différents. En faisant une loi l'État use de son indépendance, en concluant un traité il y renonce, et c'est déjà une raison qui suffit à donner au traité un caractère exceptionnel, alors que la loi est, au contraire, le mode normal de l'exercice de l'autorité publique.

peuples civilisés, ont produit leur effet et bénéficient d'un fonctionnement régulier. Telles l'Union postale de 1874, l'Union télégraphique de 1865, l'Union du transport des marchandises par chemins de fer de 1890. Ces unions fonctionnent régulièrement, elles ont été renouvelées, amplifiées, étendues à diverses reprises, elles rendent des services constants et signalés.

Observons en passant qu'elles suscitent en temps de guerre une question assez délicate, celle de savoir si l'événement de la guerre n'a pas pour résultat d'en faire sortir les belligérants.

Il est difficile d'admettre que des traités qui réglementent les communications entre États puissent garder leur autorité entre belligérants qui ne sauraient avoir ensemble aucun commerce régulier. Il n'est pas moins malaisé d'accepter que des belligérants cessent de faire partie d'une union l'un par rapport à l'autre, tout en continuant de compter dans cette union pour leurs relations avec de tierces puissances non belligérantes. Cette situation a quelque chose de contradictoire, et ce qui démontre bien qu'elle est antijuridique, c'est que jamais on n'a admis que parmi les États concluant ensemble un même traité, il en fût qui ne s'obligeraient qu'envers certains des contractants et non pas envers tous [1],

---

[1] De même on n'admettrait sûrement pas que, par une dénonciation purement relative, un État sortît d'une Union par rapport à certains contractants de cette Union, tout en y demeurant par rapport aux autres. Or, dans un acte volontaire comme est un traité, comprendrait-on qu'un fait tel que la survenance d'une guerre produisît un résultat auquel la volonté même des contractants ne pourrait pas atteindre ? On est obligé de dire que les belligérants sortent à tous égards et complètement des Unions dans lesquelles ils comptaient ensemble. Pratiquement il ne saurait en être autrement. Si la France pouvait être actuellement regardée comme engagée dans les liens de l'Union postale ou télégraphique pour ses rapports avec l'Espagne, elle serait obligée de donner passage aux dépêches espagnoles à destination de l'Autriche ou de l'Allemagne, ce qui serait directement contraire à l'interdiction de commerce. Les belligérants sortent donc à l'égard de tous des liens contractuels de cette sorte, et après la guerre il faudra refaire ces traités si l'on veut restaurer l'état de choses qu'ils ont établi. Il serait difficile de soutenir que ces grands traités ne sont que suspendus par le fait de l'état de guerre.

Au contraire, tous les autres grands traités se sont montrés inefficaces.

D'abord les traités politiques sans aucun doute. Le Pacte de famille entre les branches de la maison de Bourbon (1766) n'a eu qu'une existence éphémère et n'a pas produit de grands effets. La Sainte Alliance de 1815 et 1818, qui est le prototype de ces traités, s'est brisée après quelques années, le traité de Berlin de 1878 n'a rien terminé et rien réglé, le traité de Berlin de 1885 a dû être modifié profondément, le traité d'Algésiras de 1906 relatif au Maroc n'a jamais pu être exécuté.

Jusqu'ici donc, toutes les tentatives faites en vue de faire accepter aux Puissances les plus considérables une action politique uniforme ont complètement échoué. C'est une leçon que ne devraient pas oublier ceux qui songent à clore l'ère des guerres présentes par l'adoption d'une politique commune dont les directions seraient discutées et arrêtées dans de grands congrès.

De même, de vastes traités ont été signés dans le but de douer d'une sécurité internationale certaines catégories de droits privés. Il faut citer dans cet ordre d'idées la convention de Paris de 1883 sur la protection de la propriété industrielle, la convention de Berne de 1886 sur la protection de la propriété littéraire et artistique et surtout les grandes conventions de La Haye de 1896, de 1902 et de 1905 touchant certaines matières du droit privé : le mariage, le divorce, le contrat de mariage, les tutelles, la procédure.

Des conventions concernant les diverses branches de la propriété intellectuelle, on ne peut dire ni qu'elles ont manqué complètement leur objet, ni qu'elles l'ont complètement atteint. Elles vivent [1], elles s'appliquent, mais en même

---

[1] Ces conventions encore ont été rompues entre les belligérants par la survenance de la guerre. Elles supposent, en effet, un commerce entre ennemis et ce commerce est illicite. On s'explique mal le point de vue adopté à leur égard par le Gouvernement français dans la loi du 27 mai 1915, art. 6 et suiv., qui se borne à soumettre à la condition de réciprocité et à suspendre sur certains points l'application de la convention de 1883.

temps elles sont sujettes à des remaniements continuels,
ce qui prouve que l'on ne parvient pas par cette voie à
donner une pleine satisfaction aux intéressés. Quant aux
conventions de La Haye, dont l'objet est plus ample en ce
qu'elles intéressent non pas seulement certaines catégories
de personnes, mais toutes les personnes, leur avenir est fort
incertain. La France a dénoncé les conventions de 1902 et,
plus récemment, celles de 1905. Seule la convention relative
à la procédure, qui date de 1896 et a été refaite en 1907, a
des chances sérieuses de survivre, précisément parce qu'elle
concerne des objets très simples et sur lesquels les intérêts de
tous les plaideurs de tous les pays sont identiques. Au
contraire, les conventions relatives au fond du droit touchent
à des intérêts multiples, à des habitudes diverses, à des besoins
même fort inégaux, de sorte qu'une même formule ne peut
pas être adoptée par plusieurs sans léser des prétentions
respectables.

Que dirons-nous des conventions portant sur le droit de la
guerre? Jusqu'aux conférences de La Haye, les seules grandes
conventions qui aient été faites dans ce domaine visaient la
réglementation des neutres et des belligérants. La déclaration de neutralité armée de 1780, qui est le premier exemple
de traités de ce genre qui puisse être donné, eut une existence
éphémère. Quoique refaite (avec modifications) en 1800, elle
a sombré dans les guerres continuelles de la Révolution et de
l'Empire. Puis est venue la déclaration de Paris de 1856 avec
une teneur à peu près semblable. Elle a eu un succès meilleur et, jusqu'à la guerre présente, elle a été observée; même,
à l'occasion, les Puissances non signataires de cet acte ont
pris soin d'annoncer qu'elles l'appliqueraient volontairement.

Ajoutons pourtant que l'augmentation énorme des objets
de contrebande, les modifications apportées aux procédés de
blocus et la création de la marine volontaire ont singulièrement affaibli la portée de la déclaration de Paris [1].

---

[1] L'obligation où se trouvent actuellement les bateaux du commerce de se
munir d'artillerie afin de se défendre contre les attaques des sous-marins

Quant aux conventions qui concernent les rapports des belligérants, l'insuccès a été complet. Une première fois, en 1868, lorsque fut faite la déclaration relative aux balles explosibles, il avait été question d'un traité plus général et devant embrasser les principales questions que suscitent les hostilités. Ce projet dut être abandonné. Après la guerre franco-allemande, en 1874, la conférence de Bruxelles traita ces questions et fort sérieusement, mais l'acte signé à l'issue de cette conférence ne fut pas ratifié. Nos conventions, elles ont été ratifiées, mais elles n'ont pas été observées. Nous avons exposé précédemment les raisons qui expliquent qu'il ait pu en être ainsi.

En résumé, on peut penser que ces grands traités sont bons pour réglementer le régime international des services publics d'ordre administratif, mais que s'il s'agit des droits de la personne ou de la conduite des États, ils vont à un échec certain.

Portons maintenant notre attention sur les seules conventions que nous étudions. Nous allons voir comment l'application du droit commun des traités à des actes de cette sorte aboutit à rendre leur application impossible.

Les conventions de La Haye relatives à la conduite des hostilités peuvent-elles faire leur fonction ou bien ne portent-elles pas en elles-mêmes certains vices qui les en empêchent? telle est notre question.

Des conditions de fonctionnement des grandes conventions. — Pour qu'une convention quelconque reçoive son exécution, deux choses sont nécessaires : 1° qu'elle

a-t-elle pour conséquence de les transformer en corsaires? Certainement non. Le corsaire est un navire qui attaque le commerce ennemi, qui s'efforce de faire des prises, qui en garde le bénéfice. Le bateau marchand qui tire sur un sous-marin n'est rien autre qu'un navire qui se défend contre un abus de la force. Les coutumes de la guerre maritime autorisent la visite et la capture, mais non pas la destruction d'un bateau par la torpille ou le canon. De même, le navire de commerce neutre en se défendant contre un sous-marin n'enfreint pas les lois de la neutralité.

puisse entrer en action ; 2° qu'elle ne soit pas fatalement condamnée à perdre sa force au moment même où il serait le plus nécessaire que cette force se maintînt.

Je prétends démontrer que, sur ces deux points, les conventions que nous étudions sont fatalement vouées à l'inefficacité.

L'exemple de la guerre actuelle est le meilleur qui puisse être choisi pour éclairer nos raisonnements. Observons d'abord que toutes les conventions signées en 1907 étaient de nature à revendiquer leur application, à l'exception d'une seule, celle relative à l'emploi de la force pour le recouvrement des dettes contractuelles des États. Voilà donc de nombreuses conventions et déclarations qui auraient dû être appliquées. Pouvaient-elles l'être en réalité? Ceci est une autre affaire.

Une convention relative à la conduite des hostilités n'a de force obligatoire au cours d'une guerre que si tous les belligérants l'ont signée et ratifiée. C'est le principe proclamé dans l'article 2 de la convention sur les lois et usages de la guerre sur terre. On le retrouve dans chacune des autres conventions de la même année et il était consacré déjà par celles de 1899. Ce principe, il n'était même pas besoin de l'écrire, car il va de soi. Lorsque des belligérants acceptent l'empire d'une loi contractuelle, il est essentiel qu'ils y soient tous soumis. S'il en était autrement et si certains d'entre eux subissaient le joug de cette loi, les autres en demeurant exempts, la condition des premiers serait inférieure à celle de leurs adversaires et c'est à quoi ceux-là ne se résigneraient jamais.

Donc, tous les belligérants sont-ils liés aux conventions de 1907? Observons que l'examen de cette question suppose que l'on précise qui est belligérant et, dans une guerre très générale comme celle-ci, cette question préalable aura déjà sa difficulté.

Le Luxembourg est-il belligérant? Je n'en sais rien. Le Japon l'est-il complètement? On a pu en douter assez longtemps. Quelle fut exactement la situation de l'Italie jusqu'au moment où elle déclara la guerre à l'empire d'Allemagne ? Quelle a été, jusqu'ici, celle de la Grèce ?

Mais, ici, ces questions importent peu, car parmi les belligérants avoués et certains, il en est plusieurs qui n'ont pas ratifié les conventions de 1907. La Bulgarie, l'Italie, le Monténégro, la Serbie et la Turquie sont dans ce cas. Il est donc évident que ces conventions de 1907 ne sont pas applicables à la guerre actuelle. Cela ne peut faire aucun doute et nous ne nous expliquons pas que les réclamations justement élevées par le gouvernement français contre les excès trop certains des armées allemandes visent fréquemment des textes non applicables à la présente guerre. Ces réclamations sont justes, mais mal présentées. Devant un tribunal arbitral, un procès ainsi engagé conduirait à un échec.

Ce point de droit paraît avoir été traité par les gouvernements avec une remarquable légèreté[1]. Soit en France, soit en Belgique, on a reproché aux armées allemandes de nombreuses infractions aux conventions de La Haye de 1907. Ces reproches étaient mal formulés. On ne peut pas reprocher à un État de violer une convention qui n'est pas obligatoire pour lui. Or, telle est sans contestation possible, dans la guerre présente, la condition des conventions de La Haye de 1907. On a dit souvent que les conventions de 1907 étaient obligatoires au moins comme renfermant les coutumes reçues en matière de droit de guerre. Cette affir-

---

[1] Nous remarquerons que les rapports successifs de la Commission d'enquête française sur les atrocités commises par les armées allemandes prennent soin de citer les articles des conventions de La Haye de 1907, au mépris desquels les actes reprochés ont été commis. Les enquêtes belges ont adopté la même méthode. Cette méthode est vicieuse; loin de renforcer les constatations faites, elle les affaiblit. On aurait beau jeu, en effet, à répondre que l'on n'est pas coupable d'avoir manqué à des règles dont l'autorité n'existe pas. En réalité, c'est de manquements aux lois coutumières les plus certaines que les Allemands sont coupables et non pas d'infractions à des textes qui ne les obligeaient pas.

Il est plus grave encore que des jugements de prise aient appliqué comme existantes les conventions de La Haye de 1907. Il y a là une erreur certaine qui n'est pas sans diminuer l'autorité de ces décisions.

mation est doublement inexacte, d'abord parce que ces conventions contiennent un nombre très appréciable de dispositions nouvelles, puis parce que les formules qu'elles donnent des règles antérieurement adoptées ne sauraient être obligatoires qu'autant que ces conventions seraient elles-mêmes en vigueur.

Mais ceci soulève de suite une question fort grave. A défaut des conventions de 1907, quel est le droit international obligatoire au cours de la présente guerre? On se rappelle que les conventions de 1907 ont été précédées par celles de 1899, au moins en ce qui concerne les droits et coutumes de la guerre sur terre. Or, les conventions de 1899 ont été obligatoires pour tous les belligérants actuels, soit qu'ils les aient spontanément signées et ratifiées, soit qu'ils y aient accédé. On se rappelle également que cette adhésion a été la condition préalable de la participation à la conférence de 1907. Encore avons-nous observé que cette adhésion, donnée à la veille, et parfois même au cours des conférences de 1907, et parce qu'elle seule pouvait ouvrir la porte de ces conférences, est loin d'avoir la valeur d'une adhésion spontanée et libre. Les Puissances auxquelles on l'opposerait seraient en droit de répondre qu'elles n'ont adhéré que pour pouvoir faire subir aux textes arrêtés en 1899 les modifications qu'elles jugeaient souhaitables. On voit que ce « compelle intrare » est un procédé peu recommandable et peut devenir la source de bien des difficultés.

Quelle situation juridique résulte de là? D'après l'article 4 de la convention n° IV de 1907, cette convention remplace, dans les rapports des Puissances contractantes, celle de 1899, laquelle demeure en vigueur dans les rapports des Puissances n'ayant pas ratifié la convention de 1907.

Logiquement, il y a deux groupes de belligérants : l'un soumis aux conventions de 1907, l'autre à celles de 1899. Mais nous savons qu'un tel partage est contraire à l'article 2 de la convention n° IV et aux dispositions semblables des conventions annexes. Alors quelle est la situation? elle est vraiment inextricable et cela seul suffit à montrer le caractère peu pratique des traités de ce genre.

On peut songer, à cause de la grande similitude des deux conventions successives sur les lois et coutumes de la guerre, à dire que l'on appliquera à tous celle de 1899 et que l'on ne parlera pas des conventions annexes ; mais 1° cela est contraire à l'article 4 qui dit nettement que la convention de 1899 n'existe plus entre les puissances signataires des textes de 1907. On ne peut pas ressusciter une convention qui a été remplacée par une autre ; 2° cela n'est pas moins contraire aux principes. Alors même qu'il y aurait identité complète des deux conventions, il n'y aurait pas entre tous les belligérants ce lien commun qui fait que l'on est obligé[1]. Et à défaut de ce lien de droit conventionnel, où trouver une autre cause d'obligation ?

On peut soutenir ainsi qu'à défaut de lien conventionnel on demeurera « sous la sauvegarde et sous l'empire des principes du droit des gens tels qu'ils résultent des usages établis entre nations civilisées, des lois de l'humanité et des exigences de la conscience publique ». Mais cela même est contredit par le texte de notre convention qui, dans son préambule[2], n'admet cette sauvegarde que « dans les cas non

---

[1] Certains auteurs, M. Fauchille notamment, paraissent considérer comme évidente l'autorité de la convention de 1899 au cours de la guerre actuelle, parce que tous les belligérants sont devenus parties à cette convention. Sans revenir sur le caractère douteux des adhésions produites au cours de la deuxième conférence, nous observerons que cette opinion va contre les termes mêmes de l'article 4 de la convention IV. M. Fauchille rappelle, en outre, que lors de la réfection de la convention de Genève, en 1906, il a été dit par le rapporteur que si une guerre éclatait entre deux Puissances, l'une et l'autre signataires de l'acte de 1864 et dont une seule aurait souscrit l'acte de 1906, la convention primitive s'appliquerait. Il transporte à la question présente cette solution. Il ne peut pas le faire, car il n'y a aucune analogie entre les deux cas. Dans l'hypothèse faite par M. Renault il y a un lien de droit entre les deux belligérants et il n'y en a qu'un, celui du traité de 1864. Ici, un lien de droit commun, celui de 1899, a existé entre tous les belligérants, mais un autre lien de droit plus récent, exclusif du premier, a été formé entre certains d'entre eux. C'est tout différent, on le voit (Fauchille, *De l'évacuation des pays occupés*, etc.).

[2] « En attendant qu'un code plus complet des lois de la guerre puisse être édicté, les H. P. C. jugent opportun de constater que, dans les cas non compris dans les dispositions réglementaires adoptées par elles, les populations et les belligérants restent sous la sauvegarde et sous l'empire des principes du droit des gens tels qu'ils résultent des usages établis entre nations civilisées, des lois de l'humanité et des exigences de la conscience publique. »

prévus dans les dispositions réglementaires adoptées par les Puissances ». Or, il s'agit ici de cas prévus et la réserve ne joue plus, car elle n'a pas parlé des cas où les conventions ne seraient pas applicables. Cette difficulté aurait été écartée si, dans le préambule de la convention IV de 1907, on avait réservé l'autorité du droit des gens, non seulement sur les points non touchés par la convention, mais aussi pour les cas où elle serait inapplicable. C'est cependant cette dernière solution qui est la plus raisonnable. Il faut faire table rase des conventions de La Haye et raisonner comme si elles n'existaient pas[1]. Alors on est sous l'empire des usages dont l'autorité a cet avantage qu'elle est constante.

Voilà un défaut énorme et de nature à se reproduire dans toute guerre un peu générale. Ce défaut est irrémédiable et on ne peut pas songer à le corriger par le moyen d'adhésions données au moment de l'ouverture des hostilités, car, d'après l'article 7 de la convention IV, ces adhésions n'auraient leur effet que soixante jours après la dénonciation qui en aurait été faite au gouvernement des Pays-Bas.

Puis, alors même que des adhésions se produiraient au cours d'une guerre, ce serait une grosse question que celle de savoir si elles pourraient changer quoi que ce fût à l'état de choses existant à l'ouverture des hostilités. Il ne semble pas qu'il puisse dépendre de l'action d'un belligérant de changer quoi que ce soit à la condition des autres[2].

On voit combien il est difficile de faire fonctionner les conventions de cette espèce. Plus les guerres sont générales et plus la difficulté augmente, mais observons qu'en cas de conflit entre deux Puissances seulement, ces mêmes embarras

---

[1] A défaut de cette solution de nécessité, il faudrait dire que la guerre actuelle n'est sujette à l'empire d'aucunes lois, ce qui est une absurdité. Pour ce qui est des conventions de 1899, personne ne peut plus soutenir qu'elles sont en vigueur depuis l'entrée en guerre de la république de Libéria qui n'y a jamais été partie.

[2] La Chine vient d'adhérer à la convention de 1907 ; elle a, depuis, déclaré la guerre aux Empires centraux. Si, du reste, les textes de 1907 étaient en vigueur, l'entrée en scène de la Chine soulèverait une question analogue à celle qui est prévue au texte.

renaîtraient dans les rapports des belligérants et des neutres. Celles de nos conventions, qui touchent aux droits et devoirs des Puissances neutres, déclarent très sagement qu'elles ne seront applicables qu'autant que tous les belligérants les auront signées et ratifiées. S'il en était autrement, certains des belligérants seraient astreints envers les neutres à des ménagements que d'autres belligérants ne leur devraient pas. Il y aurait inégalité entre les adversaires, et cela, en temps de guerre, ne se tolère pas.

Par contre, nos textes ne disent pas qu'il soit nécessaire que tous les neutres soient parties aux dites conventions, et cela non plus ne devait pas être dit, car alors il faudrait que toutes les Puissances du monde fussent parties à de semblables accords pour qu'ils fussent appliqués. De là il résultera que certaines nations neutres pourront avoir droit, de la part de tous les belligérants, à des ménagements dont ne jouiront pas d'autres neutres, et ces avantages consisteront surtout en un certain nombre de faveurs faites au commerce des unes et refusées au commerce des autres [1].

Cela n'est pas nettement antijuridique, mais cela ne laisse pas que d'avoir de graves inconvénients. Le commerce du monde tendra fatalement à passer aux mains des Puissances les plus favorisées, ce qui sera nuisible aux autres et les portera à des mesures de rétorsion envers les belligérants [2].

Il est donc difficile que des conventions telles que les nôtres soient applicables à une grande guerre mettant en présence un nombre important de belligérants : il suffit qu'un seul de ceux-ci n'ait pas régulièrement accepté la convention pour qu'elle ne soit obligatoire pour aucun d'entre eux.

Pourtant on peut songer à un procédé indirect qui a déjà

---

[1] Encore sommes-nous obligé de remarquer que c'est un devoir strict pour un neutre de traiter de la même façon tous les belligérants et que cette loi d'égalité absolue se concilie assez mal avec la latitude reconnue à un belligérant de traiter plus ou moins bien les différents neutres.

[2] Cela aurait également pour conséquence de rendre inacceptables les ventes de navires entre neutres plus ou moins favorisés par les traités existants.

été employé et qui consiste à publier spontanément que l'on se conformera aux principes énoncés dans la convention. Cela est possible, mais, remarquons-le, cela n'implique aucune obligation internationale. Les belligérants qui ont exprimé cette intention peuvent en changer à leur gré, ils peuvent rejeter la convention après l'avoir acceptée sans encourir pour cela de responsabilité envers personne. Ils peuvent même reprendre en fait leur liberté sans rien faire de contraire au droit. Dans la présente guerre, la France et l'Angleterre ont usé de ce moyen pour mettre en vigueur la déclaration de Londres du 26 février 1909 (décret français du 23 août 1914, ordre en conseil du 20 août 1914). Cette déclaration concerne le droit maritime de la guerre. Elle a été faite pour compléter les conventions de La Haye et comprend notamment de nombreuses dispositions touchant la contrebande de guerre [1]. Seulement, soit par le décret du 6 novembre 1914, soit par l'effet de décrets postérieurs, le droit introduit par la déclaration de Londres a été profondément modifié, de telle sorte que tout en paraissant édifier, on démolissait. Ce fut en somme une manifestation inutile et inopportune aussi. La déclaration de Londres n'avait pas été ratifiée ; dès le début de la campagne, il parut qu'elle était infiniment trop douce pour une guerre semblable. Il était absolument certain qu'on ne la suivrait pas. Pourquoi promettre de la suivre? Il a fallu en fin de compte déclarer qu'on ne la suivrait plus. (Décret du 7 juillet 1916.)

Une autre question se présente encore dans cet ordre d'idées. Si l'on parcourt le tableau des signatures et ratifications des conventions de La Haye dressé si heureusement par

---

[1] Les listes d'objets de contrebande incluses dans la Déclaration de Londres avaient été dressées avec une telle légèreté que, dans l'article 28 consacré aux biens qui ne peuvent en aucun cas être déclarés de contrebande, on trouve des marchandises telles que le coton, la laine, la soie, le caoutchouc, les résines, les phosphates, les nitrates, qui sont d'usage quotidien à la guerre, notamment pour la fabrication des explosifs. Il a fallu bouleverser ces listes entièrement. De même, les règles concernant la destination ennemie étaient inadmissibles. Nous ne pensons pas que jamais convention ait été plus imprudemment faite que celle-là.

M. J. Brown Scott, on voit que, soit en 1899, soit en 1907,
plusieurs États ont fait des réserves sur certains articles de
ces conventions. En fait, des réserves ont été faites relativement à la convention IV par l'Autriche, l'Allemagne, l'Italie, le Japon, le Monténégro, la Russie, la Turquie. Tantôt
ces réserves sont faites au moment de la signature et tantôt à
celui de la ratification seulement.

Quelle est la valeur de pareilles réserves? Observons à ce
sujet qu'il est difficile d'admettre qu'une ratification donnée
sans réserve fasse disparaître l'effet de la réserve formulée
lors de la signature. La suppression d'une réserve est déjà
une modification à la convention telle qu'elle a été signée et
la ratification doit être pure et simple. Au contraire, des
réserves faites lors de la ratification seulement devraient être
tenues pour nulles. Elles ont le défaut impardonnable de
rendre les diverses ratifications dissemblables. Cela paraît
contraire à la nature de la ratification qui doit s'appliquer au
traité tel qu'il a été signé. On ne refait pas un traité quand on
le ratifie [1]. A notre avis donc, les réserves faites lors de la
signature importent seules, mais elles importent toutes.

Mais là n'est pas la question principale. Quel est l'effet des
réserves faites par l'un des contractants sur la situation des
autres contractants? Voilà une guerre qui met en présence
par exemple sept ou huit Puissances. Chacune d'elles a fait
des réserves qui ne sont naturellement pas les mêmes pour
toutes. Quelle sera la condition de chaque belligérant en présence des réserves faites par les autres? Un raisonnement
d'analogie conduirait à dire que chacun peut se prévaloir des
réserves faites par tous les autres. Mais cela peut n'être qu'un
avantage illusoire et contraire même à l'intérêt du belligérant qui n'a pas fait ces réserves. Il est possible que ce dernier
attache une importance sérieuse à l'observation de la clause

---

[1] On peut objecter qu'une réserve introduite dans la ratification est connue
au moment de l'échange des ratifications et que, si elle passe sans protestation, elle est tenue pour acceptée. Non, car l'acceptation d'une stipulation
conventionnelle est soumise à des formes qui ne sont point remplies ici. Il
faudrait une nouvelle ratification par tous les contractants.

dont un autre ne veut pas et que le premier préfère n'avoir point de convention du tout à user d'une convention privée de cette clause. Comment se tirer de là? Je ne vois pas bien la solution de la difficulté et l'usage des réserves me paraît regrettable dans les conventions ayant la guerre pour objet. Un peu répandu, cet usage peut obliger un belligérant à exécuter une convention tout autre que celle qu'il a signée et ratifiée, ce qui est inadmissible. Il est possible aussi que l'entrée en lice d'un belligérant nouveau au cours d'une guerre ait pour conséquence l'introduction de nouvelles réserves, par suite une modification sensible aux rapports juridiques des belligérants.

Donc que décider? Je ne le vois pas bien. Je ne crois pas que l'on puisse obliger un belligérant à subir l'effet des réserves articulées par les autres, les réserves ne sont pas dans le texte de la convention et seul le texte de la convention est obligatoire. On pourrait proposer que le belligérant déclarât son intention de suivre la convention sans réserve à condition qu'elle fût observée de même à son égard, ou de ne pas la suivre du tout. Je ne pense pas que l'on soit en droit de lui demander davantage[1].

L'opinion de la pratique est plutôt que l'on peut se prévaloir à l'encontre de chaque contractant des réserves qu'il a faites[2]. Mais ce système est boiteux. Dira-t-on que le con-

---

[1] L'usage des réserves dans un traité paraît contraire à la nature même des actes de cette espèce. Par sa réserve, un contractant revendique le droit d'user ou de ne pas user à son gré d'une stipulation contenue dans le traité. Il s'oblige et il ne s'oblige pas. C'est contradictoire.

[2] Cela paraît être le système suivi par notre jurisprudence (Conseil des prises, 10 nov. 1914, Porto; 8 déc. 1914, Barmbek; 25 déc. 1914, Frida Mahu, etc.; P. Fauchille, *Jurisprudence française en matière de prises*, p. 1 et s.). Toutes ces décisions se basent sur cette idée que le § 6 des instructions ministérielles du 19 décembre 1912 a pour objet d'assurer l'application de l'article 3 de la sixième convention de La Haye de 1907, article sur lequel l'Allemagne a fait des réserves, ce qui rend les sujets allemands inhabiles à invoquer ledit § 6. A ce raisonnement il n'y a qu'un inconvénient, c'est que la sixième convention de La Haye de 1907 n'est certainement pas en vigueur dans la guerre actuelle. Il en résulte que ces décisions appliquent un texte qui n'existe pas.

tractant auteur de la réserve peut l'opposer à celui qui a ratifié purement et simplement ? C'est difficile à admettre, car cela impose à ce dernier une restriction dont il n'a pas voulu. Lui refusera-t-on ce droit, c'est l'obliger à faire ce qu'il n'a pas promis. On ne sort pas du droit commun des traités sans tomber dans des difficultés inextricables.

Fragilité des grandes conventions. — Les embarras graves que suscite la mise en vigueur des conventions de La Haye sont dépassés encore par les risques que court l'autorité de ces conventions. Nous voulons exprimer par là que la fragilité de ces actes est extrême et que leur existence est perpétuellement menacée par les causes de résiliation auxquelles ils sont exposés, non pas que ces causes soient plus nombreuses ici qu'ailleurs, mais parce qu'elles trouvent de plus fréquentes applications dans les circonstances où ces conventions sont appelées à produire leur effet.

Les dangers que nous allons énumérer sont d'autant plus pressants qu'ils se présentent dans toutes les guerres, aussi bien dans celles qui mettent en présence deux belligérants que dans celles qui appellent sur le champ de bataille un plus grand nombre d'alliés ou d'adversaires.

Conventions perpétuelles. — Ces conventions, nous allons le voir, sont très fragiles. On les avait pourtant conçues comme devant être très solides. En général, on les a faites d'une durée illimitée. Deux d'entre elles seulement font exception à cette règle, nous les retrouverons plus loin. Les autres devaient être perpétuelles et même on a voulu renforcer par une règle particulière leur perpétuité. Le droit de dénonciation n'est pas librement ouvert. On ne pouvait pas le supprimer, on l'a réglementé. D'après un principe commun à toutes les conventions de 1907 et qui se trouvait déjà inscrit dans celles de 1899, la Puissance qui veut dénoncer doit notifier par écrit sa résolution au gouvernement des Pays-Bas qui la fera connaître à toutes les Parties Contractantes. Cette dénonciation ne produira son effet qu'un an après qu'elle sera parvenue au gouvernement des Pays-Bas.

Voilà une règle bien étrange. L'une des parties estime qu'il ne lui est plus possible d'exécuter la convention. Elle la dénonce pour ne point manquer à sa parole et elle doit attendre une année entière l'effet de cette dénonciation. Évidemment, quand on a adopté cette règle, on a voulu éviter qu'un État à la veille de déclarer la guerre ne dénonçât la convention. Mais a-t-on réfléchi à la situation dans laquelle on plaçait une Puissance qui se reconnaît dans l'impossibilité d'exécuter la convention, qui la dénonce pour cette raison, et qui est encore tenue de l'observer pendant un an [1] ?

Limiter ainsi les effets de la dénonciation peut inciter les États contractants à violer la convention et il faut reconnaître qu'ils seront excusables à le faire lorsque leur dénonciation s'appuiera sur des motifs sérieux.

Un État, par exemple, considère comme impossible, non pas temporairement, mais pour toujours, d'observer les précautions prescrites par l'article 1er de la convention VIII de 1907 sur les mines automatiques de contact. Il la dénonce et cependant il sera tenu d'exécuter pendant un an des prescriptions qu'il considère comme impossibles à observer. Cela est peu concevable.

Mais laissons ce point. Le droit de dénonciation peut sans aucun doute être exercé pendant la paix. Pourrait-il l'être également pendant la guerre ? Les textes ne s'y opposent nullement, et pourtant la chose paraît délicate à plusieurs points de vue. Cette dénonciation ne devrait avoir son effet qu'un an après avoir été faite, mais, ce délai une fois expiré, elle aurait un effet absolu, puisqu'il suffit que dans une guerre un seul des belligérants soit affranchi des liens d'une convention semblable pour que tous les autres le soient également. Peut-on espérer que, au cours de cette année de guerre, la convention sera bien observée soit par la Puissance qui l'a

---

[1] Que décidera-t-on si la guerre éclate moins d'un an après la dénonciation notifiée par l'une des puissances devenues belligérantes ? La convention gardera son autorité sans doute, mais la perdra-t-elle au cours de la guerre, le délai d'un an une fois révolu ? Voilà sans doute une grosse difficulté pratique.

dénoncée, soit par les autres belligérants? Ce serait pousser très loin l'optimisme.

On pourrait soutenir qu'une dénonciation ne peut pas, sans mauvaise foi, être notifiée au cours d'une guerre, que la situation des belligérants doit demeurer sans modification. C'est déjà cette raison qui nous a porté à douter qu'une adhésion nouvelle puisse avoir lieu au cours des hostilités.

De même, on ne saurait admettre qu'il dépende d'un seul des belligérants de priver les traités de La Haye de toute vertu au cours d'hostilités. Sur ce point encore, on voit bien que le mécanisme des conventions ne se plie pas aisément aux exigences d'une bonne application des lois de la guerre.

Nos traités prennent soin de spécifier que la dénonciation n'aura d'effets que par rapport à la Puissance qui l'aura notifiée, c'est que l'on ne considérait que la seule dénonciation faite en temps de paix. En temps de guerre, cette formule ne serait plus vraie et la dénonciation d'une seule des Puissances Contractantes aurait effet sur la condition de tous les belligérants. Ce qui est vrai, c'est qu'une fois cette guerre finie, la convention revivrait pour tous les ex-belligérants qui ne l'auraient point eux-mêmes dénoncée.

Conventions temporaires. — Nous avons précédemment relaté que deux des traités de La Haye de 1907 ont été conclus pour un temps limité. La convention relative à la pose des mines sous-marines automatiques de contact a été faite (art. 11) pour une durée de sept ans, comptée du soixantième jour après le premier dépôt des ratifications. L'article 12 ajoute que les Puissances s'engagent à reprendre la question dans les six mois qui précéderont l'expiration du délai, à moins qu'elle n'ait été reprise auparavant par la troisième conférence de la paix. Or, les sept ans ont expiré dans le cours de l'année 1914, la troisième conférence de la paix ne s'est pas réunie. Il faut en conclure que la convention VIII, arrivée sans renouvellement à l'expiration du temps assigné à son autorité, n'existe plus pour aucune des Parties Contractantes.

La convention XII, concernant l'établissement d'une cour internationale des prises, est également d'une durée limitée. Elle a été faite pour douze ans ; cependant le système adopté n'est pas le même que celui de la convention précédente. L'article 55 prévoit qu'elle sera renouvelée tacitement de six ans en six ans, sauf dénonciation, laquelle devra être faite une année au moins avant l'expiration de chaque période. Cette convention n'étant jamais entrée en vigueur, ces détails sont de peu d'intérêt.

Mais la dénonciation est le moindre des dangers qui menacent nos conventions. Elles sont en outre exposées à toutes les causes de résolution qui affectent les traités, et c'est sur ce terrain surtout que va se manifester leur fragilité.

Le droit international reconnaît plusieurs causes d'extinction, de résolution ou de résiliation des traités. Ces divers mots importent peu. Ce qui est hors de doute, c'est qu'il existe un certain nombre de faits ou de circonstances qui ont la propriété de faire disparaître les obligations provenant de traités internationaux et qu'il n'est pas de traités supérieurs à l'influence de ces causes.

On en compte un assez grand nombre. Il en est qui n'ont ici aucune importance, par exemple la mort des contractants ou l'accomplissement intégral de l'objet du traité. Lorsqu'une convention a pour but la réglementation de la conduite d'un État, son effet est constant et on ne peut jamais dire que son utilité soit épuisée. N'en parlons donc pas. Ne parlons pas davantage de l'expiration d'un traité par l'échéance du terme pour lequel il avait été conclu ; nous avons déjà touché à ce point.

Il y a trois causes de résiliation des traités qui méritent ici un examen particulier, ce sont : l'impossibilité d'exécution, le changement des circonstances et l'inexécution de la part d'une des Puissances Contractantes. Les deux premières sont particulières aux traités, la troisième leur est commune avec les contrats.

Impossibilité d'exécution. — L'impossibilité d'exécution prend en matière de traités un sens particulier. Lorsqu'on dit qu'une nation est dispensée d'obéir à un traité pour cause d'impossibilité, on ne pense pas à une impossibilité matérielle et absolue comme celle où se trouverait par rapport à une convention maritime un État qui aurait perdu tout accès à la mer. La notion d'impossibilité est ici un peu plus élastique et veut dire qu'une nation n'est plus tenue d'exécuter un traité lorsque cette exécution mettrait en péril l'existence même de cette nation, ou encore lorsque l'exécution de ce traité est contradictoire avec la qualité prise par l'État qui l'a signé. Un État qui deviendrait perpétuellement neutre se trouverait par là même dans l'impossibilité d'exécuter tous les traités contraires à l'idée de neutralité. L'impossibilité est une raison ou un prétexte dont il est fait grand usage pour se soustraire aux obligations dérivant des traités d'alliance. Ici la raison d'impossibilité ne pourra pas être alléguée contre ceux de nos traités qui ont comme objet la conduite des hostilités[1]. Au cours des hostilités, chaque État défend sa propre existence menacée; ce n'est pas le traité qui la compromet, c'est la guerre, et cette cause de résiliation ne trouve ici presque aucune place.

Pourtant la question pourrait se poser en cas de traités limitant les armes ou projectiles permis, devant l'impossibilité d'avoir deux matériels de guerre, l'un pour le cas où la convention s'appliquerait, l'autre pour celui où elle ne s'appliquerait pas. Comme exemple, la prohibition des navires à éperon peut être citée. Un État ne peut pas avoir deux flottes de guerre, l'une avec éperons, l'autre sans éperons, pour s'en servir alternativement et suivant la qualité de ses adversaires.

Mais il en est différemment des traités qui ont pour objet la neutralité : ils imposent aux neutres quantité d'interdictions, et la convention XIII de 1907 prend soin de dire que

---

[1] La même raison prend, au contraire, une grande importance dans les traités d'arbitrage. La réserve classique des cas intéressant la sûreté, l'indépendance ou l'honneur de l'État concerne des cas de véritable impossibilité d'exécution et fournit à la mauvaise volonté une source inépuisable de prétextes.

l'observation de ces interdictions ne passera jamais pour un acte peu amical (art. 26). Belle parole, mais en fait un neutre peut se trouver tellement sous les canons d'un belligérant qu'il y ait péril de vie pour lui à lui refuser ce qu'il lui demande. A qui lui reprocherait la violation du traité qu'il a souscrit, ce neutre répondrait justement en alléguant l'impossibilité où il était d'agir autrement. Mais l'emploi de ce moyen est délicat, car il est à craindre que les allégations du neutre ne soient contestées et que l'on ne prétende lui faire subir la responsabilité de son acte.

La clause « rebus sic stantibus ». — Le changement des circonstances est déjà une cause de résiliation plus importante et au moins aussi délicate. On dit souvent que les traités sont toujours accompagnés tacitement de la clause *rebus sic stantibus.* Cela signifie que, si les circonstances dans lesquelles le traité a été fait viennent à changer, ce changement peut quelquefois donner aux intéressés le droit de considérer le traité comme résilié. Il faut insister sur le mot *quelquefois,* car si l'on devait admettre qu'un changement quelconque de circonstances aura cet effet, aucun traité d'aucune espèce ne garderait jamais la moindre fixité.

Dans quelle mesure un traité perd-il sa valeur par suite du changement des circonstances ? C'est très malaisé à déterminer. La clause *rebus sic stantibus* ne signifie pas que tout changement dans les circonstances qui intéressent l'application du traité soit une cause de résiliation. Ce serait réduire à rien l'autorité des traités. Elle ne veut pas dire davantage qu'un traité ne compte plus lorsque les circonstances changent au point de le rendre sans objet, on retomberait alors dans l'impossibilité d'exécution dont nous avons parlé. La présente cause de résiliation tient le milieu entre ces deux extrêmes. On peut la définir en disant qu'il s'agit d'un changement tel que le traité ne présente désormais plus que des inconvénients pour l'une des Parties et que le contractant n'aurait sûrement pas signé le traité si ce changement avait pu être prévu. Donnons-en quelques exemples empruntés à la guerre actuelle.

Une déclaration interdisant le jet des projectiles du haut des ballons a été émise en 1899 et renouvelée en 1907. La question de son autorité ne peut pas être posée. La plupart des belligérants actuels ne l'ont pas signée et le petit nombre qui l'a signée ne l'a pas ratifiée. Supposons-la en vigueur. Les progrès de l'aviation et les ressources importantes que la guerre peut en tirer seraient une cause juste de résiliation, mais nous ne pensons pas que cette résiliation puisse intervenir au cours des hostilités, ce serait contraire à la loyauté que l'on se doit entre adversaires.

Nous dirons de même de la déclaration de Londres du 26 février 1909. Elle n'a pas été ratifiée, mais l'eût-elle été que l'on aurait dû la résilier. Nous avons vu, en effet, que le gouvernement français qui l'avait librement adoptée au début des hostilités, l'a depuis complètement modifiée pour finir par la rejeter. Cela prouve jusqu'à l'évidence que cette déclaration n'était pas compatible avec les nécessités des guerres actuelles.

L'Allemagne, si elle eût agi correctement, aurait pu déclarer résiliée la déclaration de 1899 contre l'emploi des gaz asphyxiants qu'elle a signée et ratifiée, en disant qu'elle jugeait cet emploi indispensable dans les guerres modernes. Elle aurait dû, en même temps, déclarer résiliée la convention IV sur les lois et coutumes de la guerre dont l'article 23 interdit de se servir de poison.

Mais on pourrait encore se demander si la résiliation par changement de circonstances ne devrait pas avoir son effet remis à un an comme la dénonciation. Il est certain, par exemple, que l'emploi des sous-marins contre les bateaux de commerce constitue un bouleversement du droit maritime. En le supposant même légitimé par le changement des circonstances (ce qui semble malaisé à admettre), ne pourrait-on pas dire que ce changement rentre dans les infractions aux traités qui doivent être annoncées dans le délai fixé. Ce serait une mesure excellente si on pouvait l'obtenir, mais la promptitude indispensable aux opérations militaires ne permet nullement de l'espérer.

La clause *rebus sic stantibus* est susceptible, en matière du droit de la guerre, d'acquérir une importance assez grande. Les conventions qui prohibent tel ou tel moyen de guerre rappellent les anciennes interdictions lancées par l'autorité ecclésiastique contre les armes à feu. On ne se doute pas, quand un nouveau moyen de guerre est inventé, de l'importance qu'il peut prendre. Pour cette raison, il est le plus souvent inutile de dresser des barrières qu'un avenir prochain doit renverser.

L'application de la clause *rebus sic stantibus* sera toujours et forcément très délicate. Remarquons, en terminant sur ce point, que la faculté d'écarter des règles jugées trop périlleuses ne doit pas se confondre avec la théorie allemande qui prétend qu'en cas de nécessité un général peut tout se permettre (théorie de la Kriegsraison). Cette doctrine enseigne que les préceptes limitant la liberté des belligérants peuvent être maintenus ou écartés suivant l'occasion. C'est la négation de l'autorité du droit et nous n'y souscrirons jamais. La règle que nous avons expliquée signifie que certaines conventions peuvent être dénoncées quand·elles sont par trop contraires aux nécessités de la guerre, et cela est bien différent. Ici la convention a existé, elle n'existe·plus, elle ne revivra pas.

Résolution pour inexécution. — La menace la plus directe pour des conventions telles que la nôtre est celle qui est contenue dans la condition résolutoire de toute convention pour inexécution. Ici, le mot *menace* est même insuffisant et il serait plus exact de dire que l'existence de cette condition est fatalement ruineuse pour l'autorité de conventions telles que les nôtres.

Observons d'abord que cette condition fait partie intégrante de toute convention synallagmatique depuis le plus grand traité jusqu'à l'arrangement le plus insignifiant. Toutes les fois où une convention contient des obligations à la charge de chacune des parties contractantes, il suffit que l'une d'elles manque·à ses obligations, refuse ou néglige·de les exécuter, pour que l'obligation des autres parties contractantes manque

de cause et qu'elle tombe du même coup. Il ne peut pas en
être autrement ; sans cette règle, un contrat serait une absurdité, et l'on n'admettrait à la grande rigueur qu'elle fût écartée
que dans les cas très rares où il serait certain que la partie
au préjudice de laquelle les faits d'inexécution se sont produits serait pleinement indemnisée du tort à elle causé par
cette inexécution. Encore, même dans ce cas, faudrait-il une
clause expresse de renonciation à cette condition, car on ne
peut pas obliger un contractant qui comptait sur l'exécution
promise à se contenter de dommages et intérêts.

Que cette résolution ait sa place dans nos conventions, cela
ne peut souffrir aucun doute. Donc, dès qu'il arrivera qu'une
des Hautes Parties Contractantes aura manqué à un devoir
que la convention lui imposait, les autres pourront s'en
affranchir aussi, et ne plus régler sur elle leur conduite.

Cela n'est rien autre que l'application du droit commun,
mais ce qu'il faut voir ici, c'est que, par suite de la nature
de nos conventions et des circonstances au milieu desquelles
elles sont appelées à produire leurs effets, le droit commun
conduit à des conséquences infiniment plus radicales et plus
terribles que dans les conventions entre particuliers. La résolution pour inexécution a, en droit des gens, sa physionomie
propre qu'il importe de bien préciser.

1° En droit privé et, par exemple, d'après l'article 1184
du Code civil, le droit de résolution n'est pas la seule
ressource du créancier frustré dans ses légitimes espérances.
Ce dernier peut poursuivre en justice l'exécution de la promesse de son débiteur récalcitrant et même en obtenir des
dommages-intérêts qui l'indemnisent du préjudice à lui causé
par les faits d'inexécution dont il se plaint.

Entre États, les choses ne vont point ainsi. Même en temps
de paix, il ne peut pas être question de poursuivre un État
étranger pour en obtenir une indemnité. Quelquefois, mais
rarement, on aura satisfaction par des réclamations diplomatiques. En temps de guerre, cette ressource elle-même
n'existera pas. Il n'y aura rien autre à faire que de publier
que devant les violations de la convention dont on a été la

victime, on se considère comme délié de tout devoir de l'observer soi-même. Ou bien, sans rien déclarer du tout, on cessera de l'observer par mesure de rétorsion, mais ce procédé, plus que le précédent, portera atteinte à l'autorité de la convention.

2° Une autre particularité du même ordre doit encore être notée. Dans les contrats entre particuliers, la résolution de la convention pour inexécution est prononcée par jugement. Le juge garde en la matière un large pouvoir d'appréciation : il peut penser que les faits d'inexécution allégués ne sont pas assez graves pour justifier la demande, il peut accorder des délais, sérier les prestations à fournir, aider le débiteur à se libérer. Même au cas où il a été stipulé que la résolution se produirait de plein droit, un terme de grâce peut être concédé. Ici, aucune de ces atténuations n'est possible. Sans doute, un chef d'État prudent ne prendra pas le parti de rejeter la convention avant qu'elle ait subi de nombreuses atteintes de la part de son ennemi, jugeant qu'il vaut encore mieux fermer les yeux sur quelques abus que de se priver du bénéfice de ses dispositions, mais c'est une pure question d'appréciation de sa part. En droit strict, une seule violation d'un seul article de la convention ouvre le droit à la résiliation.

3° Or, de ces atteintes, il est matériellement impossible qu'il n'y en ait pas. Songeons que la seconde conférence de La Haye ne nous a pas légué moins de douze conventions se rapportant à la guerre. Il en est de simples, il en est aussi de fort complexes, celles qui se rapportent aux droits et devoirs des neutres, par exemple, et surtout le règlement annexe à la grande convention concernant les lois et coutumes de la guerre sur terre. Ce dernier a cinquante-six articles, et plusieurs de ces articles, comme l'article 23 et l'article 46, fournissent à eux seuls un grand nombre de prescriptions. C'est un véritable code contenant presque tous les principes que l'on peut songer à imposer à un belligérant dans la guerre terrestre. Comment espérer que, dans une armée, même dans une armée conduite par des chefs animés d'une grande bonne foi

et ayant le souci d'exécuter complètement les règles convenues, il ne se produira pas des infractions à ces règles? Il
s'en produira tous les jours, cela est fatal et, par conséquent,
tous les jours s'ouvrira le droit à la résiliation de la convention. A plus forte raison en sera-t-il de même en face d'un
adversaire de mauvaise foi.

Cette cause de résiliation est si grave qu'elle condamne
l'idée même de faire des conventions en pareille matière. A
quoi bon, en effet, convenir et promettre, lorsqu'on sait que
l'on aura de fréquentes occasions de manquer à sa promesse,
et surtout que l'on est exposé à la nécessité de la résilier par
suite de la conduite de l'ennemi. Les simples usages, qui ont
sans doute leurs défauts, gardent à ce point de vue une
grande supériorité par rapport aux conventions. On ne résilie pas un usage. Si l'on est en présence d'un adversaire qui le
méconnaît, on est en droit de procéder par voie de représailles, mais ces représailles n'ont rien de définitif, elles
n'empêchent pas l'usage d'exister pour l'avenir et de
reprendre son empire quand les circonstances seront devenues plus favorables.

4° Le danger de la résolution pour cause d'inexécution
apparaît encore à un autre point de vue. Elle est nécessairement générale. Le sens de cette généralité est double. Si une
convention est dénoncée pour défaut d'exécution chez l'adversaire, elle tombe fatalement tout entière. Les dispositions
d'une même convention, en effet, tiennent les unes aux
autres et l'acte est nécessairement dénoncé tout entier ou
maintenu tout entier. Il suffira donc de l'inexécution d'une
seule des très nombreuses règles que comprend une même
convention pour entraîner la ruine de toutes les autres. Cela
est fatal. A elle seule, cette règle rend inutiles toutes les grandes
conventions relatives au droit de la guerre. On ne voit pas,
du reste, qu'elle puisse être supprimée[1]. A ce point de vue

---

[1] Toute tentative de suppression de la résiliation pour cause d'inexécution
irait contre l'idée d'égalité et de réciprocité qui est au fond de toute convention. En équité, cette suppression ne serait admissible que si l'on pouvait
assurer une sanction immédiate et radicale au droit violé. Or, c'est précisément ce qui est impossible à la guerre.

encore, les usages ont plus de fixité et si un usage vient à
être méconnu, le procédé de représailles le plus naturel con-
sistera à répudier cet usage, mais tous les autres ne persiste-
ront pas moins.

5° A un autre point de vue encore s'affirme le caractère
absolu de la résolution pour inexécution. Quand une guerre
met en présence, comme la guerre actuelle, un grand nombre
de belligérants, il suffit qu'une convention soit violée par l'un
d'eux pour qu'elle n'existe plus à l'égard de personne. On se
rappelle le principe qu'une convention ne peut pas exister par
rapport aux uns sans exister par rapport aux autres, donc que
si elle cesse d'exister pour un seul d'entre eux, elle cesse aussi
pour tous les autres. Au moins, cela paraît-il être la conséquence forcée de la clause citée, quoique cette clause ne vise
pas cette hypothèse. Ce principe existerait-il aussi pour les
usages, je n'ose pas l'affirmer. Nous n'avons pas ici le secours
d'un texte écrit, et il n'y aurait rien d'impossible à admettre
là survivance des usages pour certains des belligérants seulement, pourvu qu'il n'en résultât pas de trop fortes inégalités.

6° Ici se présente une question fort actuelle. Lorsqu'une
convention a été résolue pour défaut d'exécution au cours
d'une guerre, le rétablissement de la paix lui rend-il sa
vigueur première? Dans la rigueur du droit, il faut répondre
négativement à cette question. L'inexécution constatée aboutit à la dissolution et non pas à la simple suspension des
obligations contractées. Cela est absolument certain en droit
privé ; peut-être en droit des gens, et spécialement dans le
droit de la guerre, hésiterait-on à ratifier cette solution rigoureuse? Il y aurait place là pour un principe différent et l'on
pourrait admettre que la résolution n'a plus d'effet au delà de
la guerre au cours de laquelle elle a été notifiée. Mais il
serait utile que cela fût dit dans la convention elle-même,
car, à défaut de toute expression d'une volonté différente, on
ne peut pas ne pas appliquer à un traité international le droit
commun des conventions.

En tout cas, la simple inobservation de fait pratiquée à
titre de représailles n'a rien de définitif et, pour ce motif, elle

serait préférable à la résiliation expresse. Mais elle a en retour un inconvénient grave. Elle réduit à rien l'autorité de la convention. Une convention que l'on n'observe pas sans dire pourquoi on ne l'observe pas n'est proprement rien du tout. De même qu'on ne l'a pas suivie dans le passé, on se croira autorisé à ne pas y obéir dans l'avenir. Son prestige a disparu.

7º On sait que les diverses conventions qui ont été signées à La Haye en 1907 ont été comprises dans un même acte final. Il y a certainement entre elles un rapport assez étroit, et l'on peut être porté à penser que si l'une d'elles venait à cesser ses effets pour cause d'inexécution, les autres perdraient leur valeur également. Mais cette conséquence doit être écartée comme excessive. Bien que comprises dans le même acte, ces conventions ont conservé leur individualité ; la preuve en est que les Puissances ont pu signer et ratifier les unes en même temps qu'elles rejetaient les autres. Si donc l'une d'elles vient à être résolue, cela n'empêche pas les autres de demeurer en vigueur.

Pour l'une d'elles pourtant, la question peut être sérieusement posée. La convention nº X est intitulée « Convention pour l'adaptation à la guerre maritime des principes de la convention de Genève ». Si la convention de Genève venait à disparaître (supposition que l'on n'aurait pas osé formuler avant la guerre actuelle), la convention X ne disparaîtrait-elle pas du même coup ? La question est assez embarrassante.

Que peut-il demeurer d'une convention lorsqu'elle est exposée chaque jour à une semblable cause de résolution ? absolument rien et cela au bout de fort peu de temps, car celui des belligérants auquel la convention pèse, et qui se considère comme intéressé à en secouer le joug, aura cent occasions d'y parvenir[1]. Et même s'il ne se résout pas à une répudiation formelle, les libertés qu'il voit prendre avec des obligations

---

[1] Il faut également tenir compte des difficultés qu'auront les chefs de l'armée à obtenir de leurs subordonnés une observation exacte de la convention.

librement acceptées l'entraîneront à en revendiquer de semblables, voire de pires, se moquant des reproches d'un adversaire qui a le premier donné le mauvais exemple. C'est ce qui arrive dans la guerre actuelle où le mépris professé par les armées austro-allemandes pour les principes acceptés à La Haye a occasionné contre elles de sanglantes représailles, seule forme de justice possible contre des ennemis qui ne respectent que la force. En tout cas, on le voit, la convention n'est bonne à rien à cause de cette grande règle de solidarité qui fait qu'elle ne peut pas exister pour les uns sans exister aussi pour les autres.

Cette solidarité a cependant une limite certaine et il semble que l'on pourrait, en outre, lui en fixer une autre. Dans une guerre générale, les hostilités sur mer et sur terre ne ressortent pas des mêmes conventions et il est possible que la règle conventionnelle admise pour les unes subsiste, alors que celle qui concerne les autres a été brisée. Ceci n'est qu'une satisfaction apparente, car beaucoup plus probablement les deux conventions auront subi des violations égales ; elles seront abandonnées l'une et l'autre.

Il en a été ainsi dans la guerre actuelle où les Allemands n'ont respecté la convention de Genève ni sur terre ni sur mer, et où plusieurs navires hospitaliers ont été torpillés.

On peut songer aussi à une autre limitation un peu plus efficace, mais relative aux seules guerres dans lesquelles paraissent de chaque côté plusieurs alliés. Dans ce cas on peut dire que chaque belligérant ne peut relever contre l'adversaire que les infractions à la convention dont il a lui-même souffert et non pas celles dont a souffert son allié. Ce n'est encore d'un grand secours pour le maintien des règles convenues, car il n'en est pas moins vrai qu'une fois la convention dénoncée par l'un, elle tombe aussi par rapport aux autres. Il serait plus important de faire admettre que, lorsque la guerre se poursuit en même temps sur plusieurs théâtres nettement distincts les uns des autres, comme cela a lieu actuellement, la violation de la convention et la résolution n'ont d'effet que pour le théâtre des hostilités où elle s'est produite. Ainsi un fait intervenu sur le front russe n'autoriserait pas à dénoncer la convention sur le front français ou italien.

Cette atténuation ne peut être présentée que pour des motifs de pure utilité. Il faut reconnaître qu'elle n'est pas strictement juridique. Elle n'est pas d'une réelle importance non plus. Il est trop probable que des troupes qui méconnaissent l'autorité du droit dans l'une des régions où elles combattent ne la respecteront pas davantage sur un autre théâtre d'hostilités. Une guerre fût-elle poursuivie en dix lieux divers est toujours la même guerre et doit être régie par les mêmes lois. Mais, si l'on poussait la logique jusque-là, l'humanité n'y gagnerait rien.

Des développements qui précèdent, faut-il conclure à la condamnation de toutes les conventions relatives à la conduite des hostilités ? On est tenté de le faire, car il est impossible d'éliminer les diverses causes de résiliation que nous avons étudiées, et la dernière à elle seule constitue une menace à peu près fatale. N'allons pas aussi loin cependant. Il est possible que des conventions de cette sorte subsistent et soient exécutées, mais à la condition d'être très simples et très courtes. Ce qui est tout à fait inutile, ce sont les conventions qui entrent dans des détails minutieux sur ce qui est permis ou prohibé. Que ces détails soient donnés, par exemple, lorsqu'il s'agit de régler la procédure d'un tribunal dont on ne sait pas s'il siégera jamais (comme la cour internationale des prises), cela est inoffensif. Mais quand il s'agit de la conduite des généraux et des soldats en campagne, il n'en est plus de même. Ces multiples obligations auxquelles on prétend les assujettir ne tiennent pas assez de compte des circonstances ; elles sont inexécutables. Autre chose est un traité de doctrine que l'on lit et dont on emprunte l'esprit, autre chose les clauses d'une convention qu'il faut suivre. On ne les suivra jamais tout à fait et la convention tombera.

Les seules conventions qui auront chance d'être obéies seront celles qui seront courtes et simples. Quelques grands préceptes, quelques directions générales et voilà tout. Une convention sur les lois et coutumes de la guerre sur terre aurait assez d'une douzaine d'articles. Remarquons que la déclaration de Paris du 16 avril 1856 était extrêmement brève. Elle a été respectée au moins dans sa lettre. Encore ces conventions fort simples rencontreraient toujours de grandes difficultés d'application et je ne sais pas si l'usage peut en être recommandé. Même si l'on jugeait absolument nécessaire de descendre dans le détail, plusieurs conventions particulières vaudraient mieux qu'une grande convention unique. Ainsi la convention sur les lois et coutumes de la guerre sur terre contient des dispositions nombreuses touchant la condition des prisonniers de guerre. De la solidarité relevée plus haut, il résulte que si un Contractant manque à ses devoirs touchant les armes prohibées, par exemple, l'autre sera délié de ses obligations contractuelles relatives aux prisonniers. C'est bien différent pourtant et il vaudrait mieux isoler l'un de l'autre ces deux ordres d'idées. On y parviendrait en faisant une convention séparée sur le traitement des prisonniers de guerre.

Ces remèdes sont, du reste, bien imparfaits et ne sauvent pas la cause des conventions touchant le droit de la guerre. Il serait plus vrai de dire que des traités semblables sont fatalement voués à l'inefficacité. On ne peut pas les soustraire à la résolution pour cause d'inexécution, par exemple, et on ne peut pas espérer que cette cause de résolution ne les atteindra pas. Le mieux est sans doute de viser à assurer l'application du droit de la guerre sans le secours des conventions.

Sanctions. — Une convention internationale est toujours quelque chose d'incomplet tant qu'on ne l'a pas pourvue d'une sanction. Il ne suffit pas, en effet, d'en écrire le texte. Pour que le bien que l'on en attend se réalise, il faut veiller à ce qu'elle soit observée. Autrefois, on multipliait les sûretés, otages, gages, hypothèques. On a renoncé à ces moyens sans doute parce qu'ils s'étaient montrés peu efficaces. Dire que les conventions internationales n'ont pas de sanction directe, c'est exprimer une banalité. Les traités faits pour le temps de paix ne souffrent pas trop de ce défaut. Des fonctionnaires spéciaux, les consuls, surveillent leur exécution, et les Parties n'oseraient pas manquer à leurs obligations de peur de s'attirer des représentations toujours désagréables.

En temps de guerre, par contre, l'embarras est grand; aucune communication amiable n'étant plus possible, la seule ressource est celle des représailles. On rendra donc le mal pour le mal, mais comme le coupable le plus souvent ne reconnaîtra pas sa faute, les premières représailles exercées appelleront des représailles contraires et la cause de l'humanité en souffrira[1].

La première conférence de La Haye n'avait rien changé à cet état de choses. Lors de la deuxième, il en fut autrement et nous trouvons dans la convention sur les lois et coutumes de la guerre un article 3 ainsi conçu :

« La partie belligérante qui violerait les dispositions dudit règlement sera tenue à indemnité, s'il y a lieu. Elle sera tenue pour responsable de tous actes commis par les personnes faisant partie de sa force armée. »

J'ai entendu présenter parfois ce texte comme très important. Je ne m'explique pas cette opinion, je le considère, au contraire, comme totalement insignifiant. Mais regardons de plus près et voyons comment il a été introduit dans la convention. La proposition première en a été faite au nom de l'Allemagne; elle comprenait deux articles visant respectivement les dommages causés aux neutres qui pouvaient être compensés par une indemnité immédiate et ceux dont auraient souffert les sujets des belligérants, ces derniers devant être réparés au moment de la conclusion de la paix. Le major général de Gündell expliqua les motifs de la propo-

---

[1] Que les conventions relatives au droit de la guerre n'aient pas de sanction possible, cela est certain, mais on ne doit pas aller jusqu'à dire qu'elles n'ont pas d'autorité. Elles ont l'autorité qui découle de la valeur même des préceptes qu'elles renferment. Ce qui est vrai, c'est que ces préceptes ne prennent aucune autorité nouvelle du fait d'être enfermés dans une convention.

sition. Il commença par une affirmation vraiment bouffonne dans la bouche d'un représentant de l'Allemagne, à savoir qu'il n'est pas permis de douter que les Puissances signataires d'une convention n'aient la ferme volonté de se conformer aux règles qu'elles ont adoptées. Aussi l'énoncé d'une sanction serait-il superflu s'il s'agissait seulement d'obligations des gouvernements eux-mêmes. Mais parce qu'il s'agit des actes des officiers, sous-officiers et soldats et qu'il est toujours à craindre que ceux-ci ne s'écartent des obligations que les règlements leur imposent, il n'est pas inutile de mettre un devoir d'indemnité à la charge de l'État. Puis l'orateur développa sa distinction entre le cas où la victime de l'infraction commise est un sujet neutre et celui où elle est un belligérant, le règlement de l'indemnité pouvant se faire immédiatement dans le premier cas et devant être retardé jusqu'à la fin de la guerre dans le second.

Cette distinction fut justement attaquée comme paraissant donner une supériorité injustifiée aux neutres par rapport aux belligérants, et malgré les protestations du major de Gündell, ce sentiment prévalut, car le texte adopté ne fait plus, on le voit, de distinction.

Il est vraisemblable que la préférence donnée aux neutres par la proposition allemande avait simplement pour objet de laisser les mains libres aux armées allemandes en rassurant les neutres qui viendraient à souffrir des excès que ces armées pourraient commettre.

Ce qui doit étonner ici, c'est que l'on ait discuté avec une certaine ampleur la rédaction du texte et que personne n'ait dit un mot du principe même de l'indemnité. Les circonstances se prêtent-elles à une véritable indemnisation? est-il permis d'espérer qu'après une infraction aux lois proclamées par la convention, le particulier lésé, neutre ou belligérant, pourra poursuivre le paiement d'une indemnité comme il le ferait en temps de paix à la suite d'un délit dont il aurait souffert? Nous ne le croyons pas, et même il nous semble qu'il faudrait être le jouet d'une illusion singulière pour entretenir une pareille espérance.

Lorsque l'individu lésé est un sujet de l'ennemi, le droit
qui s'ouvre à son profit n'est susceptible d'aucune exécution.
A qui s'adresserait-il ? A l'auteur même de l'acte ou aux supérieurs de celui-ci ? Il serait immédiatement écarté, heureux
encore si sa réclamation ne lui attirait pas de nouvelles vexa-
tions. Il faut donc attendre la fin de la guerre ; or, à la fin de
la guerre, la loi inéluctable est celle du vainqueur. Loin de
produire un effet utile, une disposition semblable à celle-ci
ne pourra que servir de prétexte à de plus grandes exactions.
Le vainqueur fera sonner bien haut les sujets de plainte qu'il
prétendra avoir, il en profitera pour grossir le chiffre de
l'indemnité réclamée à son adversaire.

A la fin d'une guerre, il n'y a jamais eu d'œuvre de justice
véritable entre les adversaires. L'œuvre de justice suppose un
juge supérieur à des justiciables qui sont devant lui égaux
entre eux. Ici le vainqueur est à la fois son propre juge et le
juge de son ennemi. Il est possible qu'il use de sa prépondérance dans un esprit de justice, mais cette justice sera toujours de sa part de la magnanimité.

Quant à son adversaire, il n'osera pas élever la voix
et alors même qu'il parviendrait, chose improbable, à faire
entendre ses doléances, les sommes qui lui seraient allouées
viendraient se compenser avec une part de l'indemnité de
guerre dont la fixation est toujours fort arbitraire, il ne reti-
rerait donc de son action aucun profit appréciable[1].

La condition des neutres serait-elle meilleure en ce sens que
les indemnités qui pourraient leur être dues seraient réglées
et payées plus tôt, voire même au cours des hostilités ? Ce n'est
pas certain. En théorie, rien n'empêche un sujet neutre vic-

---

[1] Même après la fin de la guerre et en supposant que le belligérant,
auteur d'infractions au droit de la guerre, ne puisse pas opposer à ses victimes une fin de non-recevoir pure et simple, celles-ci n'auraient pas grand
fond à faire sur une action dérivée de l'article 3. Après un long temps, la
preuve à faire serait difficile et la recherche d'un tribunal compétent pourrait être infructueuse. On se heurterait là au principe que les tribunaux
d'un pays ne peuvent pas juger le souverain d'un autre pays. La question
des indemnités ne peut être bien réglée que par le traité de paix.

time d'un excès quelconque d'en saisir son gouvernement, lequel demandera réparation à l'État belligérant responsable. Mais ici encore, malgré la qualité neutre de l'État intéressé, le recours nous paraît illusoire. Les faits pourront être contestés ; ils le seront dans la plupart des cas. Comment procéder à une enquête au milieu du fracas des armes, où réunir les témoins, où rechercher les auteurs responsables ? *Onus probandi incumbit actori*. Le demandeur ne pourra presque jamais faire la preuve exigée.

Faut-il une preuve palpable de ces difficultés ? Nul crime n'a été plus évident que le crime de la *Lusitania*. Les États-Unis ont élevé une juste protestation, réclamé des indemnités. Rien n'a jamais été réglé et les États-Unis se sont vus obligés de déclarer la guerre à l'Allemagne.

Peut-être avait-on la pensée, lorsqu'on a rédigé cet article 3, que la connaissance des demandes d'indemnité de ce genre serait portée devant un tribunal arbitral, spécialement devant la cour permanente de La Haye. On ne comprend en effet des réclamations de ce genre que si elles sont appréciées par un juge indépendant des Parties en cause. Le remède pourtant serait inopérant. Le belligérant accusé admettra difficilement que des arbitres approuvent ou critiquent les opérations de ses armées. L'Allemagne tolérerait-elle qu'un tribunal déclarât que les exploits de ses sous-marins sont contraires aux traditions du droit des gens comme aux exigences de l'humanité ? Le plus souvent on n'arriverait même pas à arrêter les bases d'un compromis. Puis cette procédure serait trop longue. La cour de La Haye à laquelle il serait naturel de songer ne pourrait guère s'assembler en pleine guerre et rien ne prouve qu'elle jouirait de toute l'indépendance requise. Jusqu'ici ses sentences rendues en pleine paix ont eu un caractère assez peu juridique [1]. Que seraient-elles

---

[1] Nous reviendrons sur ce point. Disons qu'il ne suffit pas qu'un tribunal soit international pour acquérir par là une autorité plus grande. Cette autorité, il ne la devra qu'à l'extrême sagesse de ses sentences et au profit visible que la communauté internationale aura tiré de sa constitution. Or, on n'a pas vu clairement jusqu'ici que tel soit le cas pour la cour permanente de La Haye.

lorsqu'il s'agirait de questions aussi délicates que celles-là et lorsqu'elle statuerait sur les responsabilités d'une guerre encore toute récente ?

L'action en indemnité de l'article 3 nous paraît donc dépourvue de tout caractère pratique et nous pourrions ne pas nous y arrêter davantage. Cependant, il n'est pas inutile de commenter le texte de cet article et de faire voir les difficultés qu'il présenterait au cas improbable où l'on viendrait à l'appliquer.

Disons d'abord que si l'article 3 figure bien à sa place dans la convention sur les lois et coutumes de la guerre sur terre, il devrait également figurer dans les autres conventions relatives à la conduite des hostilités. On a songé aux neutres et même le projet allemand ne songeait guère qu'à eux. Pourquoi alors n'avoir pas inséré une disposition semblable dans la convention V sur les droits et devoirs des puissances et des personnes neutres ? Ce devoir d'indemnité est général et on ne comprend pas qu'il ne soit pas stipulé partout.

On ne comprend pas davantage que le droit d'obtenir une réparation soit limité aux seules infractions faites au règlement annexé à la convention IV. Pourquoi n'est-il pas étendu aux cas de violation des règles traditionnelles du droit des gens, sur les points auxquels la convention n'a pas touché ? Voici, par exemple, la pratique des otages qui a fait exiler en Allemagne des populations entières contrairement aux règles du droit des gens. Cette pratique, parce qu'elle n'a pas été prévue par la convention, ne pourrait pas donner lieu à indemnité et c'est précisément l'un des cas où le préjudice est plus facile à établir et où une demande d'indemnité aurait plus de chances d'aboutir.

Dira-t-on que le silence du texte n'exclut pas la possibilité d'une demande d'indemnité ? Alors à quoi sert l'article 3 qui ne contient rien autre que le principe du droit à l'indemnité ? J'entends bien qu'on peut l'interpréter en ce sens qu'il n'y aura lieu à indemnité que si un préjudice a été causé (s'il y a lieu). Mais, étant donnée la brièveté du texte, on peut lui donner un sens différent et en conclure que toutes les violations du règlement ne donneront pas lieu à indemnité, que certaines d'entre elles sont des cas fortuits ou de force majeure, d'où le droit à indemnité ne peut pas découler. Il aurait fallu s'expliquer mieux.

Il aurait fallu compléter le texte également. Le belligérant est déclaré responsable de tous actes commis par les personnes faisant partie de sa force armée. En employant cette formule, on a oublié que bien souvent, en pays occupé, des dommages résultent des actes de fonctionnaires installés là par l'occupant, fonctionnaires qui ne font nullement partie de sa force armée. L'État ne sera pas responsable de ces actes, alors qu'il le sera de ceux de ses officiers ou de ses soldats. On chercherait vainement une raison à cette différence.

Le texte a donc été mal rédigé, mais cela importe peu, car, meilleur, il ne s'appliquerait pas davantage.

Cette question des réparations en amène une autre plus incertaine encore, car elle n'a même pas reçu de solution théorique jusqu'à présent.

L'opinion publique, justement indignée des forfaits commis par les armées allemandes, s'est demandé si tous ces crimes ne seraient pas punis. C'est une très grosse question et dont il est difficile d'apercevoir la solution. Certes, la conscience publique serait satisfaite si les auteurs de cette inqualifiable agression et ces soldats qui, confiants dans leur force, ont transgressé les lois les plus sacrées, expiaient par une peine sévère la grandeur de leur crime. Un châtiment très rigoureux leur serait justement infligé.

Est-ce à dire qu'il puisse l'être, cela est beaucoup plus douteux. Le souverain, les premiers personnages de l'État sont responsables d'une guerre injustement déchaînée. Les frappera-t-on d'une peine? Cela n'est point sans exemple et, à la suite d'une guerre civile, il est fréquent que les fauteurs de l'insurrection soient sévèrement châtiés. Est-ce à faire ici? Cela est bien douteux.

On demandera compte aux officiers, aux soldats des excès qu'ils auront commis. Cela encore est difficile. Dans la plupart des cas, on ne retrouvera pas les coupables et les crimes demeureront impunis. Quelquefois, cependant, la preuve existe. On nous a conservé l'ordre du jour d'un général qui a ordonné à ses hommes de ne point faire de quartier. Accusé, le coupable soutiendra qu'il avait agi par l'ordre de ses chefs et la justice ne permet guère de frapper un militaire qui a obéi à ses supérieurs, car il ne peut pas leur désobéir.

En outre, pour infliger des peines après la cessation des hostilités, il faudrait rompre avec l'une des conditions les plus constantes des traités de paix, la clause d'amnistie. Elle ne permet pas qu'après la guerre on se demande compte des excès que l'on a commis pendant sa durée. Est-ce indifférence? Non. On a considéré que si l'on agissait autrement, on perpétuerait entre les nations intéressées l'état d'hostilités que le traité de paix a précisément pour objet de faire cesser. Et la paix est plus précieuse que le juste châtiment des crimes commis [1].

Nous ne savons pas ce que l'avenir nous réserve. L'acharnement de cette guerre, le mépris du droit qui y est affiché sont tels qu'il n'est pas impossible que, sur ce point encore, les usages anciens soient écartés. Mais que l'on se pénètre de cette idée que la poursuite des crimes ne sera possible que si l'État coupable est détruit et ruiné pour un très long temps. Sans cela, le remède serait pire que le mal, car l'incendie éteint à grand peine ne tarderait pas à se rallumer.

Si la guerre présente était une guerre ordinaire, semblable dans ses causes et dans ses procédés à celles que le monde moderne a vues si fréquemment, nous n'hésiterions pas à dire qu'il faut songer à vaincre et non pas à punir. Mais il n'en est pas ainsi. Jamais conflit n'est sorti de pensées plus coupables, jamais lutte n'a été conduite avec un pareil mépris des exigences de l'honneur et des suggestions de l'humanité. Au

---

[1] La clause d'amnistie n'eut pas d'abord d'autre objet que de sauver la tête des sujets qui avaient épousé le parti de l'ennemi de leur prince. On la rencontre très fréquemment avec cette signification aux xvie et xviie siècles. Mais elle s'est entièrement transformée depuis et est employée à présent pour parfaire l'apaisement qu'il est si désirable d'obtenir à la fin d'une guerre.

moment où les armes tomberont des mains des combattants, on ressentira le besoin de rassurer le monde contre le retour de pareilles tempêtes. Ceux qui savent et ceux qui comprennent, ceux dont un parti pris aveugle n'obnubile point le jugement sauront très bien que l'énormité des pertes subies n'est point, quoi qu'on en dise, une garantie de paix pour l'avenir. Alors la question des sanctions se posera comme elle ne s'est jamais posée.

Il n'est pas impossible qu'elle reçoive une solution nouvelle et très ancienne aussi par la résurrection de cette idée familière aux canonistes que le vainqueur peut, en bonne justice, imposer au vaincu une peine proportionnée à la gravité de l'offense par lui commise.

Que sera cette peine? Bien des hypothèses peuvent être émises à ce sujet; il serait prématuré de les examiner. Bornons-nous à constater que la question est nettement posée devant l'opinion et qu'un jour viendra où l'on devra la résoudre.

SECONDE PARTIE

—

Après avoir étudié le mécanisme des conventions de La Haye et montré les difficultés de leur fonctionnement, nous arrivons au contenu de ces conventions, c'est-à-dire à l'examen des règles de droit international qu'elles ont eu pour objet d'établir.

Sous ce nouvel aspect, le travail qui s'offre à nous comprend deux parties distinctes, correspondant aux deux objets que les conférences ont poursuivis, faire avancer la cause de la paix et donner des lois à la guerre. Ces deux parties seront traitées dans deux sections séparées.

SECTION I

Principes tendant à la solution pacifique des litiges internationaux.

L'avancement de la cause de la paix s'est poursuivi lui-même dans deux voies différentes, le mouvement vers le désarmement et l'établissement de la solution pacifique des litiges internationaux. Ce second objet, plus complexe et plus considérable que le premier, appellera de notre part de plus amples explications. Commençons toutefois par la question du désarmement.

La question du désarmement. — L'espoir d'arriver à diminuer les charges militaires de l'Europe a été la véritable cause de la réunion de la première conférence de La Haye. La première circulaire du tsar ne visait que ce seul problème et si, dans la seconde, nous le voyons mêlé à beaucoup d'autres objets, c'est que dans l'intervalle des deux publications des doutes s'étaient produits, des méfiances s'étaient éveillées ; on pouvait craindre qu'en persistant dans les errements que l'on avait suivis d'abord, on ne condamnât la conférence à un échec complet. Le problème du désarmement est peut-être celui qui intéresse le plus la paix du monde, c'est, à coup sûr, celui qui accuse de nos jours le caractère le plus pressant. On peut, à la rigueur, se dire que les guerres sont, après tout, des crises passagères dont un pays vigoureux se relève rapidement [1] ; on peut, sans donner aucunement dans les utopies pacifistes, espérer qu'une politique sage et prévoyante saura écarter de certains pays le fléau de la guerre par des alliances bien choisies et par un perpétuel souci de l'équilibre des Puissances ; on ne peut pas, au contraire, se dissimuler que l'exagération des armements est par elle-même, immédiatement, une menace directe de guerre et un fardeau écrasant pour les peuples obligés de se soumettre à cette politique ruineuse.

C'est une menace, car un État militaire ne s'imposera pas les charges d'une armée et d'une marine considérables sans essayer de tirer parti du supplément de forces que lui procure cette politique. Si un conflit éclate, cet État sera fort tenté d'intervenir, sûr qu'il est ou qu'il croit être de faire pencher la balance du côté du parti qu'il soutiendra, sûr également de se faire largement indemniser après coup du secours qu'il aura prêté. Même il n'hésitera pas à provoquer un conflit au

---

[1] La guerre actuelle, par sa durée comme par sa gravité, dément cette formule qui était encore juste à l'époque des conférences de La Haye. Du présent conflit on peut penser qu'il fait présager une transformation du monde entier, transformation dont on ne saurait prévoir ni le sens ni la mesure. On se flatte de l'espoir qu'une longue paix succédera aux hostilités actuelles, mais rien dans l'état présent des choses n'autorise cette croyance. La seule révolution russe peut engendrer des guerres importantes et multiples.

moment qu'il aura choisi pour retirer le bénéfice de la supériorité qu'il a acquise. Le développement excessif de l'établissement militaire d'un État est un signe de guerre infaillible. A quoi devons-nous la guerre présente ? Elle est née d'un incident qui ne devait pas occasionner une prise d'armes et qui n'a été invoqué que comme un pur prétexte. Je suis convaincu que l'empereur d'Allemagne a voulu la guerre parce que, se sachant mieux préparé que ses rivaux, il comptait les dominer et les abattre, et aussi parce qu'il ressentait la nécessité de diminuer les charges excessives que sa politique guerrière faisait supporter à son peuple. Cette guerre est née de l'exagération des armements, du besoin d'obtenir par la victoire la compensation des sacrifices que sa préparation avait coûtés [1].

Puis un armement poussé à outrance entraîne des dépenses folles. Les milliards que coûte l'entretien de l'armée et de la marine constituent un prélèvement fort sensible sur le produit du travail national, et ce prélèvement n'engendre aucun bénéfice, il est improductif, bien plus, après un certain temps les ressources que l'on a réunies ne sont plus utilisables et il faut créer à nouveau ses munitions et son armement. On comprend qu'aucune comparaison ne soit possible entre un peuple qui consacre toute sa richesse à des dépenses productives et un autre peuple obligé à perdre une part importante de ses revenus en dépenses improductives [2].

L'exagération des armements est donc un fléau et ce que ce fléau a de pire c'est que forcément il étend ses ravages sur toutes les grandes nations. Il est impossible, en effet, de demeurer désarmé à côté d'un voisin en armes. L'État qui

---

[1] Ce qui restera probablement un mystère, c'est que l'Autriche, qui n'avait pas les mêmes raisons d'agir, ait pu prêter les mains à une politique dont le succès lui aurait coûté le reste de son indépendance.

[2] A cela on objecte parfois que les dépenses militaires étant faites dans le pays profitent au pays, mais on oublie que ces dépenses sont couvertes par l'impôt, c'est-à-dire par de l'argent prélevé sur la richesse publique par voie d'autorité et sans considération des besoins peut-être pressants auxquels il était destiné à pourvoir, de plus que les biens ainsi acquis ne sont plus susceptibles d'un emploi ultérieur et se trouvent retirés ainsi de la circulation.

adopterait cette politique insensée courrait à sa ruine. C'est l'évidence même. Aussi qu'arrive-t-il ? dès qu'un grand État se lance dans la voie d'armements poussés à l'excès, tous les autres grands États doivent le suivre bon gré mal gré, et quand même ils se condamneraient par là à des épreuves épuisantes.

L'expérience a montré que les choses se passent fatalement ainsi [1]. En fait, c'est l'exemple de la Prusse qui a imposé à l'Europe le régime du militarisme à outrance. Depuis deux siècles, la Prusse, petit État confiné sur un sol ingrat, a cherché son développement par la possession d'un état militaire plus grand que sa population et son territoire ne le comportaient. Cette politique a été celle de tous les rois de Prusse du xviiie et du xixe siècle, elle était habile et la Prusse lui doit sa puissance et sa richesse. L'Europe a suivi la Prusse, elle ne pouvait pas ne pas la suivre, mais d'un pied hésitant, ce qui a permis à cette nation de garder sa supériorité dans ce domaine. La Prusse a contribué au moins autant que l'Autriche à la chute de Napoléon, elle a vaincu l'Autriche en 1866, la France en 1870, elle se préparait à abattre la Russie et l'Angleterre. L'histoire des progrès de la Prusse est faite de bonds successifs séparés par des périodes de préparation militaire intense. Pendant ce temps les nations européennes voyaient leurs dépenses militaires et navales s'accroître sans cesse, sans réussir cependant à se mettre à l'abri des entreprises de leur dangereux voisin.

On est arrivé ainsi à enrôler sous les enseignes de la nation toute sa population mâle valide. Pendant longtemps, le point de vue était demeuré tout autre. L'état militaire constituant une profession ou une carrière, le nombre des soldats était restreint, les dépenses militaires limitées. L'ordre établi dans le monde était alors que chaque État entretient pour sa défense une certaine force militaire permanente, et que les

---

[1] Qui aurait prévu en août 1914 que la guerre qui venait d'éclater obligerait les États-Unis d'Amérique à suivre l'Europe dans la voie des armements ?

guerres se poursuivent entre les armées régulières des belligérants. Il y eut un temps où cette force militaire était surtout composée de mercenaires, mais ce système était abusif et on en arriva vite à la prélever sur la population du pays. Ce fut le système de la conscription et du tirage au sort.

Il est curieux de constater que le progrès des idées démocratiques a grandement contribué à l'extension des armées, de sorte que ces idées qui devaient donner à l'homme plus de liberté et d'aisance aboutissent, au contraire, à l'enchaîner plus étroitement. Elles ont fait prévaloir cette idée juste, en principe, que tout citoyen doit le service militaire à l'État et l'État en a profité pour exiger de chaque citoyen un service militaire égal, ce qui est funeste à tout pays.

Mais les choses passées sont des choses passées. Retenons de ceci que ce qui a poussé surtout au militarisme actuel, c'est l'exemple de l'Allemagne. Il devait en être ainsi. Le jour où l'Allemagne appellera sa population féminine sous les drapeaux, les autres nations seront aussi forcées d'enrôler la leur.

Lorsque la Russie proposa aux nations étrangères de délibérer sur le désarmement, nombre de plaintes se firent entendre. On accusa cette Puissance de vues égoïstes et l'on publia que ce n'était pas dans un esprit pacifique qu'elle agissait ainsi, mais parce qu'elle avait besoin de toutes ses ressources pour aménager ses immenses domaines. On ne doit pas s'arrêter à de semblables récriminations. Une chose est certaine, c'est que les divers États ont une position très inégale en face de la question du désarmement; l'importance du territoire, la densité de la population, la configuration du sol sont des facteurs dont l'influence agira sur l'opinion de chaque gouvernement. Pour cette seule considération, la question du désarmement devrait être classée parmi celles qui ont peu de chances d'aboutir. Nous le regrettons amèrement.

Le désarmement aux conférences de La Haye. — Les conférences de La Haye se sont pourtant attachées à ce thème. L'insuccès de leurs efforts ne doit leur attirer aucun blâme. De toutes les questions soumises à ces conférences, celle-là était la plus intéressante et la plus actuelle : il eût été regrettable de la laisser de côté.

Elle fut abordée à la séance du 23 juin 1899 de la première commission[1]. Le président M. Beernaert, après avoir relevé l'importance du débat qui allait s'ouvrir, insista sur la nécessité de préciser la question posée et de dire s'il s'agissait de réduire les effectifs militaires ou de réduire les budgets qui servent à les entretenir. M. de Staal, délégué russe, après avoir rappelé que ce point avait été l'origine et la raison d'être de la conférence et que le défaut de tout résultat entraînerait une immense déception, expliqua qu'il s'agissait non d'un désarmement à opérer, mais simplement d'un temps d'arrêt à marquer dans la marche ascendante des armements et des dépenses. Il pensait que si l'on arrivait à décider cet arrêt, on parviendrait de là presque fatalement à cette réduction des armements que tous désiraient voir aboutir. Dans le même sens, le général den Beer Portugael remarqua sagement que la folie des armements pousse les peuples à la ruine et que leur épuisement deviendrait tel qu'ils ne pourraient plus supporter les frais d'une campagne, même pour sauver leur indépendance, que, du reste, l'exagération des armements amènerait fatalement la guerre.

C'est le colonel Gilinsky qui précisa la pensée du gouvernement russe. Il insista à son tour sur les maux qui naissent de la paix armée. Puis il dit qu'il ne s'agissait de rien autre que de s'arrêter pendant un temps sur la voie de l'accroissement continu des dépenses tant militaires que maritimes, expérience qu'ont déjà tentée avec succès ces États qui, comme l'Allemagne et la Russie, fixent pour une série d'années, sept ans, cinq ans, leurs budgets militaires et maritimes. C'est cela et non autre chose que la conférence devait réaliser, car la question de la réduction des armements, que l'on ne pourrait jamais aborder qu'après entente sur ce premier point, ne saurait, d'après les termes mêmes de la

[1] *Actes,* 1899, II, p. 26 et s.

circulaire du 12 janvier, que faire l'objet d'une étude préalable dans cette première conférence, sauf à être reprise et poussée plus loin dans une conférence ultérieure. Les propositions émises par le colonel Gilinsky étaient les suivantes :

1° Établissement d'une entente internationale pour un terme de cinq ans stipulant la non-augmentation du chiffre actuel des effectifs de paix des troupes métropolitaines ;

2° Fixation, en cas de réalisation de cette entente et dans la mesure du possible, du chiffre des effectifs de paix des armées de toutes les puissances, non comprises les troupes coloniales ;

3° Maintien pour le même terme de cinq ans du montant des budgets militaires actuellement en vigueur.

Des propositions semblables concernant les armements navals furent déposées par le capitaine Schéine.

Dans la séance suivante, le colonel Gilinsky continua ses explications (26 juin). Nous en retiendrons que la fixation envisagée des effectifs visait les troupes métropolitaines et non pas les troupes coloniales, de même qu'il ne s'agissait dans la proposition que du budget ordinaire et non pas du budget extraordinaire auquel on a coutume d'emprunter les sommes nécessaires aux grosses dépenses qui se font d'un seul coup, par exemple celles que réclame la réfection des armements ou la construction de forteresses.

Ces deux réserves cachent deux fissures, fissures peut-être nécessaires, mais dangereuses très certainement.

La proposition russe fut surtout attaquée par le délégué de l'Allemagne, le colonel Gross de Schwarzhoff, qui montra bien la complexité de la question, faisant valoir cette circonstance que l'importance des effectifs dépend d'une quantité de facteurs différents, en somme de tous les rouages de l'organisation militaire de chaque pays, et qu'à un effectif donné ne correspond pas toujours la même force offensive et défensive. Ce n'était pas cependant un motif de repousser la proposition russe, car en fixant ses effectifs chaque État peut bien être considéré comme ayant tenu compte de tous les éléments susceptibles d'augmenter ou de diminuer la puissance agissante desdits effectifs.

Le jonkheer von Karnebeck fit ressortir avec raison que l'augmentation continue des effectifs est moins due à des nécessités de défense qu'à des raisons de concurrence internationale et aussi que la proposition russe se recommandait par ce motif qu'à la longue l'augmentation des charges publiques peut entraîner une crise et ruiner l'ordre dans le sein de l'État [1].

Ce furent les principaux traits de cette discussion qui fut courte et, à ce qu'il nous semble, empreinte, vers la fin, d'une certaine amertume. On décida de renvoyer les propositions du colonel Gilinsky à l'examen d'un comité spécial. Il est à remarquer que, seules, l'Allemagne et l'Autriche-Hongrie votèrent contre le renvoi.

Ce comité tint deux séances et conclut en déclarant qu'il serait très difficile de fixer, même pour une durée de cinq ans, les effectifs des armées sans fixer en même temps les autres éléments de la défense nationale et que cette œuvre ne pouvait être accomplie par une convention internationale. Il estima qu'il serait utile de voir la question étudiée plus profondément par les gouvernements intéressés.

Puis, pour conclure, cette formule de résignation fut adoptée :

« La commission estime que la limitation des charges militaires qui pèsent actuellement sur le monde est grandement

---

[1] Préalablement à la séance de la commission, les deux sous-commissions avaient été saisies de points spéciaux relatifs au calibre et au poids des fusils, aux explosifs, aux sous-marins, aux navires à éperon. On aurait voulu établir des règles limitatives ou prohibitives sur ces divers points, mais on aperçut bientôt que l'accord était impossible à obtenir. On n'arriva à un résultat que sur les points qui ont fait l'objet des trois déclarations annexées aux *actes* de 1899.

Incidemment, il fut parlé à la seconde sous-commission de l'utilité qu'aurait la prohibition de tout engin de guerre nouveau. L'expérience de la guerre actuelle montre la vanité de pareilles spéculations. De nouveaux engins ont été employés et l'auraient été malgré toute prohibition. (*Actes*, 1899, II, p. 80.)

désirable pour l'accroissement du bien-être matériel et moral de l'humanité. »

C'était un échec que couvrait insuffisamment la formule de retraite adoptée.

Ainsi fut close la question à la conférence de 1899. Elle avait donné lieu à des débats fort intéressants, en particulier touchant l'interdiction de toute modification dans l'armement des troupes, mais sans aboutir au moindre résultat. Elle ne fut pas positivement reprise à la conférence de 1907 en ce sens que la limitation des armements ne formait plus un article du programme élaboré par la Russie. Il est même fort extraordinaire que la question qui fut la cause première des conférences de La Haye n'ait plus figuré dans le programme de la seconde conférence.

Il fut cependant question du désarmement à La Haye, en 1907. Le 17 août, à la quatrième séance plénière [1], sir Ed. Fry, délégué anglais, prit la parole. Il rappela les intentions premières de l'empereur Nicolas II, fit allusion aux maux sans nombre qui proviennent de l'exagération des armements et insista sur ce fait que dans l'intervalle des deux conférences l'augmentation des dépenses militaires annuelles des puissances européennes avait dépassé 1.700 millions. L'orateur n'apportait pas, du reste, de remède tout prêt à ces maux; il ne pouvait même rien dire de catégorique quant à la possibilité d'arriver au désarmement; il se bornait à attester que le gouvernement anglais partageait cette aspiration et conviait les Puissances à travailler ensemble à sa réalisation. L'Angleterre faisait appel à la bonne volonté des Puissances; elle savait que plusieurs d'entre elles seraient disposées à désarmer, mais qu'il faudrait une entente pour y parvenir. Toutes doivent viser à cette entente. Comme premier pas et comme marque de ses bonnes dispositions, le gouvernement anglais se disait disposé à communiquer aux autres puissances maritimes, sous condition de réciprocité, ses projets de construction de nouveaux bâtiments et ses prévisions quant aux

____

[1] *Actes*, 1907, I, p. 90.

dépenses que ces constructions entraîneraient. Il faudrait reprendre l'étude de cette importante question.

Les États-Unis, la France et l'Espagne appuyèrent cette motion, non pour obtenir une réouverture immédiate de la discussion sur ce point, mais pour que l'on se préparât à la reprendre dans une conférence ultérieure.

Dans cet ordre d'idées, les délégués du Chili et de la République Argentine ont communiqué à la conférence le protocole du 28 mars 1902 et le traité du 28 mai 1902 par lesquels ces deux républiques ont décidé de désarmer certains de leurs vaisseaux de guerre et de s'abstenir pendant cinq ans de toute augmentation de leurs forces navales. A cet effet, ils ont décidé de vendre à des tiers les navires qui étaient en construction pour leur compte sur divers chantiers européens. C'est la première tentative effective de désarmement qui ait été faite. Nous croyons savoir que cet engagement n'a pas été renouvelé à son expiration.

Le président, M. Nelidoff, résuma ces débats et enterra la question, c'est le seul terme juste qui puisse être employé. Il fit voir que loin d'avoir frayé la voie à un accord, la discussion pourtant sommaire qui avait eu lieu en 1899 avait failli accentuer la dissidence des divers États; que, depuis, les gouvernements, absorbés par d'autres préoccupations, n'avaient même pas eu la pensée de faire quoi que ce fût dans le sens indiqué de la réduction des armements; que seule l'opinion publique continuait à s'intéresser à la question et à en souhaiter la solution dans un sens conforme aux aspirations des peuples. Dans de telles circonstances, il serait inutile et même dangereux d'entrer dans une nouvelle discussion à ce sujet et l'on ne pouvait mieux faire que de renouveler le vœu exprimé en 1899. C'est ce qui fut fait.

L'échec a donc été complet et il a paru aux délégués eux-mêmes que l'on avait eu tort de soulever la question et qu'il était impossible de faire œuvre utile dans ce domaine. Il n'est pas besoin d'observer après cela que, depuis 1907, aucun gouvernement, à notre connaissance, n'a rien fait pour avancer la solution de cette question et que si une nouvelle conférence se réunissait à La Haye, ce qui paraît peu souhaitable, elle trouverait la question aussi peu mûre qu'en 1899 et en 1907.

Remarquons aussi que la grande guerre qui se poursuit actuellement ne laissera après elle aucune chance nouvelle de réduction des armements. Bien au contraire. Les adversaires des empires du centre, qui ont souffert et souffrent encore pour ne s'être point suffisamment armés, sentiront la nécessité de maintenir leur état militaire assez haut pour s'épargner tout danger de ce genre à l'avenir [1].

Considérations touchant le désarmement. — Est-ce à dire que la question du désarmement n'offre plus d'intérêt ? certainement non. Comme nous l'avons dit, c'est une question qui s'impose et que la nécessité même commande de méditer. Nous la considérons comme beaucoup plus intéressante que celle de l'arbitrage. Les nations peuvent vivre sans juridiction arbitrale, elles ne vivront pas indéfiniment sous le poids d'armements excessifs et toujours croissants.

Rien d'étonnant donc à ce que cette question reste dans l'opinion à l'un des tout premiers plans, rien d'étonnant non plus à voir les juristes et les publicistes chercher la formule qui en hâtera la solution.

Mais cette formule est bien difficile à trouver et je ne sais pas si on l'a cherchée au bon endroit. La plupart des auteurs qui ont écrit sur cette question ont été les dupes d'une formule due à Cobden, formule fort simple et qui paraît l'évidence même. Cobden dit que si deux peuples qui entretiennent chacun quatre soldats en licencient deux, leur force relative sera la même et ils n'auront rien perdu de leur puissance. Rien n'est plus perfide que ces vérités mathématiques appliquées aux sciences sociales qui dépendent de quantité d'éléments que les chiffres ne peuvent pas exprimer. En fait, il

---

[1] Il est lamentable, en effet, de constater ce que coûte aux adversaires de l'Allemagne leur négligence à suivre son exemple. Des millions de vies, des centaines de milliards d'argent auraient été épargnés s'ils s'étaient armés plus soigneusement. Cela est lamentable, parce que cela crée une situation sans issue.

n'est pas certain du tout que deux États ayant chacun quatre soldats soient égaux en puissance, car un soldat ne vaut pas toujours un autre soldat et, le valût-il, que l'un aurait peut-être à remplir une tâche plus lourde que celle de l'autre. Quatre soldats défendant un terrain difficile sont beaucoup plus puissants que les quatre soldats qui s'aviseraient de les attaquer.

Cette prétendue certitude mathématique n'en a pas moins formé la base commune des diverses combinaisons qui ont été proposées. Ces combinaisons sont variées. Les uns proposent de limiter les hommes appelés sous les drapeaux à une proportion fixe de la population, 1/1000 par exemple, ou, ce qui est plus intelligent, à un tant pour cent 10/100 des forces entretenues par les États militaires à une date déterminée; cette dernière formule a l'avantage de tenir compte des besoins plus grands qu'un État peut avoir de son armée, mais elle est complètement inacceptable pour les petits États qui n'ont pas soumis leur population à la loi d'un recrutement intensif. D'autres préféreraient une réduction dans la durée du service militaire, ce qui ne permettrait malheureusement pas d'avoir une armée véritablement exercée, ou encore cette règle que l'on ne pourrait pas garder les citoyens dans les cadres de l'armée au delà d'un âge fixé assez bas, 25 ans par exemple. Mon collègue, M. Mérignhac, pense que l'on obtiendrait un bon résultat d'un système de réduction des forces armées qui serait à la fois général, c'est-à-dire commun à toutes les nations militaires, proportionnel et progressif.

Toutes ces solutions sont restées jusqu'ici sur le papier.

La question est grave et ce n'est point à l'aide de petites combinaisons qu'on parviendra à la résoudre. Avant même d'être posée, elle suppose un état de choses que l'on peut dire à peu près irréalisable. La plupart de ceux qui étudient cette question reconnaissent qu'elle ne saurait être abordée avec chances de succès que si l'on écarte définitivement les principales causes de conflit qui agitent l'Europe, la question d'Alsace-Lorraine, la question d'Orient et même d'Extrême-Orient. Il y en a d'autres, mais celles-là suffisent déjà à constituer une tâche désespérée. La question d'Alsace-Lorraine a pesé pendant quarante-quatre ans sur la politique européenne, à elle seule elle s'opposait à une pacification sincère, elle se résout dans une guerre générale. Que dire de la question d'Orient, de la question d'Extrême-Orient ? La première traverse en ce moment la phase la plus critique qu'elle ait eue depuis l'entrée de Mahomet II à Constantinople. Qui oserait dire que cette phase est la dernière et que cette célèbre question va être cette fois définitivement résolue? Je suis persuadé, pour moi, qu'il n'en est rien et que, quelle que soit l'issue de la guerre actuelle, elle sera suivie à brève échéance d'autres guerres dans la presqu'île des Balkans.

A plus forte raison, la question d'Extrême-Orient est-elle pleine d'obscurité pour nous. Combien de temps durera l'équilibre actuel? que va devenir la Chine? J'oserais presque dire que la question d'Extrême-Orient est à peine ouverte, mais que l'on pressent qu'elle est appelée à prendre une grande importance.

Si vraiment ces questions doivent être résolues avant que l'on aborde le problème du désarmement, autant vaut dire que ce problème ne sera jamais abordé. Mais on peut révoquer en doute cette étroite connexité. La question de la réduction des armements ne se confond pas avec celle de la suppression de la guerre et l'on peut imaginer des guerres nouvelles poursuivies avec des armées bien moindres, ainsi que cela se pratiquait autrefois.

Là n'est donc pas le principal obstacle.

Je tiens pour certain que le problème de la réduction des armements ne se ramène nullement à l'invention d'un mécanisme ingénieux qui diminuerait proportionnellement le nombre d'hommes employé par chaque État et les dépenses qu'il affecte à des objets militaires. Aucun raisonnement ne persuadera à un État qu'il n'a pas le droit de consacrer toutes ses forces à sa défense et aucune convention ne sera assez puissante pour le détourner d'agir ainsi. Contre les meilleures raisons il se dira qu'il peut avoir affaire à un ennemi très puissant ou à plusieurs ennemis coalisés et que, dans ce cas, le salut de l'État exige que toutes ses forces soient utilisées.

Les mœurs ont changé et c'est leur changement qui rend si ardue la question de la limitation des armements. Si l'on était encore à l'époque des armées de métier, les armements auraient forcément une limite, mais nous ne sommes plus à cette époque et elle ne reviendra pas.

Il me semble que la question est beaucoup plus haute qu'on ne la fait d'habitude et que c'est à la grande politique qu'il appartient de la résoudre. Il y a deux catégories d'États qui n'ont pas besoin de recourir à des armements exagérés : ce sont d'abord les États très grands et dont la prépondérance est indiscutable, les États-Unis en Amérique, par exemple ; encore faut-il observer qu'ils ressentent en ce moment même le besoin de s'armer davantage et qu'ils ne tarderont probablement pas beaucoup à être entraînés dans la folie des armements[1].

Il y a aussi les tout petits États, parce qu'ils regardent la vie avec philosophie, se disant qu'ils ne sont pas assez forts pour vaincre, même en poussant à l'extrême leur préparation militaire, et qu'ils seraient insensés de s'imposer des sacrifices écrasants en vue d'une puissance qu'ils n'auront jamais.

Un des moyens d'éviter l'exagération des armements serait de pousser à la multiplication des petits États, et l'on a commis une erreur singulière lorsqu'en 1815 on a favorisé la formation de grands États capables de devenir des Puissances militaires de premier ordre. Le triomphe du principe des nationalités a été l'une des principales causes de l'exagération des armements [2]. Si l'Allemagne se composait d'une

[1] L'Allemagne en aura été la cause et ainsi elle n'aura pas seulement déchaîné sur le monde une guerre sans précédent, mais elle aura forcé les dernières grandes Puissances, qui s'y refusaient, à entrer dans le système de l'armement le plus développé. Il faudrait être aveugle pour ne pas voir que le maintien d'une grande Allemagne est incompatible avec le repos du monde.

[2] Par ce côté encore la marche du droit public actuel a compromis la conservation de la paix. Il est théoriquement très beau d'unir en un seul grand État plusieurs petites souverainetés de même nationalité, en fait cela aboutit à rendre les guerres plus fréquentes et surtout beaucoup plus lourdes. Le congrès de Vienne a voulu établir un système d'équilibre entre Puissances

vingtaine de principautés indépendantes, la folie des armements n'aurait jamais pris naissance. Moins il y aura de Puissances susceptibles de devenir de grandes Puissances militaires et moins chaque État aura de chances d'être obligé à
des dépenses militaires ruineuses.

Il faut ajouter que ce qui contraint un État à demeurer armé
jusqu'aux dents, c'est la soudaineté possible d'une attaque qui
emportera des avantages décisifs avant que l'on ait eu le
temps de s'y opposer, si l'on n'était pas prêt à l'avance à
résister à toute agression. A ce danger deux remèdes existent. Le plus simple est la possession de frontières naturelles.
Un peuple gardé par un fleuve imposant ou par une chaîne
de hautes montagnes n'a pas besoin d'un état militaire aussi
complet pour se défendre que le peuple dont le territoire est
grand ouvert aux invasions [1].

On a usé à certaines époques, en vue de rendre les agres-
sions plus lentes et difficiles, d'un autre procédé assez bien ima-
giné, qui consistait à séparer de grands États par une barrière
de petits États. On a appelé plus tard cela la théorie de l'État-
tampon. Cette barrière n'est pas infranchissable, mais elle
retarde l'envahisseur et par là même dispense d'un très grand
déploiement de forces en temps de paix. Ainsi il est profondément regrettable qu'une politique imbécile ait souscrit à la
suppression des électorats du Rhin, particulièrement des électorats ecclésiastiques dont le voisinage était autrement rassurant pour la France que celui du roi de Prusse. Par
une autre application de la même idée, le système dit de
la barrière a tendu à élever dans les Pays-Bas un obstacle
perpétuel aux ambitions de la France. Mais ce n'était encore
qu'un expédient, et tel État qui en 1815 appuyait de toutes

dont chacune serait assez forte pour se défendre. Pour ce faire, il a sacrifié
les petits aux grands. Il visait à la paix, il n'a fait que préparer les guerres
de la seconde moitié du XIXe siècle.

[1] En 1914, le gouvernement français a pensé prévenir les hostilités en
maintenant ses troupes à 10 kilomètres de la frontière. Cette malheureuse
précaution n'a servi qu'à rendre plus facile et plus fructueuse l'agression
allemande.

ses forces la constitution d'une zone fortifiée dirigée contre
la France n'a pas tardé à se fâcher quand la Belgique, plus
éclairée, a voulu user du même système contre lui.

Un système semblable rend les surprises plus rares et plus
difficiles, il permet de réduire un peu l'armement permanent
d'un pays.

Il faut compter enfin sur l'effet d'un bon système d'alliances. Nous ne parlons ici de rien qui ressemble à la conception des États-Unis d'Europe; un État doit conserver à tout
moment le contrôle de ses destinées et repousser tout lien
permanent impliquant une sujétion. Mais il est possible que
des intérêts semblables justifient entre plusieurs grands États
une politique de garanties communes, et alors ces États, en se
promettant l'appui de leurs forces, pourront se délivrer de
toute crainte immédiate et se contenter d'un état militaire
restreint sans se montrer imprudents. Après la guerre présente, l'Angleterre, la France et l'Italie auront un intérêt
égal à ce que les Puissances centrales ne troublent plus la
paix de l'Europe et à ce que les États des Balkans demeurent tranquilles. Elles prendront les mesures nécessaires à cet
effet et en garantiront l'efficacité par le moyen d'une alliance
intime; il ne serait pas surprenant que cette alliance permît aux
confédérés de réduire notablement leurs charges militaires.

Une réforme s'impose et avec une urgence d'autant plus
grande que la guerre présente a fait faire au militarisme des
progrès nouveaux et inquiétants. Deux faits sont ici à méditer.
C'est d'abord l'orientation nouvelle de la Grande-Bretagne
qui compte maintenant plusieurs millions de soldats au lieu
de l'armée très solide, mais très restreinte, qu'elle possédait
au début des hostilités. C'est ensuite la transformation des
bateaux de commerce en navires de combat amenée par les
nécessités de leur défense contre les sous-marins allemands.
Nous reviendrons à ce sujet, bornons-nous à en souligner
l'importance. De même que tout citoyen est un soldat, le
temps approche où tout bateau sera un vaisseau de guerre et
où de la sorte sera effacée sur mer toute distinction entre les
combattants et les non-combattants.

Ces nouveaux progrès ne font que rendre plus urgente une rétrocession, mais c'est d'une politique habile plus que du droit qu'elle peut être attendue [1].

Le règlement pacifique des conflits internationaux. — Si l'on se rappelle que les deux conférences de 1899 et de 1907 ont été appelées par leurs membres eux-mêmes conférences de la paix, on conviendra que cet objet était le premier de ceux que l'on proposait à l'activité des délégués réunis à La Haye. Cet objet demeura, en effet, le premier par la place qu'il tint dans les délibérations de la première et de la deuxième conférences.

Travaux de la conférence de 1899. — En 1899, l'examen des points concernant le règlement pacifique des litiges internationaux fut remis à la troisième commission que présidait M. Léon Bourgeois.

Cette commission était, au début de ses travaux, en présence d'un projet déposé par le gouvernement russe et d'un projet de code d'arbitrage venant de la même source. En même temps qu'il déposait ces deux documents sur le bureau, le président [2] définit avec une grande netteté l'œuvre qu'il appartenait à la commission d'accomplir. L'analyse de ce discours sera la meilleure préface possible à nos propres études sur ce sujet.

La première question était de savoir si la commission était d'avis de tenter de résoudre par le droit et la justice, plutôt que par la force, les différends entre les nations. Si oui, quels moyens suivre? doit-on, à défaut d'accord direct obtenu par la diplomatie des intéressés, recourir à l'accord indirect? que peut procurer l'intervention d'un médiateur? Après la médiation il faudra examiner l'arbitrage, en fixer la procédure, établir les cas dans lesquels le recours à l'ar-

---

[1] Cf. Choate, *The two Hague Conferences,* p. 11 et s.
[2] Séance du 26 mai 1899, *Actes,* III, p. 3.

bitrage est possible, rechercher s'il en est où ce recours peut devenir obligatoire, en toute occurrence étudier les moyens propres à généraliser la pratique de l'arbitrage, soit par le système des conventions d'arbitrage et de la clause compromissoire introduite dans les traités, soit par une institution internationale permanente à laquelle serait donné un mandat dont les termes pourraient, du reste, varier.

Dans ces quelques propositions était contenu le principe d'une réforme capitale, ne tendant à rien moins qu'à changer entièrement les rapports habituels des États en leur persuadant et, au besoin, en les obligeant, dans certains cas, de souffrir que leurs intérêts soient conciliés par des médiateurs de bonne volonté ou même départagés par la sentence d'arbitres institués avec le consentement des intéressés ou d'office. C'était bien vouloir inaugurer le règne de la justice et du droit dans les rapports internationaux.

La première commission confia à un comité d'examen l'étude du projet russe. Voyons, pour fixer nos idées, quels étaient les principaux traits de ce projet.

Le projet russe. — Il comprenait trois chapitres et un appendice.

Le premier chapitre était relatif aux bons offices et à la médiation. Ce sont deux formes d'intervention bienveillante de tiers amis dans le but d'empêcher un conflit de dégénérer en lutte ouverte ou d'arrêter les hostilités si elles se sont déjà produites. Ces deux procédés diffèrent l'un de l'autre[1] en ce que la Puissance qui prête ses bons offices se borne à suggérer, soit à l'une des nations en conflit, soit à toutes les deux, les moyens qui lui paraissent propres à amener une détente, alors que le médiateur fait quelque chose de plus, car il se constitue l'intermédiaire des communications que les intéressés peuvent avoir à échanger.

---

[1] En pratique cette différence est peu accusée et on tend à confondre les deux procédés.

Les articles 1 à 7[1] du projet russe étaient consacrés aux bons offices et à la médiation. Ils ont surtout le caractère d'une exhortation à user le plus souvent possible de ces modes amiables de solution des litiges internationaux. Les Puissances Contractantes promettent d'y recourir pour elles-mêmes toutes les fois où les circonstances le permettront; elles promettent même d'offrir leur médiation ou leurs bons offices aux autres, en vue d'aplanir les questions irritantes qui peuvent les diviser.

Tout cela est un peu de l'eau bénite de cour et l'on sait depuis longtemps que les obligations de cette sorte s'oublient au moment même où l'on devrait y faire honneur[2].

Le second chapitre (art. 7 à 13) traitait de l'arbitrage. Cela est plus sérieux de beaucoup. En cas de bons offices ou de médiation, un État demeure maître de ses destinées, parce que les conseils qui lui sont donnés n'ont jamais un caractère obligatoire; il en est autrement dans le cas d'arbitrage où un jugement sera rendu par l'arbitre, jugement que bon gré mal gré il faudra exécuter. Le projet représentait l'arbitrage comme très recommandable dans les litiges se rapportant à des questions de droit et en premier lieu à celles qui concernent l'interprétation ou l'application des traités en vigueur. Les Puissances Contractantes prenaient l'engagement de choisir cette voie chaque fois que le litige ne toucherait ni à leurs intérêts vitaux ni à leur honneur national. Nous aurons plus tard l'occasion de critiquer ces expressions qui sont vraiment embarrassantes. Jusque-là l'arbitrage demeurait facultatif.

Par un trait plus hardi et vraiment décisif, l'article 10 du projet énumérait certains cas dans lesquels le recours à l'arbitrage serait obligatoire. Il en devait être ainsi :

---

[1] *Actes,* 1899, III, p. 201.

[2] Maintes fois, soit dans l'antiquité, soit dans les temps modernes (traités de Paris du 30 mars 1856, art. 8, et protocole du 16 avril, de Berlin du 26 février 1885, art. 12, de Mexico du 29 janvier 1902), les contractants se sont promis dans leurs conventions de recourir à la médiation en cas de difficultés surgissant entre eux. Ces clauses n'ont jamais eu d'effet.

1° En cas de différends ou de contestations se rapportant à des dommages pécuniaires éprouvés par un État ou ses ressortissants, à la suite d'actions illicites ou de négligences d'un autre État ou des ressortissants de ce dernier ;

2° En cas de dissentiments se rapportant à l'interprétation ou à l'application des traités et conventions ci-dessous mentionnés :

— Traités et conventions postales et télégraphiques, de chemins de fer, ainsi qu'ayant trait à la protection de câbles télégraphiques sous-marins ; règlements concernant les moyens destinés à prévenir les collisions de navires en pleine mer ; conventions relatives à la navigation des fleuves internationaux et canaux interocéaniques ;

— Conventions concernant la propriété littéraire et artistique ainsi que la propriété industrielle ; conventions monétaires et métriques ; conventions sanitaires, vétérinaires et contre le phylloxéra ;

— Conventions de successions, de cartel et d'assistance judiciaire mutuelle ;

— Conventions de démarcation en tant qu'elles touchent à des questions purement techniques et non pas politiques.

Cette liste pouvait être augmentée par des accords particuliers entre les États. Du reste les litiges issus des conventions énumérées par le texte ne seraient obligatoirement résolus par l'arbitrage qu'autant qu'ils n'intéresseraient ni les intérêts vitaux ni l'honneur national des États contractants. Ainsi se trouvait posée, au seuil même de la conférence de 1899, la grande question de l'arbitrage obligatoire avec une réserve pourtant qui en atténuait singulièrement la portée, car si l'on veut établir vraiment une obligation entre les États, il faut les enfermer dans cette obligation sans leur laisser aucune porte de sortie.

Enfin un dernier chapitre avait pour but de créer l'institution nouvelle des commissions internationales d'enquête, destinées à vérifier les circonstances de fait dans lesquelles un débat s'est élevé entre deux ou plusieurs États (art. 14 à 18).

Tel était le projet russe qui exerça une légitime influence sur les délibérations de la conférence. A ce projet était joint un appendice intitulé « Projet de code d'arbitrage », qui contenait un ensemble de règles touchant le compromis, la nomination des arbitres, la procédure devant le tribunal arbitral, les pouvoirs des arbitres.

On était en effet persuadé à La Haye que si les cas d'arbitrage entre États n'étaient pas plus nombreux, c'était faute d'une procédure appropriée aux tribunaux de cette sorte [1].

A ces pièces étaient jointes deux notes explicatives destinées, l'une à amplifier le rôle de la médiation par ce fait que les Puissances étrangères à un conflit prendraient l'engagement de la proposer, l'autre à préparer l'arbitrage obligatoire. Cette dernière expose en bons termes comment la cause de l'arbitrage obligatoire, si elle veut se ménager certains succès et éviter de tomber dans l'inacceptable, doit se réduire à des proportions fort modestes. Nous relèverons dans cette note une bonne distinction entre les traités statuant sur des intérêts identiques et communs et ceux qui constituent des transactions sur des intérêts divers et opposés. La note explique les raisons du choix des litiges jugés susceptibles d'être tranchés obligatoirement par le moyen de l'arbitrage.

Dans la même séance du 26 mai où la troisième commission nomma son comité d'examen, sir Julian Pauncefote, délégué anglais, déclara qu'il lui paraissait nécessaire que l'on abordât la question de la constitution d'un tribunal permanent d'arbitrage ayant sa procédure toute prête et pouvant se réunir à la première réquisition des nations en état de désaccord.

Un projet en sept articles fut en conséquence déposé par le délégué anglais.

---

[1] Cette vue ne me paraît pas très exacte. Tout arbitrage est précédé d'un compromis et dans ce compromis on a coutume de fixer la procédure qui sera suivie. En outre, cette procédure doit varier suivant les affaires et personne n'est plus que les arbitres à même de l'organiser.

Une proposition russe, également accompagnée d'un projet, fut déposée en même temps touchant le même objet. Ce projet fut suivi d'amendements dus à la délégation italienne.

Travaux du comité d'examen et de la commission.

— Tels furent les matériaux sur lesquels travailla d'abord le comité d'examen.

Cette étude fut poussée assez vite. Dès le 29 mai nous voyons le comité aborder les articles relatifs aux bons offices et à la médiation[1]. Du discours prononcé à cette occasion par M. Descamps il ressort que la conférence pensait arriver à un résultat important par l'engagement que prendraient les Puissances signataires de recourir à ces modes de conciliation dans les conflits qui les concerneraient et d'en proposer l'expédient dans ceux qui menaceraient de diviser les tierces Puissances. C'était faire preuve d'une grande confiance dans des mots. Au congrès de Paris de 1856, à celui de Berlin de 1885, des engagements de cette sorte ont déjà été pris et l'on ne voit pas qu'ils aient exercé la moindre influence sur les événements. Quoi qu'on fasse, il faut toujours le consentement des Puissances intéressées pour que ces moyens réussissent et ce consentement sera rarement donné.

La discussion commença ensuite. Elle eut bientôt (séance du 31 mai[2]) à s'occuper d'une proposition de M. Holls, délégué des États-Unis d'Amérique, qui, sur ce terrain depuis si longtemps battu, a eu le mérite de représenter une idée nouvelle. Il s'agissait d'une médiation spéciale dans laquelle les États en litige choisiraient chacun une Puissance neutre, les Puissances ainsi élues devant échanger leurs opinions sur les moyens d'éviter la rupture redoutée. Ce que ce projet présentait d'original, c'est que les Puissances intéressées y

---

[1] On a pris grand soin de dire que toute tentative de prestation de bons offices ou de médiation ne serait jamais considérée comme un acte peu amical (C. 1907, I, art. 3). Cela paraissait l'évidence même et nous avons vu depuis une tentative de cette sorte (affaire Grimm-Hoffman) soulever la réprobation du monde entier. Il faut se défier des formules faciles.

[2] *Actes*, 1899, III, p. 105.

conviennent de garder le *statu quo* pendant vingt jours pour laisser aux médiateurs le temps de remplir leur mission en toute liberté. A l'appui de ce projet son auteur rappelait avec raison que dans les contestations qui prennent une tournure menaçante, un moment arrive où il vaut mieux dessaisir les parties de leur propre cause et en confier la discussion à des tiers. Il espérait qu'ainsi, avant tout recours aux armes, on commencerait par cette sorte de constitution de témoins qui dans bien des cas détournerait la menace de l'ouverture d'hostilités. Ce projet de médiation spéciale fut adopté par le comité sous la réserve de quelques modifications de forme.

Les résultats des travaux du comité d'examen touchant les bons offices et la médiation furent soumis à la commission à sa séance du 5 juin[1]. Les articles proposés furent adoptés en première lecture à la suite de quelques observations. Immédiatement après, le comité d'examen entreprit la matière importante de l'arbitrage. Ici, les difficultés sérieuses commencèrent à s'élever quand on aborda l'article 10 du projet russe énumérant les cas d'arbitrage obligatoire. La tactique qui conduit à l'échec des dispositions de cette sorte ne tarda pas à se manifester. Chaque pays s'oppose avec la dernière énergie à l'insertion dans l'énumération des questions ayant pour lui une importance réelle et alors on voit vite que tout progrès est impossible, car on est fatalement rejeté sur les questions d'intérêt minime et pour lesquelles aucun pays ne tirerait l'épée. Les contestations sur des questions de dommages pécuniaires en offrent un bon exemple. On a demandé si le recours obligatoire à l'arbitrage comprendrait le principe de la responsabilité ou s'appliquerait seulement au taux des dommages. C'est en ce dernier sens que le vote du comité eut lieu, privant l'arbitrage de son plus grand intérêt dans l'hypothèse.

Les questions de la violation de la convention de Genève furent aussi rayées du domaine de l'arbitrage obligatoire, parce qu'il parut difficile de faire fonctionner l'arbitrage obligatoire en temps de guerre.

[1] *Actes,* 1899, III, p. 7.

De la question de l'arbitrage le comité d'examen passa
assez rapidement à celle de la constitution d'un tribunal permanent d'arbitrage. Dès le début il fut convenu que le tribunal serait permanent, mais que le personnel n'en serait
pas fixe, ce qui aurait pu faire craindre au sein de ce corps
des influences politiques ou des courants d'opinion contraires
à la distribution d'une bonne justice [1]. Seul le bureau international aurait un personnel permanent qui, indépendamment
de la gestion du greffe du tribunal, pourrait posséder un pouvoir d'initiative en vue de provoquer à l'arbitrage. Un délégué allemand ayant suggéré de prudentes réserves, les membres du comité d'examen firent preuve à cette occasion d'un
curieux état d'esprit [2]. Ils étaient persuadés que les résultats
de leurs travaux étaient attendus avec une telle impatience
par l'opinion publique qu'il serait dangereux de renoncer au
projet d'établissement d'un tribunal permanent d'arbitrage.
M. Odier dit même que la conférence était sans aucun doute
la maîtresse de faire faire à la cause de l'arbitrage un pas
décisif dans la voie du progrès. M. Holls présenta l'opinion
de son pays comme inquiète de penser que la conférence
pourrait n'aboutir qu'à des vœux platoniques. Tout cela était-
il exact en fait? Je crois que ces déclarations témoignent
surtout de la force d'illusion qui entraînait la conférence [3].

L'opinion publique n'était pas l'opinion des sociétés de
la paix qui envoyaient leurs adresses à La Haye. En général, l'opinion publique était mal instruite de l'œuvre de la

---

[1] Ceci fut bien indiqué dans le discours de M. Bourgeois. On voulait, avec
raison, des juges qui ne fussent jamais suspects de partialité. Mais on ne
s'est jamais demandé si les États auraient assez de confiance dans ces juges
pour se soumettre à leurs décisions. C'est cependant le point essentiel et
celui qui limite fatalement l'arbitrage aux causes sans importance pour l'État.

[2] *Actes,* 1899, III, p. 121 et s.

[3] Lorsqu'on lit les procès-verbaux des séances des commissions ou des
plénières, il semble que les membres de cette grande assemblée vivaient
dans une atmosphère particulière de confiance et d'illusion. En réalité, lorsque l'on vit dans le public que la conférence ne donnait aucune solution
aux questions qui divisent le plus profondément les États, on ne garda pas
grand espoir dans son succès.

conférence, et dans le cercle restreint des initiés, ce que l'on attendait ce n'était pas ce qui sortirait des travaux de la conférence mais bien l'influence que ces travaux exerceraient sur la cause de la paix. L'opinion des gens compétents n'en était pas alors à penser qu'il suffise d'un texte nouveau pour convertir les gouvernements et les nations à la cause de l'arbitrage.

C'est dans cet esprit que le comité discuta les divers projets qui lui étaient soumis en première et en deuxième lecture : cour permanente, commissions d'enquête, arbitrage obligatoire. Un incident[1] mérite d'être signalé comme un autre signe de l'étonnant état d'esprit du comité. Un délégué français déclara en termes émus que l'œuvre de la conférence courrait le risque d'un échec si dans les textes consacrés à la cour permanente n'était pas inséré un article portant qu'en cas de conflit les Puissances Signataires considéraient comme un *devoir* de rappeler aux intéressés que la cour leur était ouverte. Ce simple mot de devoir paraissait appelé à rallier à l'arbitrage les plus récalcitrants. C'était pousser l'illusion bien loin. Comme si un rappel semblable ne pouvait pas rester sans réponse ! Comme si on ne pouvait pas y répondre que les intérêts vitaux de l'État ou son honneur ne permettent pas de s'engager dans la voie de l'arbitrage !

Observons qu'à la seconde lecture le principe de l'arbitrage obligatoire disparut.

Le travail du comité terminé, M. Descamps fit son rapport devant la troisième commission, qui discuta ensuite les conclusions du comité d'examen. Ce sont des questions de détail, nous n'y entrerons pas.

Signalons cependant une intervention énergique de M. de Martens contre la révision des sentences arbitrales[2] et un discours de M. Beldiman où la question des commissions

---

[1] Treizième séance. *Actes*, 1899, III, p. 165.

[2] *Actes*, 1899, III, p. 34 et s. On sait que ce point compte parmi les plus contestés et que la conférence, malgré les bonnes raisons de M. de Martens, admit une révision limitée.

internationales d'enquête fut traitée avec beaucoup de profondeur [1]. On revint aussi sur le devoir des Signataires de rappeler le cas échéant aux Puissances en conflit que le tribunal leur est ouvert.

Enfin, le texte proposé par le comité a été adopté après maintes explications et assurances qui ne laissent pas de diminuer un peu l'autorité des principes posés.

Il ne restait plus qu'à porter le texte à l'assemblée plénière. Il y fut adopté sans débat sur un volumineux rapport de M. Descamps. Ensuite l'acte final fut signé. Il contient, comme nous le savons, trois conventions et trois déclarations que nous n'examinerons pas ici, pour ne pas tomber dans des redites. De plus, on y trouve exprimés certains vœux, dont plusieurs relatifs à notre étude actuelle — vœu que les questions relatives aux fusils et aux canons de marine soient mises à l'étude par les gouvernements en vue d'une entente ultérieure ; — vœu d'étude préliminaire à une entente sur la limitation des forces militaires et navales et des budgets de guerre.

Conférence de 1907. — Cette grave question de la solution pacifique des litiges internationaux fut reprise, en 1907, par la deuxième conférence de La Haye, dans le but de compléter et d'améliorer les dispositions votées en 1899. Cette fois elle fut dévolue à la première commission sous la présidence du même M. Léon Bourgeois. Le discours inaugural prononcé par lui dans la séance du 22 juin 1907 renferme de bien grandes exagérations. Pouvait-on dire que grâce à l'œuvre accomplie en 1899 la notion de justice internationale était entrée dans la réalité pratique, alors qu'à aucune époque cette notion n'a été tota-

---

[1] *Actes*, 1899, III, p. 42 et s. Le discours vigoureux de M. Beldiman et aussi celui du délégué serbe Weykovitch qui l'a suivi ont eu le grand mérite de mettre les choses dans leur jour véritable et de montrer les inconvénients très réels d'institutions internationales d'apparences excellentes. On trouve aussi dans le premier une critique avisée de la réserve concernant l'honneur et les intérêts vitaux des États.

lement négligée dans les rapports des États, et que du reste les arbitrages déférés à la cour permanente dans l'intervalle des deux conférences ne montraient pas d'extension notable dans le fonctionnement de cette voie de droit, alors aussi que les arbitrages anciens sont, sans contredit, beaucoup plus importants que ceux dont notre temps se glorifie? Pouvait-on qualifier de grands progrès ces conventions d'arbitrage obligatoire entre Puissances qui ne couraient aucun risque d'être entraînées dans un conflit armé, si ce n'est en cas de conflagration générale? Ces exagérations sont dangereuses et susceptibles de vicier l'œuvre d'une réunion aussi solennelle.

De ce discours nous retiendrons seulement que l'organisation de l'arbitrage obligatoire était au premier rang des préoccupations de l'assemblée.

Puis on établit deux sous-commissions, dont la seconde aurait pour tâche l'établissement d'un tribunal international.

Question de l'arbitrage obligatoire. — La question de l'arbitrage obligatoire qui fut abordée ensuite présente un autre intérêt et mérite de notre part un examen attentif.

Cette question avait déjà été abordée en 1899 et même l'article 10 du projet russe qui énumérait les cas d'obligation avait reçu du comité d'examen, et en première lecture, un accueil favorable. Il fallut cependant renoncer à poursuivre dans cette voie à cause de l'opposition irréductible de l'Allemagne[1].

A la séance du 16 juillet 1907 et dans les séances suivantes, la première sous-commission entendit toute une série de discours consacrés en plus grande partie à l'arbitrage obligatoire. Ce furent les délégués des États non militaires qui ouvrirent le feu, et parmi eux, ceux surtout de l'Amérique centrale ou méridionale. Tous étaient partisans de l'obligation, beaucoup même pensaient que la reconnaissance de

---

[1] *Actes*, 1899, III, p. 113 et s., 173 et s. Rapport de M. Descamps, *Actes*, I, p. 114 et s.

cette obligation devait être l'œuvre propre de la conférence de 1907. Le principe une fois admis, les opinions se divisaient. Dans quels cas établirait-on l'arbitrage obligatoire ? Fallait-il reprendre la formule de 1899 ou adopter un texte nouveau ? Énumérerait-on les cas auxquels on songeait plus volontiers ? N'était-il pas à craindre que cette énumération qui serait un minimum ne nuisît à la cause même de l'obligation ? Conserverait-on la réserve des intérêts vitaux et de l'honneur ? Chargerait-on l'arbitre de décider si la réserve pouvait être invoquée ?

On ne faisait que poser ces questions. Du reste, la tendance vers l'obligation était manifeste et la confiance dans l'avenir de l'arbitrage absolue, surtout à cause de la signature de nombreux traités d'arbitrage permanent[1]. Il ne se trouva personne pour observer que ces traités ne sont que des feuilles de papier mises sur des feuilles de papier et qu'ils prouvent moins que le plus petit cas d'arbitrage.

Avec le baron Marschall de Bieberstein un autre son de cloche se fit entendre[2]. Le point de vue du gouvernement allemand n'était pas favorable à l'arbitrage obligatoire, non pas que ce gouvernement en repoussât absolument le principe, mais parce qu'il le considérait comme peu pratique.

L'arbitrage obligatoire ne convient ni aux différends minimes qu'il vaut mieux régler directement, ni aux différends importants pour lesquels la réserve des intérêts vitaux et de l'honneur ne manquera pas de jouer, réserve élastique

---

[1] Toutefois, les partisans de l'obligation étaient loin de s'entendre sur son contenu. Il y a, en effet, bien des manières différentes d'entendre une obligation en cette matière.

[2] *Actes*, 1907, I, p. 285 et s. On fait souvent grief à l'Allemagne d'avoir fait échouer la cause de l'arbitrage obligatoire en 1907. Nous avons assez nettement stigmatisé les procédés inqualifiables de l'Allemagne dans la guerre actuelle pour pouvoir dire librement que, sur ce point, l'Allemagne avait raison et que, du reste, elle n'était point tant l'ennemie de l'arbitrage, puisqu'elle a énergiquement appuyé l'idée de la création d'une cour de justice arbitrale. Alors même que l'arbitrage obligatoire aurait été voté, il est probable que ce vote n'aurait donné aucun résultat pratique et que, le cas échéant, les Puissances Contractantes auraient trouvé dix moyens pour un de se soustraire à leur obligation.

et qui aboutit à transformer une obligation en pure faculté, car chaque État doit demeurer juge de son honneur et de ses intérêts. De plus, le gouvernement aurait-il même le pouvoir de remplir ses obligations dans les pays où il est soumis au contrôle du parlement ?

Il paraissait donc à l'orateur plus sage de s'en tenir aux textes de 1899. Pour certaines catégories de traités, il est vrai, l'arbitrage obligatoire se conçoit ; mais on doit se demander ce qui arriverait si la même question était soumise plusieurs fois à des arbitres et si les arbitres lui donnaient des réponses différentes ; de même comment on concilierait le fonctionnement de l'arbitrage avec le pouvoir juridictionnel des tribunaux dans les traités qui concernent le droit international privé.

Le véritable progrès pour le gouvernement allemand était de faire de la cour de La Haye un vrai tribunal permanent.

Puis le défilé des opinions continua avec un mélange très sensible des deux questions de l'arbitrage obligatoire et du recouvrement des dettes contractuelles des États, mélange poussé à ce point qu'il semblait que pour beaucoup d'esprits l'idée d'arbitrage obligatoire eût pour principale utilité d'écarter l'emploi de la force dans le recouvrement des dettes des États. C'est ce qui explique que les délégués des républiques américaines aient pris une si large part à la discussion générale.

C'est seulement à la fin de la discussion générale que ces deux questions furent dissociées et soumises séparément au comité d'examen. L'une d'elles ne nous concerne pas ici ; nous n'avons pas à nous préoccuper de la mesure dans laquelle l'emploi de la force est légitime ou illégitime lorsqu'il s'agit de contraindre un État à payer ses dettes contractuelles. Bornons-nous à l'étude de l'arbitrage obligatoire.

Elle fut poursuivie par le comité d'examen A. La méthode employée par le comité fut d'aborder successivement les divers projets d'arbitrage obligatoire qui avaient été déposés.

Le premier examiné fut la proposition brésilienne [1]. Elle
était générale, mais admettait des réserves plus nombreuses
que celles que l'on fait d'habitude ; ces réserves visaient
l'indépendance, l'intégrité territoriale ou les intérêts essentiels des Puissances, leurs institutions ou lois internes et les
intérêts de tierces Puissances. En même temps il était stipulé que dans les différends concernant des territoires
peuplés, l'assentiment des populations intéressées était nécessaire à l'arbitrage.

Ce mélange du plébiscite et de l'arbitrage ne plut pas. On
fit observer en outre que de trop larges réserves énervaient
le principe lui-même. Ce projet fut donc rejeté, mais nous
valut une discussion intéressante sur les rapports de la loi
et du traité et cette opinion américaine de M. Drago suivant
laquelle la loi intérieure s'impose toujours au juge même
par préférence au traité, sauf au pouvoir politique à régler
les difficultés provenant de la contrariété de la loi et du
traité. C'est l'opinion de la cour suprême des États-Unis [2].

Avec la discussion de la proposition suédoise [3] qui vint en
second lieu, la controverse s'anima beaucoup.

Cette proposition contenait à la fois une formule générale
visant les différends juridiques ou provenant de l'interprétation des traités accompagnée des réserves d'usage, et la
spécification de quelques cas dans lesquels l'obligation existerait sous réserve. Les questions de principe furent soulevées de nouveau et l'on vit l'assemblée se partager entre les
partisans de l'obligation et ceux qui considéraient toute obligation de cette sorte comme vaine, factice et même nuisible.
Ceux-ci aimaient mieux qu'une obligation une recommandation pressante en faveur du recours à l'arbitrage, recom-

---

[1] Annexe 23. *Actes,* 1907, II, p. 886.

[2] Cette opinion est à rejeter. Loin que la loi interne l'emporte sur le
traité, c'est, au contraire, le traité qui l'emporte sur la loi interne. Pour
l'État, le traité représente une obligation et la loi une simple faculté, non
pas qu'il ne soit pas tenu de l'observer, mais parce qu'il peut la modifier à
son gré.

[3] Annexe 22. *Actes,* II, p. 885.

mandation que des formules nouvelles avaient pour objet de renforcer. A cette occasion une dissidence se produisit entre les membres du comité sur le point de savoir si l'interprétation d'une convention donnée par sentence arbitrale s'imposerait aux tribunaux chargés ultérieurement d'appliquer la convention. C'est une question délicate et intéressante sur laquelle il me semble que l'on doit professer l'opinion affirmative. La sentence arbitrale lie l'État; il doit donc, à peine de manquer à son obligation, en exiger le respect de la part de ses tribunaux[1].

La discussion du projet suédois faillit marquer la fin de la question de l'arbitrage obligatoire.

Pour éviter cet accident, le président proposa de discuter avant toute formule générale les cas particuliers pour lesquels on proposait ce mode de solution.

Avant de suivre le comité dans ce débat, arrêtons-nous un moment. Le projet suédois, comme beaucoup d'autres, visait les questions juridiques et celles qui concernent l'interprétation et l'application des conventions internationales.

Je trouve cette formule obscure et décevante. Que doit-on entendre par questions juridiques? Sans doute cette expression fait allusion au droit public comme au droit privé et ne comprend pas seulement les questions qui regardent les intérêts des particuliers.

Mais comment juger les questions juridiques entre États, alors que les droits et les devoirs des États sont assez mal déterminés? Qui dira si une question est juridique ou politique? Un État se plaint d'une offense à son ambassadeur; un neutre permet sur son territoire le transit de munitions de guerre à l'adresse d'un belligérant, une indemnité est

---

[1] Le point est vraiment difficile. En sens contraire, on ne manquera pas de dire qu'il n'y a rien de commun entre une juridiction arbitrale et les juridictions ordinaires, que celles-ci ne sont donc point soumises à celle-là. Mais il faut toujours revenir à ce principe que la sentence arbitrale oblige l'État qui a signé le compromis. Quand l'État est obligé, tous les citoyens le sont aussi et le droit issu de la sentence arbitrale s'impose à l'observation des tribunaux à plus forte raison encore que les lois de l'État.

demandée à un État étranger à l'occasion de la détention d'un sujet de l'État demandeur. Ces questions sont-elles juridiques ou politiques? C'est difficile à dire et cette difficulté renaîtra au sujet de tant et tant d'autres questions. Il faudrait définir ce que l'on entend ici par une question juridique et c'est malaisé.

Le même embarras renaît au sujet de l'interprétation ou de l'application des traités. Pourquoi ces questions fourniraient-elles plus que d'autres matière à arbitrage? On ne l'aperçoit pas. On fait des traités sur toute espèce de choses, parce que c'est le seul moyen dont disposent les États pour bien fixer leurs droits et pourvoir à leurs intérêts internationaux. La forme traité ne signifie rien, tout dépend de l'objet. Une difficulté célèbre est née récemment à propos d'un traité d'alliance gréco-serbe. Pense-t-on qu'elle aurait pu se résoudre par un arbitrage ?

Revenons à la discussion. Conformément à la décision prise par le comité, on passa à l'étude des matières pour lesquelles il semblait que le principe de l'arbitrage obligatoire pouvait être adopté. Il fut convenu que l'on se servirait de la liste des cas contenue dans le projet portugais, cette liste étant la plus longue de toutes[1].

On commença par les traités de commerce. Les discussions ordinaires s'élevèrent. On fit valoir que toutes les clauses des traités de commerce ne se prêtent pas également à l'arbitrage obligatoire, que certaines ont un intérêt politique, que souvent l'importance d'une clause varie suivant les circonstances, qu'il fallait des réserves et des précisions.

De la chose jugée dans les sentences arbitrales. — La discussion traînait. Elle se ranima sur une question juridique d'un haut intérêt; la question de la force de la chose jugée dans les sentences arbitrales. Lorsqu'un même traité a été conclu entre un certain nombre de Puissances

---

[1] Annexe 19. *Actes*, 1907, II, p. 881.

Contractantes et qu'un différend relatif à l'interprétation de
ce traité s'élève entre deux de ces Puissances, jusqu'où
s'étendra l'autorité de la sentence arbitrale qui tranchera le
litige? aux seules parties en cause? à tous les contractants?
Les deux partis ont évidemment de graves inconvénients.

Diverses propositions transactionnelles furent présentées :
dénoncer le litige à tous les Contractants en les invitant à
prendre part aux débats, faire voter la règle établie par
l'arbitre et la considérer comme obligatoire si elle obtient
une majorité des trois quarts.

Une autre question s'élevait. La décision de l'arbitre
aura-t-elle force jugée pour l'avenir entre les parties, à supposer qu'un nouveau litige entre elles soulève la même
question?

Une troisième question existait encore. Comment assurer
l'exécution de la sentence arbitrale si cette exécution ne peut
pas aller sans une intervention du pouvoir législatif [1]? Ceci
conduisit à rechercher si l'interprétation d'une convention
donnée par un arbitre était dorénavant obligatoire pour les
tribunaux des États liés à l'arbitrage. Sur ce point également-
ment la discussion a été très vive, les uns voulant soumettre
les juridictions intérieures à l'interprétation donnée par
l'arbitre, les autres aimant mieux l'indépendance du juge et
traitant de cas de force majeure les jugements divergents.
Cette question a donné lieu à de très bonnes observations,
spécialement de la part de M. Ruy Barbosa.

---

[1] Lorsque deux États remettent à un arbitre la solution de leur querelle,
ils s'en rapportent à eux du choix de cette solution et s'engagent à l'adopter,
quelle qu'elle soit. Il suit de là que l'arbitre n'est pas lié par la réponse
donnée antérieurement à la même question par un autre arbitre ayant statué
soit entre les mêmes États, soit entre d'autres États signataires du même
traité. Il en résulte aussi qu'un État ne peut pas s'excuser du défaut d'exécution de la sentence sur la résistance des Chambres de son pays. L'État
étant obligé, ses Chambres le sont aussi. Cette possibilité de plusieurs
réponses successives et diverses à une même question intéressant les mêmes
personnes est une conséquence fatale de l'indépendance du tribunal arbitral.
On l'éviterait en stipulant dans le compromis que les arbitres se conforme-
ront, sur les points déjà tranchés, aux solutions données. Mais cette clause
rendrait plus malaisée la désignation des arbitres.

A la séance du 19 août 1907, le sous-comité nommé par le comité d'examen présenta ses conclusions sur les deux points litigieux qui lui avaient été renvoyés.

Le sous-comité, par l'organe de M. Fusinato, expliqua que sur la question de savoir si l'on devait soumettre à l'arbitrage obligatoire les conventions dont l'application est du ressort des tribunaux nationaux, il a conclu à la négative, après une vive discussion toutefois. Quant aux effets d'une sentence arbitrale sur les États signataires de la convention mais n'ayant pas été parties à l'arbitrage, le comité distingue. Si les États non intéressés au litige interviennent au procès, ou si, après la sentence rendue, ils déclarent l'accepter, l'interprétation donnée par l'arbitre aura la même valeur que la convention elle-même. Dans le cas contraire, elle n'aura que la valeur d'une sentence ordinaire [1]. Cette solution fut acceptée par le comité.

La discussion se ranima sur ces conclusions. Puis, au nom d'un second sous-comité, M. de Hammarskjöld donna la liste des clauses des traités de commerce qui, en cas de contestation, paraissent pouvoir être soumises à l'arbitrage obligatoire. De nouveau une discussion s'ensuivit.

Les votes sur l'arbitrage obligatoire. — A ce moment, une impression de lassitude se produisit dans le comité et plusieurs exprimèrent l'idée que la question de l'arbitrage obligatoire n'était pas assez mûre pour recevoir une solution, qu'il valait mieux se borner à poser le principe et laisser aux gouvernements le soin d'en régler l'application [2]. Cette opinion fut très vivement combattue.

On s'acheminait vers le vote. Il fut l'occasion de multiples

---

[1] Cela ne va pas sans difficulté, car les expédients inventés supposent qu'une sentence arbitrale rendue entre deux États lie les arbitres, qui seraient ultérieurement saisis de la même question, entre les deux mêmes États. Or, rien n'est moins certain que cela. Les adeptes de l'arbitrage seraient moins ardents s'ils soupçonnaient toutes les difficultés auxquelles la pratique de cette voie de droit ne peut pas manquer de donner lieu.

[2] Proposition Mérey de Kapos Méré. *Actes*, II, p. 463.

déclarations de principes contenant toutes des réserves. Puis on vota séparément, et sur la proposition des États-Unis d'Amérique qui avait un caractère général et sur les nombreux articles des propositions anglaise et portugaise ; les votes furent aussi divers que possible et ne dégagèrent jamais que de faibles majorités.

Avant de poursuivre, M. Brown Scott, au nom de la délégation des États-Unis d'Amérique, posa la question du compromis et fit observer que lorsque le moment vient de donner effet à un traité d'arbitrage obligatoire il faut signer un compromis spécial et que, d'après la constitution américaine, ce compromis ne peut être négocié par le Président qu'avec et par le consentement du Sénat qui, du reste, ne repoussera que les compromis inacceptables, ce qui n'est pas faire brèche au traité. Nouvelle grave question que l'on est surpris de n'avoir pas vu poser plus tôt [1]. Il y eut une certaine stupeur et le comte Tornielli protesta vivement. La proposition des États-Unis eut pourtant la majorité, mais il est aisé de voir combien l'obligation de faire un compromis et d'obtenir l'assentiment d'une assemblée affaiblit le caractère obligatoire du traité d'arbitrage [2]. On a dit que la nécessité du consentement du Sénat américain n'a rien de plus extraordinaire que la nécessité de demander aux Chambres les moyens d'exécuter une sentence arbitrale, mais cette assimilation est tout à fait inexacte. Une fois la sentence rendue, l'État lié par le compromis est obligé de l'exécuter quoi qu'il arrive. Au contraire, tant que le compromis n'est pas signé, l'État n'est pas obligé de faire juger sa cause par les arbitres, même en cas d'arbitrage obligatoire, et cela réduit à rien cette obligation prétendue [3].

---

[1] La même question ne se présenterait-elle pas en France en cas de compromis touchant des objets sur lesquels un traité ne peut pas être ratifié sans l'approbation des Chambres ?

[2] On a observé sur ce point qu'il était improbable qu'une assemblée délibérante se refusât à approuver un compromis dans une question du ressort de l'arbitrage obligatoire. Cette réponse est bien téméraire. On peut croire, au contraire, qu'une assemblée n'aurait aucun scrupule à faire échouer le compromis s'il ne lui plaisait pas de soumettre le litige à des arbitres.

[3] V. la déclaration de M. Mérey de Kapos Méré. *Actes*, II, p. 111.

Devant cet amas de difficultés, le comte Tornielli reprit la proposition de conciliation affirmant le principe de l'arbitrage obligatoire et renvoyant aux gouvernements pour son application. Cette proposition devait être discutée en assemblée plénière. On revint, en deuxième lecture, au vote des articles déjà discutés et votés ; de nouveau des votes très inégaux furent exprimés.

Il est remarquable qu'au cours de cette seconde lecture où se sont manifestées pourtant des majorités plus fortes, le parti de l'arbitrage obligatoire n'a pas obtenu la majorité, souvent pas même la majorité relative dans les matières les plus juridiques, par exemple lorsqu'il s'est agi des salaires et successions de marins, du droit international privé, du régime des sociétés commerciales, du droit des étrangers d'acquérir et de posséder des biens. On voit par là le peu de confiance que l'on peut garder dans la cause de l'arbitrage. Ces matières sont en effet toujours citées comme le domaine d'élection du jugement arbitral.

Seules les matières administratives : assistance des indigents, protection des travailleurs, moyen de prévenir les collisions en mer, ont réuni des majorités importantes. Nous avons observé antérieurement que ces matières sont les seules qui aient été jusqu'ici utilement réglementées par des traités généraux.

Il est difficile de citer toutes les propositions additionnelles qui ont été présentées. Elles témoignent par leur nombre de l'incertitude d'esprit où se trouvait le comité.

Cette longue discussion a été très confuse. Dès le début, on pouvait prévoir que l'on n'arriverait qu'à un résultat douteux. Les points à en retenir nous paraissent être ceux-ci :

1° L'unanimité du comité se prononça en faveur du principe de l'arbitrage obligatoire ;

2° Des divisions sans fin se firent jour dès que l'on aborda les matières susceptibles de rentrer dans le domaine de l'arbitrage obligatoire, car non seulement les suffrages se divisèrent au sujet de chaque cas, mais l'on n'admit pas toujours que ces traités, choisis parmi les plus favorables, pussent à tous les points de vue être du ressort de l'arbitrage obligatoire. De là des réserves, des distinctions, des subtilités;

3° Des difficultés insurmontables apparurent, soit touchant la rédaction des compromis, lesquels ne dépendent pas toujours exclusivement des gouvernements des États signataires, soit et plus encore quant aux effets de la sentence arbitrale, à la fois en elle-même et par rapport aux litiges similaires qui peuvent naître, et particulièrement dans ses relations avec les pouvoirs des autorités législative et judiciaire des pays Parties à la contestation. C'est encore un point de technique juridique. Bien peu de membres du comité paraissaient le connaître et avoir conscience de son importance.

À la suite de ces débats [1], la question fut portée à l'assemblée de la première commission. Cette commission était saisie de deux textes votés par le comité :

1° Une résolution austro-hongroise, votée à une très faible majorité, contenant l'adoption du principe et le renvoi aux gouvernements pour l'application;

2° Une proposition où se sont fondues les listes des États-Unis d'Amérique, de la Grande-Bretagne, du Portugal, de la Serbie et de la Suède, avec énumération des cas mis dans le domaine de l'arbitrage obligatoire. Cette dernière proposition avait obtenu une majorité plus forte que la précédente.

Au sein de la première commission la même controverse se ranima, et l'on peut presque dire que les mêmes orateurs donnèrent les mêmes arguments, toutefois sous une forme plus synthétique. Ces répétitions servent du moins à faire voir avec quelle conviction la discussion était conduite et combien chacun demeurait solidement attaché à son opinion.

Il y avait bien évidemment là, face à face, le camp des adversaires de l'arbitrage obligatoire et le camp de ses partisans.

---

[1] Séance du 5 octobre et suivantes. *Actes*, 1907, II, p. 43 et s.

En jugeant d'après l'apparence, on aurait dit que l'arbitrage obligatoire n'avait que des partisans, car il n'était personne dans la commission qui n'en exaltât le mérite et qui ne souhaitât de le voir introduit comme mode de solution des différends entre nations. Seulement les uns voulaient que l'on indiquât dès à présent les matières à comprendre dans le domaine de l'arbitrage obligatoire, sauf à tempérer cet engagement par la réserve des intérêts essentiels et de l'honneur, alors que les autres trouvaient préférable de se borner à La Haye à poser le principe et à laisser aux États le soin de le mettre en vigueur dans leurs conventions particulières suivant les convenances et les besoins de chacun[1].

La question paraissait être entre les deux groupes de savoir s'il est utile de définir le domaine de l'arbitrage dans une convention mondiale, mais en réalité la dissidence paraît avoir été plus profonde et nous croyons que ceux qui voulaient laisser à chaque État le soin de négocier les traités d'arbitrage obligatoire qui leur plairaient avaient très peu de confiance dans ce mode de solution des litiges internationaux.

C'est ce que paraît démontrer leur procédé d'argumentation devant la commission. Avec M. Beldiman, avec le baron Marschall de Bieberstein, on fait observer qu'une obligation d'arbitrage qui porte sur des questions juridiques en elles-mêmes très mal définies, et qui comporte des réserves d'intérêts essentiels et d'honneur absolument élastiques et propres à fournir à la mauvaise foi tous les prétextes possibles, n'est pas une obligation véritable et n'équivaut pas à une victoire pour la cause de l'arbitrage obligatoire ; qu'en outre les litiges à soumettre obligatoirement à des arbitres sont si

---

[1] La distance entre les deux groupes semble minime, l'un professant qu'un État ne doit entrer dans un arbitrage que s'il le veut, l'autre que l'État peut se dispenser d'y entrer quand il le veut, et cependant le terrain fut âprement débattu. Même si l'opinion de ceux qui recommandaient l'arbitrage obligatoire avait triomphé, on n'aurait pas pu dire que l'on consacrait une obligation véritable et qu'un pas décisif avait été fait dans la voie de l'arbitrage.

minimes que la signature de cette promesse ne signifie véritablement rien quant à l'avenir de l'arbitrage ; qu'enfin on suscitait là toute une série de terribles questions, questions constitutionnelles quand le compromis doit être soumis au parlement et que le refus de l'approuver laisse l'arbitrage en suspens ; questions législatives toutes les fois où l'exécution de la sentence arbitrale nécessitera un changement de la législation de l'un des États litigants, amenant ainsi un conflit entre l'autorité de la sentence et l'omnipotence du pouvoir législatif ; questions judiciaires enfin qui se révèlent nombreuses, ardues, dès que l'on suppose un arbitrage intervenant entre quelques-unes seulement des Puissances Signataires ou statuant sur une question qui est dans la compétence des tribunaux ordinaires [1].

On a remarqué avec raison que la plupart de ces questions n'ont rien de particulier à l'arbitrage obligatoire ; le fait de les avoir soulevées témoigne donc bien d'une opinion défavorable à l'arbitrage.

Dans le même esprit et plus directement, le baron Guillaume, au nom de la délégation belge, observait que l'arbitrage obligatoire du comité est borné et restreint, de telle sorte que sa vertu pacificatrice sera nulle. Ce n'est pas cet arbitrage que l'on peut opposer au fléau de la guerre.

Dans le parti contraire on demandait pourquoi l'arbitrage obligatoire, que tout le monde s'accorde à considérer comme pouvant exister dans les traités particuliers, n'est pas également possible dans un traité général, on affirmait que l'arbi-

---

[1] Ces objections nous paraissent fondées. Si l'arbitrage obligatoire, dans les limites étroites qui lui étaient assignées, avait triomphé à la conférence de 1907, ce triomphe aurait été illusoire, car jamais ces limites n'auraient été franchies, jamais le principe n'aurait été étendu aux conflits vraiment sérieux et qui risquent de susciter une guerre. Quelque confiance que l'on puisse avoir dans la sagesse des arbitres, jamais un gouvernement conscient de ses devoirs ne leur permettra de décider de ses intérêts essentiels. Cependant, un triomphe même insignifiant de l'arbitrage obligatoire aurait été funeste en ce qu'il aurait répandu dans les masses cette idée erronée qu'aucune guerre ne serait plus à craindre.

trage est le but vers lequel aspirent maintenant toutes les consciences humaines. On ajoutait que les difficultés techniques signalées ne sont sans doute pas si graves qu'on les représente, que les choses s'arrangent le plus souvent, qu'en tout cas toutes ces difficultés, et l'on insistait là-dessus, peuvent se produire également dans les arbitrages volontaires, de sorte que si elles condamnent vraiment quelque chose, c'est l'institution tout entière de l'arbitrage qu'elles condamnent.

Ici, qu'on nous permette une remarque. Faute de pouvoir résoudre directement les difficultés techniques qui leur étaient soumises, les partisans du projet voté par le comité ont souvent répété que les mêmes inconvénients peuvent se produire dans les arbitrages volontaires et que cependant ils ne les empêchent pas. Cette assimilation n'est pas heureuse. Un arbitrage volontaire est souhaité par toutes les parties en cause, il ne servira pas de prétexte à des chicanes, de plus il est particulier à deux nations ou au moins à un petit nombre, et par suite les questions de chose jugée seront moins redoutables ; enfin l'arbitrage n'impose un devoir que si le compromis est régulièrement ratifié, ce qui supprime les difficultés d'ordre constitutionnel. A ces trois points de vue l'arbitrage forcé place les intéressés dans une condition bien inférieure à celle qu'ils auraient dans un arbitrage volontaire.

Le président, M. Bourgeois, eut soin de clore la discussion en recommandant le vote des propositions du comité. Pour inviter au vote d'une convention générale, il ne craignit pas de dire que c'est seulement à La Haye que la société des nations a pris conscience d'elle-même[1]. Cette formule est d'une exagération évidente. Il y a longtemps que la société des nations existe et qu'elle sait qu'elle existe. La meilleure définition qui en ait jamais été faite a été fournie au xvie siècle par Suarez. Depuis que les États entretiennent les uns chez les autres des ambassadeurs et qu'ils concluent des traités, ils gèrent les affaires de la société des nations.

[1] *Actes*, 1907, II, p. 87.

Des déclarations aussi manifestement outrées ne peuvent que nuire à l'œuvre de la conférence de La Haye en lui donnant une apparence peu sérieuse.

Aujourd'hui qu'il est bien certain que les conférences de La Haye ont manqué leur objet et que leurs résolutions sont négligées, dira-t-on pour cela qu'il n'y a pas de société des nations et que les nations n'ont pas conscience de cet état de société? Quel non sens !

On passa ensuite au vote.

On vota d'abord sur la soumission à l'arbitrage des différends juridiques sous la réserve des intérêts vitaux de l'indépendance et de l'honneur des États intéressés, réserve laissée à l'appréciation de ceux-ci, puis sur l'existence d'une liste de cas admis sous la réserve générale précédemment exprimée, en troisième lieu sur chacun des cas compris dans la liste admise par le comité. La commission eut aussi à se prononcer sur l'ouverture d'un protocole énonçant d'autres cas jugés également susceptibles d'être placés dans le ressort de l'arbitrage [1] obligatoire, à charge de réciprocité entre les Puissances souscrivant à tout ou partie de ce tableau.

Ensuite venaient une disposition sur l'autorité de la chose jugée par les arbitres, une autre relative à la nécessité d'un compromis régulier, une dernière touchant la dénonciation qui peut être faite relativement à quelques-uns des signataires seulement.

Ainsi le projet du comité, à l'exception de l'article 16 qui ne fut pas accepté, fut voté par la commission à des majorités variables suivant les articles, mais le plus souvent fort considérables.

Que ferait-on du texte ainsi voté? On convint qu'il ne serait pas inséré dans le texte de 1899, soit parce qu'il n'avait pas été adopté à l'unanimité, soit parce que cette insertion pouvait pousser certains États dissidents à dénoncer la convention de 1899.

---

[1] *Actes, Proposition britannique*, annexe 40 et id., première commission, p. 162.

Alors on vota sur l'ensemble du projet et sur le protocole visé à l'article 16.

D'après ce projet de convention, l'arbitrage obligatoire était adopté dans les contestations concernant l'interprétation et l'application des traités sur :

L'assistance réciproque gratuite des malades indigents ;

La protection ouvrière internationale des travailleurs ;

Les moyens de prévenir les collisions en mer ;

Les poids et mesures ;

Le jaugeage des navires ;

Les salaires et successions des marins décédés ;

La protection des œuvres littéraires et artistiques ;

Les réclamations pécuniaires du chef de dommages lorsque le principe de l'indemnité est reconnu par les parties.

A cette énumération il faut joindre les matières portées au tableau annexé au protocole visé par l'article 16.

Mais ces propositions n'avaient pas recueilli l'unanimité des suffrages. Pour tenter de l'obtenir, des propositions transactionnelles furent présentées, l'une par M. de Martens, une autre par M. de Mérey, propositions qui n'ont pas eu une meilleure fortune [1].

Alors le comte Tornielli présenta le projet de déclaration qui a passé dans l'acte final :

« La commission est unanime : 1° à reconnaître le principe de l'arbitrage obligatoire ; 2° à déclarer que certains différends, et notamment ceux relatifs à l'interprétation et à l'application des stipulations conventionnelles internationales, sont susceptibles d'être soumis à l'arbitrage obligatoire sans aucune restriction. Elle est unanime enfin à proclamer que s'il n'a pas été donné de conclure dès maintenant une convention en ce sens, les divergences d'opinions qui se sont manifestées n'ont pas dépassé les limites d'une controverse juridique et qu'en travaillant ici ensemble pendant quatre mois tous les États du monde non seulement ont

____

[1] *Actes,* 1907, II, p. 176.

appris à se comprendre et à se rapprocher davantage, mais ont su dégager au cours de cette longue collaboration un sentiment très élevé du bien commun de l'humanité. »

Le rapporteur nous dit que cette déclaration fut votée au milieu d'un enthousiasme général. Nous n'en saisissons pas la cause. Après la longue et laborieuse discussion tant au comité qu'à la commission, après la réduction des projets primitifs à un minimum insignifiant, uniquement pour conquérir un point de départ en vue d'études ultérieures, n'avoir pu obtenir l'unanimité constitue sans aucun doute pour la cause de l'arbitrage obligatoire un échec retentissant.

Je crois que la vérité m'oblige à employer cette expression. En dehors de l'atmosphère un peu factice de la conférence, on ne peut pas manquer d'être frappé de cet échec si l'on réfléchit à tout ce qui avait été fait pour l'éviter. Dans la majeure partie de la commission, l'enthousiasme pour l'arbitrage obligatoire était si grand que l'on refusait de voir les obstacles sérieux que rencontrait le projet, et que l'on répétait volontiers, quoiqu'avec une exagération évidente, que l'œuvre de la conférence serait manquée si l'on ne parvenait pas à signer une convention sur ce point. Alors, pour faciliter cette signature, on s'étudiait à rapetisser tellement le domaine assigné à l'obligation qu'il ne comprenait plus que des cas sans valeur, de sorte que l'on a pu dire que l'arbitrage obligatoire ainsi entendu ne constituait point une victoire pour la cause de la paix. Malgré ces précautions, il fut impossible d'arriver à une quasi-unanimité. Ceci est bien un signe d'impossibilité et il faut fermer les yeux pour ne pas le voir.

Que dirons-nous de la déclaration qui a clos ces débats? Plusieurs y ont attaché de l'importance et ont paru croire qu'elle résume un progrès considérable accompli dans le sens de l'arbitrage obligatoire. Je ne puis pas partager leur avis. C'est peu de reconnaître le principe de l'arbitrage obligatoire lorsque l'on n'est pas parvenu à lui assigner un domaine.

Il est téméraire de déclarer que les différends relatifs à

l'interprétation et à l'application des stipulations conventionnelles internationales sont susceptibles d'être soumis à l'arbitrage obligatoire sans aucune restriction, alors que l'on
n'est pas parvenu à s'entendre pour désigner une seule sorte
de convention comme répondant à cette formule.

En outre, la formule est très large et, partant, inexacte.
Que certaines conventions puissent régulièrement être inter-
prétées et appliquées par des arbitres, cela peut être dit, car
bien des conventions offrent un intérêt trop médiocre pour
passionner jamais les États qui les ont signées. Mais dire cela
de toutes les conventions, c'est émettre une proposition que
jamais un gouvernement ne consentirait à ratifier.

De la fin de cette retentissante déclaration, il est mieux de
ne rien dire. Ce sont des mots et des mots qui malheureusement ne correspondaient à aucune réalité.

Les tribunaux d'arbitrage. — Les promoteurs des
conférences de La Haye ont toujours pensé que l'on ferait
faire à la cause de l'arbitrage international un progrès très
sensible en instituant une juridiction internationale permanente. C'était à La Haye une idée fort répandue que souvent
des projets d'arbitrage n'arrivent pas à maturité par suite
des difficultés que suscitent l'organisation du tribunal arbitral
et la fixation de la procédure qui y sera suivie. De là venait
l'espoir de multiplier les cas de recours à l'arbitrage en instituant une juridiction d'un caractère permanent, toujours
ouverte aux demandes des intéressés, prompte à les évoquer
à sa barre et à vider les conflits qui lui seraient déférés. Cette
juridiction présenterait par sa composition la garantie d'une
impartialité absolue, elle aurait sa procédure, son greffe,
ses archives. Dans quelle mesure de semblables idées répon-
daient-elles à la réalité, il est difficile de le dire. J'ai peine à
croire que beaucoup de tentatives d'arbitrage aient échoué
faute d'un tribunal organisé et d'une procédure arrêtée. Tout
cela peut être compris dans le compromis et comme on
possède quantité d'exemplaires de compromis divers, leur
répétition a engendré des usages aisés à connaître.

Mais ce mouvement partait aussi d'une pensée plus profonde. On espérait sans doute que la sagesse des décisions de ce tribunal serait telle qu'il se formerait autour de lui une atmosphère de confiance et que les nations n'hésiteraient pas à lui soumettre des litiges qu'elles n'auraient même pas la pensée de confier à des arbitres occasionnels. Si cette espérance s'était réalisée, un grand progrès de la cause de l'arbitrage s'en serait suivi, mais on ne voit pas que jusqu'ici ce résultat ait été atteint.

La cour permanente. — Trois projets de constitution d'un tribunal permanent furent présentés à la troisième commission de la conférence de 1899. La discussion prit pour base le projet anglais et aboutit à des résolutions qui forment les article 20-57 de la convention pour le règlement pacifique des litiges internationaux[1].

Bornons-nous ici aux traits les plus généraux. Le tribunal permanent institué par la convention de 1899 comprend une liste de juges, un bureau international et un conseil administratif.

Les juges seront pris sur une liste de personnes fournie par les Puissances Signataires à raison de quatre au plus par Puissance. Le mandat de ces juges est de six ans, il peut être renouvelé. La même personne peut être désignée par plusieurs Puissances à la fois ou par plusieurs Puissances séparément. Puis il y a un bureau véritablement permanent; il sert de greffe à la cour, de garde d'archives et d'agent de communication entre les Puissances intéressées pour l'organisation des arbitrages.

Enfin un conseil administratif est formé des représentants des Puissances Signataires accréditées à La Haye sous la présidence du ministre des affaires étrangères des Pays-Bas.

[1] Ce projet fut étudié par un comité d'examen, revu par la troisième commission, puis voté par l'assemblée générale (*Actes*, 1899, III, p. 95 et s., 61 et s. ; I, p. 86 et s.).

Il exerce un pouvoir de direction et de contrôle sur le bureau.

Voyons comment tout cela fonctionne.

Le principe très sagement adopté a été celui de la pure faculté. C'est évidemment le meilleur moyen d'encourager l'arbitrage. Faculté de prendre ses arbitres dans la liste ou en dehors d'elle, d'aller à La Haye ou ailleurs, d'accepter la procédure prévue ou d'en choisir une autre, d'admettre la révision de la sentence ou de ne pas l'admettre. A défaut de convention contraire, les choses se passent comme il suit.

Pour constituer le tribunal (art. 31) chaque Partie choisit deux arbitres et ceux-ci nomment le surarbitre qui est de droit le président du tribunal. Si les arbitres nommés ne s'entendent pas sur le choix du surarbitre, ils conviennent d'une Puissance tierce qui le nommera. En cas de difficulté sur ce point, chaque Puissance désigne une Puissance tierce et celles-ci conviennent de la personne du surarbitre.

Remarquons ici que la proportion des arbitres désignés par les Puissances contestantes paraît trop considérable. Un arbitre nommé par une seule des Parties n'est pas un véritable juge, il se considérera toujours un peu comme le défenseur attitré de la cause de celle des Parties qui l'a appelé. Seul le surarbitre est un vrai juge et alors sa responsabilité est bien grande. N'aurait-il pas mieux valu faire désigner par les arbitres nommés trois personnes et non pas une seule?

Les Parties ont en outre auprès du tribunal des agents spéciaux et des conseils ou avocats.

La procédure qui comprend l'instruction et les débats est réglée minutieusement par les articles 39 et suivants de la convention.

Nous n'entrerons pas dans ces détails.

Retenons-en seulement deux points.

1° Le tribunal est autorisé à déterminer sa compétence en interprétant le compromis, les traités y relatifs et les principes du droit international (art. 47). Ceci est sans conteste une mauvaise disposition qui ne peut que nuire à la cause de l'arbitrage [1]. Des arbitres ne sont des juges que par la vertu du compromis, c'est-à-dire par la volonté des Parties. Leur donner le droit de statuer en cas de doute sur leur propre juridiction c'est entreprendre sur la liberté des Parties. Que des juges ordinaires statuent sur leur propre compétence, on le comprend, ils le font au nom de l'autorité publique dont ils sont les délégués. Mais ici rien de semblable n'existe. Que les arbitres appliquent le compromis lorsque les termes en sont clairs, cela va de soi, ils ont été nommés pour cela. Mais s'il existe un doute touchant l'étendue de leur compétence, ils doivent s'adresser aux Parties pour le lever. Il n'y aurait rien à reprendre dans le refus d'une des Puissances d'exécuter une sentence rendue par les arbitres en vertu d'une compétence qu'ils se seraient attribuée sans l'agrément de leurs mandants.

2° La sentence arbitrale est sans appel (art. 53) et c'est une bonne chose. L'arbitrage a été inventé pour clore les difficultés et il n'y a pas de raison pour que l'examen de la même cause par d'autres arbitres aboutisse à un résultat plus juste. Cependant les Parties peuvent s'être réservé dans le compromis le recours à la révision (art. 54), lequel ne peut être utilisé qu'en cas de découverte de faits nouveaux, constatée par le tribunal. Sauf convention contraire, l'instance en révision est poursuivie devant le même tribunal.

Telle est la cour permanente d'arbitrage organisée avec un grand luxe de détails par la conférence de 1899.

La conférence de 1907 est venue, conformément à un article de son programme, apporter un certain nombre d'améliorations aux solutions adoptées par la conférence précédente. Beaucoup de ces corrections sont minimes et nous ne les mentionnerons pas. D'autres plus importantes méritent d'être analysées ici.

1° La désignation des arbitres a subi une modification.

---

[1] En faveur de cette règle on peut cependant citer le fameux précédent du tribunal de l'Alabama qui refusa de statuer sur la question des dommages indirects.

Désormais un seul des deux arbitres choisis par chaque Partie peut être son ressortissant ou un membre de la cour désigné par lui (art. 45). Cette réforme est heureuse. Il n'est pas mauvais que chaque Partie ait dans le tribunal un membre qui puisse être considéré comme son représentant, mais il est nécessaire que les juges pleinement indépendants soient en plus grand nombre possible.

Un changement a été opéré quant au choix du surarbitre. On a prévu le cas où les Puissances tierces, auxquelles ce choix est en dernière analyse commis, ne parviendraient pas à tomber d'accord et l'on a dit que si ce désaccord durait deux mois, chacune de ces Puissances tierces nommerait deux arbitres sur la liste générale de la cour permanente, ces arbitres n'étant ni des ressortissants des Puissances en litige, ni des membres désignés par elles, et que l'on tirerait au sort un nom parmi ceux-là. C'est bien un expédient extrême et il est à désirer qu'il ne soit pas utilisé souvent.

2° Une autre modification est plus importante, car elle tend à faciliter les arbitrages. On se rappelle qu'il n'y a pas d'arbitrage possible sans un compromis qui doit être préalablement consenti par les Puissances litigantes, compromis dans lequel notamment sera nettement formulée la question posée à l'arbitre. Cette formalité peut devenir pour l'arbitrage lui-même une pierre d'achoppement. Il est aisé de prévoir que dans bien des cas une Puissance obligée à recourir à l'arbitrage en vertu d'un traité antérieur ou simplement peu encline à accepter des arbitres, quoiqu'elle ne veuille pas en convenir ouvertement, suscitera des difficultés à l'occasion du compromis et réussira ainsi à esquiver l'arbitrage.

Ne pourrait-on pas éviter ce danger en chargeant la cour permanente elle-même d'établir le compromis? La délégation allemande qui a toujours porté grand intérêt à la constitution de juridictions arbitrales, a émis une proposition en ce sens. Elle se recommandait de la double utilité de venir en aide aux États qui éprouveraient quelque embarras à rédiger leur compromis et de permettre de briser les résistances injustifiées que la mauvaise foi peut opposer à l'arbitrage.

Toutefois, chacune des Puissances engagées dans le litige pouvait arrêter l'établissement du compromis en disant qu'à son avis la question n'était pas dans le domaine de celles qu'elle avait promis de faire trancher par l'arbitrage. Cette restriction avait le défaut de priver d'une grande partie de sa force la proposition ainsi présentée.

Le compromis aux cas indiqués devait être établi par une commission de membres de la cour permanente formée ainsi qu'il est dit au texte.

Après discussion, cette proposition fut insérée dans le nouvel article 53, mais seulement pour les arbitrages organisés en vertu d'un traité antérieur conclu ou renouvelé après la présente convention. Les Parties bénéficient de la réserve que nous avons mentionnée, mais il est dit que le traité d'arbitrage peut conférer au tribunal arbitral la décision du point de savoir si la question pendante rentre dans celles qui sont comprises dans le traité.

La même procédure sera suivie au cas où la voie de l'arbitrage aura été acceptée pour la solution d'une question de dettes contractuelles d'un État envers les sujets d'un autre État.

On a poussé de la sorte aussi loin que possible l'idée de l'indépendance du compromis. Reste à savoir si ces nouvelles modalités de l'arbitrage seront du goût des Puissances intéressées.

3° Appartient au même ordre d'idées une autre modification bien moins importante. Elle se place sur l'article 48 nouveau et à consisté à permettre à un État engagé dans un conflit d'adresser au bureau international de la cour à La Haye une déclaration portant qu'elle serait disposée à soumettre le différend à l'arbitrage de la cour. Le bureau communiquera immédiatement cette déclaration aux autres États intéressés dans le même conflit. D'après la proposition faite par le Pérou, le bureau international devait se mettre à la disposition des Puissances pour faciliter entre elles un échange de vues qui pût aboutir à la signature d'un compromis, mais on jugea que ce serait lui donner des attributions peu en rapport avec la nature de son institution et on le réduisit au rôle plus simple d'agent de transmission.

4° A la demande de la délégation française, une procédure sommaire d'arbitrage a été instituée (art. 86 et s). Cette procédure s'appliquera aux différends d'ordre technique que la convention de La Haye n'avait pas en vue. Elle se caractérise par la liberté absolue du choix des arbitres que leurs connaissances spéciales rendront habiles à la solution du litige. Trois arbitres formeront le tribunal, choisis un par chacune des Parties en cause et le troisième par le sort entre plusieurs candidats désignés par les arbitres déjà nommés. On n'a pas prévu le cas où il y aurait plus de deux Parties à la contestation. La procédure est exclusivement écrite.

La cour de justice arbitrale. — Nous verrons bientôt quelle a été l'œuvre accomplie par la cour permanente d'arbitrage de La Haye. Auparavant, occupons-nous d'une tentative intéressante faite à la conférence de 1907, celle de la création d'une cour de justice arbitrale. Un mot suffira à faire comprendre le projet. Il s'agissait de créer un véritable tribunal en session permanente, une juridiction douée d'un personnel fixe et toujours prêt à entendre les plaideurs, comme l'est le personnel de nos cours et tribunaux. De nombreux avantages pratiques venaient recommander cette initiative. On aurait ainsi une justice arbitrale plus simple, plus rapide, moins coûteuse et cela paraissait convenir surtout aux affaires internationales dont le caractère juridique est fortement accusé.

Une pensée plus fine avait également poussé à ce projet. On avait remarqué que les décisions de la cour permanente, ne venant point des mêmes juges, manquaient de continuité et n'étaient point propres à former une jurisprudence. En donnant à un tribunal international un personnel fixe on espérait à bon droit éviter ce défaut et ainsi on pouvait, dans une certaine mesure, compter sur la jurisprudence du tribunal à établir comme sur une source précieuse de principes de droit international.

La constitution d'une cour de justice arbitrale répondait à un sentiment fort répandu parmi les membres de la conférence de 1907, car de nombreuses propositions furent faites en vue de son établissement. On soumit à la discussion un projet dû à la collaboration de l'Allemagne, des États-Unis et de la Grande-Bretagne. Il apparut dès le début que par cette institution nouvelle on voulait assurer la continuité de la jurisprudence en soumettant aux mêmes juges les mêmes questions, obtenir un droit international moyen en réunissant dans un tribunal des juges imbus des divers systèmes juridiques en faveur dans le monde, distribuer une justice rapide et peu coûteuse en faisant supporter les frais de cet organisme aux Puissances Signataires et non pas aux plaideurs. La Cour nouvelle, appelée cour de justice arbitrale, serait indépendante de la cour permanente d'arbitrage.

Il y a beaucoup de sens dans ces idées, mais aussi beaucoup d'imagination. S'il s'agissait d'une juridiction appelée à trancher des litiges entre particuliers, à décider des questions du ressort du droit international privé, il n'y aurait presque rien à redire à ce programme. Mais il s'agit de questions concernant les États, de questions du domaine du droit international public. On dit bien que la cour de justice arbitrale aura compétence dans les questions juridiques, mais, nous l'avons déjà observé, c'est un mot derrière lequel il n'y a rien. Entre États qui fera le départ entre les questions juridiques et les questions politiques? Quand et où ce départ a-t-il été fait? jamais à ma connaissance. On pourrait bien dire, et cette formule serait la plus soutenable, qu'il faut appeler politiques les matières qui rentrent dans le cercle de l'indépendance de l'État, juridiques celles qui touchent aux limites de cette indépendance. La formule serait rigoureusement exacte, car si l'État est obligé on est en présence d'un droit et par conséquent la question est juridique. Mais pour que cette formule servît à quelque chose, il faudrait être d'abord fixé sur les limites de la liberté de l'État, ou en d'autres termes avoir créé le droit international. C'est supposer résolu le problème précis que l'on pose.

On peut penser aussi qu'il n'est pas prudent, si l'on veut définir le droit international, de faire collaborer ensemble plusieurs juges imbus de systèmes juridiques différents. Une telle collaboration ne mènera qu'à la confusion.

Disons simplement qu'avec la cour de justice arbitrale, les arbitrages seront moins lents et moins coûteux. C'est vrai et c'est quelque chose. Mais c'est tout le progrès que l'on peut se promettre. Les promoteurs de la cour de justice arbitrale ont présenté leur proposition comme un développement de la pensée qui avait fait créer en 1899 la cour permanente d'arbitrage et la délégation américaine citait comme précédent le congrès qui, de 1777 à 1787, jusqu'à la création de la cour suprême, servit de juridiction arbitrale entre les divers États de l'Union. Elle convenait, du reste, que le congrès s'était mal acquitté de sa fonction dans la circonstance.

La proposition de création d'une cour de justice fut renvoyée par la première sous-commission de la première commission à un comité d'examen. Ce comité fut saisi de deux projets, l'un russe, l'autre américain ; ce fut ce dernier qui servit d'abord de base à la discussion, puis il fut retiré en faveur d'une proposition commune de l'Allemagne, des États-Unis et de la Grande-Bretagne. La cour de justice arbitrale a été conçue comme devant exister à côté de la cour permanente d'arbitrage, mais sans porter aucune atteinte à cette dernière[1]. Nous savons déjà que l'on considérait les domaines de ces deux juridictions internationales comme devant être différents et, à coup sûr, on ne pensait pas à porter atteinte à la liberté des Puissances intéressées de soumettre leurs causes à la barre de l'une ou de l'autre.

Cependant il existe un lien visible entre ces deux juridictions. Les membres de la cour d'arbitrage seront choisis parmi ceux de la cour permanente. De même le bureau inter-

---

[1] Ce résultat serait fort difficile à atteindre pour deux raisons, parce qu'il est rare qu'une question internationale surgissant entre États soit purement juridique et parce que la cour permanente a été instituée, elle aussi, pour connaître des droits respectifs des États.

national servira de greffe (art. 13) à la cour de justice et le conseil administratif (art. 12) remplit ici les mêmes fonctions que par rapport à la cour permanente d'arbitrage. Nous passons sur le délai de douze ans pour lequel les juges sont nommés (art. 3), sur leurs conditions de capacité (art. 2), en observant pourtant qu'en dehors des conditions vagues et de pure appréciation usitées en pareil cas, on exige ici que les juges et juges suppléants appelés à la cour d'arbitrage soient aptes à remplir dans leur pays des emplois de haute magistrature ou possèdent une notoriété comme jurisconsultes de droit international. Nous passerons également sur leur qualité de ministres plénipotentiaires (art. 5), sur leur indemnité annuelle de 6.000 florins (art. 9). Pour rendre cette justice moins coûteuse il a été décidé (art. 31) que les frais occasionnés par la création de ce tribunal seraient supportés directement par les Puissances Signataires de la convention. Tous ces détails sont réglés avec une minutie un peu excessive par le projet de convention. La cour de justice arbitrale est un organe assez complexe. Elle comprend en réalité deux tribunaux différents : 1° la cour elle-même ; 2° une autre juridiction qui émane d'elle et ne comprend que trois membres, la délégation (art. 6).

Seule la délégation est vraiment un tribunal permanent, formé de membres résidant à La Haye, siégeant ou prêts à siéger. La cour n'a qu'une session annuelle, commençant le troisième mercredi de juin (art. 14), encore s'il y a des affaires inscrites à son rôle ou si une Puissance partie à un litige le demande. Il peut y avoir en outre, en cas de nécessité, une session extraordinaire.

Voyons ce qui concerne la compétence respective de la cour d'arbitrage et de la délégation. Cette matière n'a pas été sans faire naître des difficultés. Pour la cour on a fini par tomber d'accord sur ce point qu'elle connaîtrait des affaires déférées à des arbitres, en vertu d'un traité général d'arbitrage, lorsqu'on les porterait devant elle, ou encore de celles qui, en vertu d'une entente spéciale, lui auraient été conventionnellement réservées (art. 16) ; il y a là un peu de logomachie, car cela signifie plus simplement que la cour est compétente dans toutes les affaires d'arbitrage que l'on veut bien lui renvoyer. Cependant ne perdons pas de vue que dans l'esprit de ses fondateurs cette institution a été créée pour solutionner les litiges internationaux ayant un caractère particulièrement juridique. Mais on laisse aux Puissances le soin de se conformer à cette indication. Le recours à la cour étant purement facultatif, on ne pouvait pas donner de règle proprement dite.

La compétence de la délégation obéit à des règles un peu plus particulières.

Cette compétence existe (art. 18 et 19) :

1° Dans les mêmes limites que celles de la cour de justice, mais seulement quand les Puissances ont résolu d'user de la procédure sommaire. Certains auraient voulu étendre la compétence de la délégation au cas même où les Puissances recourraient à la procédure ordinaire. Alors, si ce sentiment avait été adopté, les Parties seraient allées à leur choix ou devant la cour de justice arbitrale ou devant la délégation. On a fait observer que ce libre choix aurait très vraisemblablement fait déserter le prétoire de la cour de justice arbitrale, qui n'aurait plus d'autre fonction que de nommer chaque année les trois membres devant composer la délégation.

2° En matière de commissions d'enquête quand les Puissances intéressées défèrent cette fonction à la délégation.

3° Relativement à l'établissement du compromis, si les Parties sont d'accord pour s'en remettre à la cour, ou même à la demande de l'une des Parties si l'arbitrage est stipulé par un traité postérieur à la convention et si ce traité n'exclut pas la compétence de la délégation ; enfin, si l'une des Parties ne soutient pas que l'objet du litige ne rentre pas dans les prévisions du traité, à moins que le jugement de cette dernière question n'ait été réservé au tribunal arbitral ; également au cas de différend sur une dette contractuelle d'État, en vue duquel l'arbitrage a été accepté sans que l'on ait exclu ce mode d'établissement du compromis.

Laissons de côté les dispositions de procédure. Tel fut le projet que la commission adopta. Il restait une grosse lacune à combler : comment les juges seraient-ils choisis? On devine les difficultés que cette question devait susciter. Par qui sera-t-on jugé et n'est-il pas à craindre que le mode de désignation des juges ne crée une prééminence de certaines nations sur les autres? ne peut-on pas redouter, d'autre part, que certaines affaires ne soient déférées à des juges ne possédant aucune expérience des affaires de cette sorte? Le sous-comité nommé par le comité B de la première sous-commission de la première commission et composé d'un membre de chacune des délégations anglaise, américaine et allemande fixait le nombre des juges à dix-sept, nommés, à titre permanent, un par chacune des huit nations les plus intéressées, et les neuf autres fournis par un roulement entre les autres États, chaque juge ayant une durée de fonctions proportionnée aux intérêts que représentait l'État qui l'avait désigné. En outre, chaque nation aurait un juge dans la cour toutes les fois où il s'y débattrait une affaire l'intéressant. Cette résurrection de la distinction des Grandes Puissances et des Puissances de moindre importance souleva une très vive opposition, opposition de fondement assez discutable, car, en fait, il est certain qu'il y a des États plus ou moins importants et que les premiers jouent un rôle prépondérant dans la conduite des affaires du monde. Plusieurs autres projets furent présentés qui étaient fondés sur l'idée d'égalité des États, par exemple celui d'une cour de quarante-cinq membres, divisée en trois sections de quinze, dont chacune jugerait pendant trois années consécutives, ou d'une cour de dix-sept membres, dont huit nommés comme ci-dessus et les neuf autres à l'élection également pour toute la durée de la cour, ou celui de donner quatre voix à l'Amérique et dix-sept au reste du monde ou de prendre pour base la population, ou encore l'élection appliquée soit aux États qui auraient le droit de choisir un juge, soit directement aux juges eux-mêmes, au moins à titre provisoire et en attendant la réunion d'une autre conférence. D'autres projets plus compliqués furent également proposés.

Un sous-comité fut créé pour étudier la question. Il ne put pas arriver à une conclusion et renvoya la question au comité d'examen B.

Au comité on recommanda une proposition de M. de Martens qui faisait désigner un nom par chacun des États signataires et qui faisait choisir à la majorité par les États quinze juges sur cette liste[1].

M. Ruy Barbosa, délégué du Brésil, combattit toutes ces propositions avec une grande force d'argumentation. Aucune d'elles ne fut votée et le comité se borna à adopter à la majorité une recommandation aux Puissances d'approuver le projet, voté par lui, de cour de justice arbitrale et de le mettre en vigueur dès qu'un accord serait intervenu touchant le choix des juges et la constitution de la cour.

Devant la commission la discussion se ranima, puis le projet du comité B fut adopté à une forte majorité, mais comme il ne pouvait être question de transformer en convention un texte auquel manquait son fondement même, on se mit d'accord pour exprimer un vœu que l'assemblée plénière adopta à son tour.

Ce fut la fin de cette tentative.

D'après le projet qui avait été lancé et en supposant que ce projet eût abouti, les juridictions ouvertes aux litiges des États auraient été au nombre de trois : la cour permanente d'arbitrage devant laquelle on pouvait user, suivant les cas, de la procédure ordinaire ou de la procédure sommaire, la cour de justice arbitrale et la délégation qui en était l'émanation. Remarquons qu'en dépit des distinctions qui furent énoncées, il n'y avait pas de différence réelle entre les domaines assignés à ces trois cours, de sorte que l'on peut se demander pourquoi il y en avait trois et non pas une seule et qu'il est à prévoir que si elles avaient fonctionné toutes

---

[1] En acceptant que chaque État nommât un candidat aux fonctions de juges, il aurait peut-être mieux valu faire nommer les juges non par les États, mais par cet aréopage de quarante-cinq membres. Il semble que ce serait le meilleur moyen d'écarter de cette élection les considérations politiques et de faire prévaloir le mérite individuel des candidats.

les trois, l'une d'elles aurait fini par tuer les deux autres. En réalité, il semble bien que dans la multiplication des juridictions on ait vu simplement un moyen d'attirer un plus grand nombre de litiges vers l'arbitrage. Il est douteux, du reste, que l'on y fût parvenu.

Les discussions très vives auxquelles a donné lieu le projet de cour de justice arbitrale a mis au jour deux tendances à noter. Les États américains du Sud, tous chauds partisans de l'arbitrage obligatoire, se sont montrés, au contraire, opposés à l'institution de la cour de justice arbitrale, soit parce qu'elle sacrifiait le principe de l'égalité entre États, soit parce qu'elle rompait avec l'idée que deux Puissances qui recourent à l'arbitrage doivent de toute nécessité avoir le choix de leurs juges. Au contraire, les États du vieux continent, hésitants et divisés sur le point de l'arbitrage obligatoire, se réunissaient en faveur de la création de la cour de justice arbitrale. Les uns tiennent davantage à l'arbitrage, les autres à la juridiction. Il faut voir dans cette dissidence le résultat des conditions différentes de la vie de ces deux groupes. Les États européens, conscients des dangers qui les entourent, ne consentent que difficilement à remettre à des arbitres le jugement des questions qui les concernent. Parce qu'ils se sentent fréquemment menacés, ils ne veulent abandonner à des tiers aucune part dans la direction de leurs affaires. Responsables de tout, ils veulent décider tout. Tout autre est la situation des Américains. Assez isolés, protégés par leur éloignement, uniquement appliqués à la mise en valeur de leurs immenses domaines, ils redoutent les dépenses militaires et inclinent de parti pris vers les modes de solution pacifique des différends qui les concernent.

Un accord complet est malaisé entre deux continents aussi divers, et la moralité à tirer des échecs que la deuxième conférence a rencontrés dans cette partie de son œuvre est peut-être que l'on n'aboutit à rien quand on veut faire trop grand. Les membres des deux conférences de La Haye, qui ont sans doute consacré les plus grands efforts à la cause de l'arbitrage entre les nations, paraissent n'avoir pas assez mûrement réfléchi à certains points essentiels qu'il eût été prudent de ne jamais perdre de vue.

L'arbitrage international a derrière lui une très longue histoire au cours de laquelle il apparaît constamment comme un expédient purement facultatif et dans la dépendance exclusive des Puissances qui l'organisent. C'est là un phénomène digne de toute considération. Si une institution de cette valeur et dont les anciens canonistes recommandaient déjà chaudement l'emploi est demeurée dans l'état inorganique où nous la voyons, si elle n'a jamais acquis une autorité prépondérante, on peut présumer que cela ne tient ni à l'ignorance, ni à la négligence, mais à des raisons sérieuses et fortes.

Ces raisons existent en effet et il ne faut pas accuser de l'échec relatif de l'arbitrage la seule imperfection de la nature humaine. Les questions qui divisent les nations sont le plus souvent de très graves questions. L'avenir de peuples entiers peut en dépendre. Qui peut être qualifié à trancher d'aussi graves questions, si ce n'est ceux qui portent la responsabilité des destinées de ces peuples? On comprend difficilement que de simples particuliers assument la charge de prononcer sur des cas semblables, on comprendrait bien moins encore que ceux qui dirigent l'État consentissent à leur confier de telles fonctions. Le juste souci de leur devoir s'opposerait toujours à une semblable concession.

Ces maximes ne perdront jamais rien de leur valeur. Elles s'imposent au souverain pacifique comme au souverain belliqueux, et s'il arrivait qu'elles fussent négligées, on ne tarderait pas à voir les sentences des arbitres destituées de toute force et privées de toute exécution.

Résultats pratiques des conférences de La Haye. — Quel a été le résultat pratique et tangible des efforts déployés à La Haye en vue de favoriser la solution pacifique des litiges internationaux? Ce résultat a été double et a consisté : 1° dans la signature d'un grand nombre de traités d'arbitrage permanent; 2° dans la délation d'un certain nombre de

causes internationales à l'arbitrage de la cour permanente de
La Haye. Ces deux points sont à envisager séparément.

Traités d'arbitrage permanent. — On appelle traités
d'arbitrage permanent les accords par lesquels deux ou plusieurs Puissances promettent que les différends susceptibles
de surgir entre elles seront vidés par le moyen d'un arbitrage. Ces accords se présentent à nous sous deux formes.
Tantôt ce sont des clauses compromissoires introduites dans
un traité ayant son objet propre, clauses prévoyant les difficultés d'interprétation ou d'application auxquelles le traité
pourra donner lieu et décidant que ces difficultés seront, à
défaut d'une entente directe, tranchées par des arbitres ;
tantôt on rédige un traité particulier n'ayant pas d'autre
objet que de convenir d'avoir recours à l'arbitrage au cas où
un litige s'ouvrirait entre les Puissances Contractantes. Ce
sont ces traités que l'on appelle traités d'arbitrage permanent,
ils auraient été mieux nommés traités d'arbitrage obligatoire.

Tout cela n'est point invention nouvelle et déjà au moyen
âge, dans les traités de paix et d'amitié particulièrement, on
insérait presque toujours un article portant que les querelles
que pourrait faire naître l'application du traité seraient
arrangées par des bonshommes ou prud'hommes que l'on
désignerait ou qui étaient désignés dans le traité. Nous ne
savons pas si ces clauses eurent à l'époque un effet quelconque.

De nouveau, au xix° siècle, on se plut à signer de semblables accords. M. le chevalier Descamps en a présenté à la
conférence de La Haye de 1899 une nomenclature étendue.
Certains traités généraux ont été munis de la clause compromissoire, ainsi l'acte général de la conférence de Bruxelles
du 2 juillet 1890 contre la traite négrière, article 55, cet
article visant le cas où une indemnité serait réclamée pour
saisie d'un bateau injustement soupçonné de se livrer à la
traite ; de même, l'Union postale universelle du 4 juillet 1891,
article 23, § 1, pour les questions d'interprétation et de res-

ponsabilité, c'est un arbitrage entre administrations des postes des divers pays ; de même encore, l'Union internationale pour le transport des marchandises par chemin de fer du 14 octobre 1890, article 57, § 1. Cette dernière clause est simplement facultative ; le procès est porté à l'Office central des transports internationaux et peut être l'objet d'un préavis donné par le bureau international de l'Union postale.

Puis on relève déjà un assez grand nombre de traités contenant des clauses, soit générales, soit spéciales, d'arbitrage. Toutes les nations européennes en ont signé. L'Italie, la Belgique, la Suisse sont les États qui en possèdent le plus grand nombre. Il est aisé de remarquer que les pays d'Europe ne concluent guère entre eux que des accords spéciaux d'arbitrage, quant aux clauses ou aux traités de caractère général ils ne les acceptent que vis-à-vis des nations d'outre-mer, spécialement vis-à-vis des États de l'Amérique du Sud.

Parmi ces traités on a coutume de citer comme étant le plus avancé et le plus parfait celui qui a été conclu entre l'Italie et la République Argentine le 23 juillet 1898. Il vise toutes les contestations susceptibles de s'élever entre les deux pays sans aucune exception ; il admet l'existence d'un compromis pour déterminer l'objet précis de la controverse et l'étendue des pouvoirs des arbitres, mais à défaut de cet acte, il permet aux arbitres eux-mêmes d'y suppléer. On ne voit pas, à la vérité, comment ils y parviendront, car il n'appartient pas à des arbitres de déterminer l'étendue de leurs pouvoirs, encore moins de fixer le point soumis à leur juridiction. Ces arbitres sont au nombre de trois : chaque État en nomme un, et les deux élus désignent le tiers arbitre. A défaut d'accord sur ce point, ce choix est remis au président de la Confédération Suisse ou au roi de Suède et Norvège alternativement. C'est le traité le plus général que l'on puisse citer[1]. Le plus souvent les formules d'une portée

---

[1] Ce traité a été remplacé par celui du 18 septembre 1907, qui est aussi fort large et n'exclut que les questions qui touchent aux dispositions constitutionnelles ou qui concernent la nationalité des individus. Le choix du surarbitre est confié en dernière analyse à la reine des Pays-Bas.

étendue ne sont employées dans des actes semblables qu'avec des réserves.

L'impulsion donnée à la cause de l'arbitrage par les conférences de La Haye fut grande et eut pour résultat d'augmenter singulièrement les conventions de cette espèce. On en compte, paraît-il, plus de 150.

Il faut observer, pour être juste, que l'Amérique avait sur ce point frayé la voie à l'Europe. A la suite du congrès panaméricain de 1889 un traité général d'arbitrage fut signé par dix républiques américaines. Son importance s'accrut encore de l'adhésion qui fut donnée par plusieurs autres États américains. Ce traité était conclu pour vingt ans. Il y était convenu que tous les différends qui viendraient à surgir entre les signataires seraient résolus par l'arbitrage. Il n'y avait de réserve que pour les questions mettant en péril l'existence de l'État. Vaines paroles qui n'empêchèrent ni la guerre du Salvador et du Guatémala en 1890, ni celle du Nicaragua et du Honduras en 1894. Cependant des conventions du même ordre ne cessaient pas de se conclure dans l'Amérique centrale et méridionale. Il faut signaler le traité du 28 mai 1902 entre le Chili et la République Argentine, parce qu'il contient, en même temps qu'une promesse générale d'arbitrage, une stipulation de limitation des armements. Ce traité venu à expiration n'a pas été renouvelé.

En 1906 nouveau congrès panaméricain (le troisième) à Rio-de-Janeiro. Il recommande la pratique de l'arbitrage et, en effet, de nombreux traités d'arbitrage furent conclus entre États américains en 1906 et 1907. Ils sont généraux et excluent seulement de leur action les questions d'ordre constitutionnel. Il faut, je pense, entendre par là les questions dont la solution pourrait exercer une influence sur la forme du gouvernement et les pouvoirs des autorités publiques.

Passons aux traités d'arbitrage dus à l'influence des conférences de La Haye.

Par le traité de Mexico du 30 janvier 1902[1] la République

---

[1] Ce traité est intervenu à la suite du deuxième congrès panaméricain de

Argentine, la Bolivie, la Colombie, Costa-Rica, le Chili, la République Dominicaine, l'Équateur, le Salvador, les États-Unis, le Guatémala, Haïti, le Honduras, le Mexique, le Nicaragua, le Paraguay, le Pérou, l'Uruguay ont convenu de soumettre à l'arbitrage de la cour permanente de La Haye toutes les questions de dommages ou de pertes pécuniaires qui seraient soulevées par leurs nationaux. On remarquera que l'on se trouve ici dans le domaine classique de l'arbitrage. Ce traité fait originairement pour cinq ans a été prorogé jusqu'en 1912.

Les nations sud américaines conclurent aussi des traités de ce genre avec certaines nations européennes, par exemple la République Argentine et l'Espagne le 28 janvier 1902. Ce traité n'exclut que les contestations touchant aux prescriptions constitutionnelles de l'un ou l'autre État (expression singulière et bien obscure) et celles qui pourraient être tranchées par des négociations directes. Il défend de ressusciter les questions définitivement réglées entre les Hautes Parties Contractantes. Le traité admet la compétence de la cour permanente de La Haye, mais seulement au cas où on ne s'entendrait pas sur le choix des arbitres. Ce traité fut renouvelé le 17 septembre 1903.

Entre nations européennes le branle fut donné par le traité franco-anglais du 14 octobre 1903. Le texte en est fort court. Il soumet à l'arbitrage de la cour permanente de La Haye les différends d'ordre juridique ou relatifs à l'interprétation des traités existant entre les Hautes Parties Contractantes, qui n'auraient pu être aplanis par des négociations directes. Il spécifie que ces différends ne doivent mettre en jeu ni les intérêts vitaux ni l'indépendance ni l'honneur des Contractants et qu'ils ne doivent pas toucher aux intérêts de tierces Puissances. Ce traité était fait pour cinq ans, il a été renouvelé en 1908 et en 1913.

Une promesse faite en ces termes a-t-elle une signification

Mexico de 1901-1902, qui a essayé sans succès d'établir entre États américains une commission arbitrale permanente.

véritable, est-elle autre chose qu'une marque de bonne
volonté? j'en doute beaucoup. La France et l'Italie, le 25 décembre 1903, signèrent un traité analogue. Ensuite ces
traités se multiplient. On trouve en 1904 les accords suivants :

Grande-Bretagne et Italie, 1er février.
Danemark et Pays-Bas, 12 février.
Espagne et France, 26 février.
Espagne et Grande-Bretagne, 27 février.
Espagne et Portugal, 31 mai.

Toutes ces conventions sont calquées les unes sur les autres,
à l'exception de la seconde qui ne contient aucune réserve.

En 1905, le mouvement devient plus intense encore. A
cette année appartiennent les traités que voici :

Allemagne et Grande-Bretagne, 12 juillet.
Autriche-Hongrie et Suisse, 3 décembre.
Belgique et Suisse, 15 novembre.
États-Unis et Suisse, 21 novembre.
France et Pays-Bas, 6 avril.
France et Suisse, 14 décembre.
Grande-Bretagne et Portugal, 16 novembre.
Grande-Bretagne et Suède-Norvège, 11 août.
Grande-Bretagne et Suisse, 16 novembre.
Italie et Suisse, 23 novembre.
Pays-Bas et Portugal, 1er octobre.
Suède-Norvège et Suisse, 17 décembre.
Belgique et Roumanie, 27 mai.
Danemark et Italie, 16 décembre.
Espagne, Suède et Norvège, 30 mars.
Danemark et France, 15 septembre.
Suède et Norvège, 26 octobre.

De plus, un certain nombre de conventions avaient été
signées entre les États-Unis et divers États européens que
l'opposition du Sénat américain a empêché de mener à bonne
fin.

Dans cette série nouvelle, nous trouvons un peu plus de

variété. Entre la Belgique et la Suisse l'arbitrage n'est obligatoire que pour les contestations provenant : 1° de l'interprétation et de l'application de traités conclus ou à conclure, à moins que de tierces Puissances n'y aient participé ou adhéré ; 2° de réclamations pour dommages quand le principe de l'indemnité est reconnu, et encore sous les réserves d'usage. Cela est fort limité comme formule. Le traité belge-roumain se borne aussi à une énumération limitative comprenant surtout des matières du domaine du droit privé.

Entre la Suisse et la Suède, les Hautes Parties s'engagent, au contraire, à ne pas exciper des réserves dans les cas spécifiés qui sont identiques aux précédents.

Les autres traités relèvent de la formule habituelle, sauf le traité danois-italien qui est tout à fait général. Ensuite le mouvement se ralentit. Notons pourtant, le 10 février 1908, la convention entre les États-Unis et la France spécifiant que l'on respecterait les règles constitutionnelles en vigueur dans les deux pays. Mais les exigences du Sénat américain firent échouer ce traité, ainsi qu'un projet identique repris en 1911.

Nous n'avons, certes, pas signalé tous les traités d'arbitrage permanent actuellement en vigueur. A aucune époque on n'en avait vu un nombre pareil, cela est certain.

Doit-on voir dans cette abondance de traités un signe de progrès de la cause de la paix? On n'en doutait pas à la conférence de La Haye de 1907 et l'on citait ces nouveaux traités comme une œuvre considérable due à l'influence de la première conférence. Je ne partage pas cette opinion. Jusqu'à ce qu'ils aient reçu leur exécution, des traités semblables sont de pures marques de bonne volonté, le progrès attendu ne résulte pas de leur signature, mais des arbitrages qu'ils détermineront[1]. Il faudrait donc démontrer que, grâce

---

[1] On peut remarquer que les très nombreuses questions juridiques soulevées entre États par la guerre actuelle n'ont pas encore donné lieu à une seule application des traités d'arbitrage. Il n'est pas douteux cependant que beaucoup de ces questions sont nées entre des nations liées par des conventions de cette sorte.

à ces conventions, le nombre des instances arbitrales a
augmenté et il serait meilleur encore d'établir que, par suite
de l'influence pacificatrice de ces traités, l'arbitrage a été
étendu à des causes plus importantes qui n'étaient point
comprises autrefois dans son domaine. Alors on pourrait
parler des progrès de la cause de la paix. Or, les choses ne
se sont point passées ainsi. Les cas d'arbitrage soumis à la
cour permanente de La Haye, par application des conventions
susdites, sont très rares et d'aucun de ces cas on ne peut
penser qu'il aurait donné lieu à un conflit armé si la convention n'avait pas été conclue.

Les conventions d'arbitrage permanent ont tous les défauts
que les conventions de La Haye présentent elles-mêmes.
Elles semblent exprimer des engagements, créer des sûretés
et changer quelque chose aux pratiques usitées entre les
nations ; or, si on les presse un peu, on ne rencontre en elles
rien de solide. Nous savons déjà combien le terme de « questions juridiques » est peu précis et, par conséquent, combien
il est facile de prétendre que l'on ne se trouve pas en présence
d'une question juridique. Que dire de la réserve relative aux
intérêts vitaux, à l'indépendance, à l'honneur, parfois à la
souveraineté des Puissances Contractantes ? Quelle question
ne passera pas entre les mailles de ce filet ? Il est toujours
possible de soutenir qu'un litige touche aux intérêts vitaux
ou à l'honneur d'une nation ou encore à son indépendance [1].
Il suffit de l'affirmer. Aucune preuve n'est requise. Des textes
ainsi faits signifient en réalité que lorsqu'un conflit se produira les nations en demanderont la solution à un jugement
arbitral quand elles le voudront. Cela ne veut pas dire autre
chose.

En fait, quand un conflit un peu sérieux vient à se produire on ne se rappelle plus que de tels traités aient jamais

---

[1] A prendre les choses au pied de la lettre, le mot d'indépendance ne
devrait jamais être employé seul dans les traités de cette espèce. Aucun
compromis d'aucune sorte ne peut être fait sans porter une atteinte à l'indépendance de l'État. C'est l'évidence même. Il faudrait au moins dire l'indépendance essentielle à l'État.

été signés, pas plus, du reste, qu'on ne se souvient des clauses de médiation insérées dans les traités ou des appels à la concorde que l'on rencontre dans les conventions de La Haye. Les traités d'arbitrage permanent sont à la mode et c'est pour cela qu'ils se sont autant multipliés. Ils passeront de mode quand on aura vu qu'ils ne servent à rien. Il n'est pas souhaitable que ces traités subsistent. Ils sont une pure apparence, un trompe-l'œil. Lorsque des Puissances veulent recourir à l'arbitrage, elles n'ont pas besoin d'un traité qui les y invite. Il suffit qu'elles signent un compromis et, d'autre part, aucun traité ne décidera deux États à un arbitrage lorsqu'ils n'auront pas envie d'y recourir. Au fond, cela est raisonnable. Un État ne doit pas se dessaisir à l'avance de la direction de ses propres affaires, il entend ne se remettre à un juge qu'à bon escient et quand il le veut bien [1].

Arbitrages confiés à la cour de La Haye. — Les conférences de La Haye pour la solution pacifique des litiges internationaux ont obtenu un résultat plus réel que ces nombreuses conventions d'arbitrage permanent dont j'ai parlé. La cour permanente de La Haye, création de la réunion de 1899, a été saisie de quelques litiges qu'elle a terminés par des jugements arbitraux.

Quelques litiges, pas beaucoup. Il est curieux d'observer qu'en dépit de la curiosité que cette institution nouvelle excitait, et malgré la faveur dont elle jouissait dans les cercles

---

[1] On se rappelle le peu de succès de la proposition faite par la Russie de soumettre le différend austro-serbe à la cour de La Haye. Il ne pouvait pas en être autrement. Lorsqu'une Puissance, même une Puissance aussi coupable que l'était l'Allemagne dans la circonstance, tient assez à une prétention pour risquer en sa faveur son existence même, il est puéril de lui demander de faire juger sa cause par des arbitres, simples particuliers sans responsabilité et sans grandes lumières en fait de gouvernement. On nous rapporte maintenant que la guerre a été décidée dans un conseil tenu le 5 juillet 1914 à Berlin. Après cela, toute tentative pacifique était vouée à l'insuccès. Il n'est pas sans intérêt de remarquer que les très nombreuses questions de neutralité soulevées pendant la guerre actuelle n'ont pas fourni une seule application aux traités d'arbitrage permanent existant entre les Puissances qu'elles concernaient.

officiels, la cour de La Haye a jugé un petit nombre de causes, loin de la majorité de celles qui, depuis qu'elle existe, ont été soumises à des arbitres. Pourquoi ce peu d'empressement à aller à La Haye? On ne se l'explique pas bien. Peut-être les intéressés ont-ils craint cet appareil de justice un peu solennel et n'ont-ils eu aucun goût pour l'application rigoureuse des principes du droit international. Ceci est un peu plus qu'une pure supposition. De tout temps les Puissances qui recouraient à l'arbitrage ont eu coutume de recommander aux arbitres de juger suivant l'équité plutôt que suivant le droit. Il est possible après tout que la peur du droit ait provoqué ce mouvement de rétraction.

Voyons ces arbitrages dans l'ordre de leurs dates. Naturellement je me préoccuperai surtout des règles juridiques qu'ils ont appliquées.

Affaire des fonds pieux de Californie. — Le premier se réfère à un différend entre les États-Unis et le Mexique. C'est l'affaire des fonds pieux des Californies. Le compromis est du 22 mai 1902, la sentence du 14 octobre de la même année. Il s'agissait d'un arriéré de trente-neuf annuités dû par le Mexique aux États-Unis sur des fondations pieuses faites autrefois au Mexique et dont une part semblait devoir revenir à l'archevêque de San-Francisco et à l'évêque de Monterey [1]. L'existence de la dette avait été reconnue par une sentence arbitrale antérieure, celle du 11 novembre 1875 rendue par sir Edward Thornton comme surarbitre. On se demandait si l'autorité de la chose jugée pouvait être invoquée dans l'espèce, et au cas de l'affirmative quelle somme était due et en quelle monnaie elle devait être payée.

---

[1] *Revue générale de droit international public,* 1902-3-24. Ces fonds provenaient de dons faits aux missions des jésuites. Ils avaient passé à l'Espagne lors de l'expulsion des jésuites et au Mexique après l'indépendance. Ils furent aliénés et transformés en une rente par le dictateur Santa Anna. Après l'annexion de la Californie aux États-Unis, ceux-ci réclamèrent la rente et l'affaire fut soumise aux commissions mixtes instituées par le traité de Guadalupe Hidalgo.

Les arbitres nommés par le gouvernement des États-Unis furent MM. Fry et de Martens, par le Mexique MM. Asser et de Savornin Lohman. Ils choisirent comme surarbitre M. Matzen. La procédure choisie était celle qu'avait organisée la conférence de La Haye.

Le tribunal arbitral a décidé qu'il y avait identité entre le litige actuel et celui qui avait été vidé antérieurement par sir E. Thorton, donc que les sommes réclamées étaient dues. Il a jugé aussi que les règles de la prescription étant de droit civil ne sont pas applicables aux conflits en litige. Enfin, sur la monnaie à employer pour le payement, il a adopté une solution différente de celle que le premier arbitre avait donnée.

Ce jugement appelle de multiples observations. Il contient en effet deux affirmations également discutables. La première est l'application aux jugements arbitraux de l'autorité de la chose jugée. C'est une grosse question, parce que deux juridictions arbitrales saisies successivement d'une même affaire sont deux collèges entièrement indépendants l'un de l'autre, de telle sorte que l'on pourrait soutenir que ce qui a été été décidé par le premier ne s'impose en aucune façon au second. Ces juridictions ne prononcent pas au nom d'une même puissance publique, qui ne pourrait pas sans contradiction nier ce qu'elle a antérieurement affirmé.

Par contre, les mêmes motifs existent ici et dans les procès civils de respecter l'autorité de la chose jugée, la nécessité de fixer un terme aux procès et la volonté des parties de régler définitivement leurs rapports, volonté particulièrement nette dans un arbitrage qui est toujours spontané. La solution n'est donc pas incorrecte, mais elle aurait demandé à être motivée plus sérieusement.

L'affirmation relative à la prescription nous laisse plus de doutes. Elle serait de droit civil et non de droit des gens. Pourquoi ? La *præscriptio* romaine d'où elle dérive faisait partie du *jus gentium* cependant, et, si l'on scrute les motifs qui l'ont fait établir, apparaît en première ligne le besoin de ne pas éterniser les contestations. A bien voir les choses, il y a une analogie certaine entre l'autorité de la chose jugée et la prescription et on ne s'explique pas qu'après avoir admis la première, le tribunal arbitral ait rejeté la seconde. On dira que le fait d'avoir compromis sur un point litigieux accuse l'intention de s'en rapporter absolument à la décision de l'arbitre, mais le fait d'avoir laissé passer trente-trois ans sans réclamer sa dette n'implique-t-il pas cette renonciation sur laquelle la prescription est basée? Il semble que les arbitres ont traité bien légèrement cette question de prescription.

Enfin, contrairement au jugement de sir Ed. Thornton qui avait ordonné que les paiements fussent faits en or, les arbitres ont admis l'emploi de la monnaie d'argent. Pourquoi écarter sur ce point l'autorité du jugement rendu? Parce qu'il ne concernerait pas le fond du droit, mais seulement l'exécution. La distinction paraît assez subtile. L'arbitre avait dit que le paiement se ferait en or, parce que la somme était due en or. On ne voit pas que l'on puisse couper ainsi en deux son jugement. Plus probablement, les arbitres ont voulu donner une apparence de satisfaction au Mexique. Au total, l'argumentation des juges a été faible et insuffisante dans cette affaire.

Affaire des créanciers du Vénézuéla. — La question la plus importante de celles qui ont été soumises à la cour permanente de La Haye est l'affaire des créanciers du Vénézuela. L'arbitrage organisé a été dans la circonstance le dernier terme d'une longue procédure; il n'a même porté que sur une question incidente, mais une question d'une réelle importance au point de vue juridique.

En 1902 [1], l'Allemagne, l'Angleterre et l'Italie élevaient des réclamations contre le Vénézuela. La plupart des demandes formulées avaient leur origine dans des pertes subies par les nationaux de ces trois Puissances au cours des guerres civiles vénézueliennes; quelques-unes procédaient

---

[1] Cf. Mallarmé, *Revue générale de droit international public,* 1906, p. 423 et s.

de l'inexécution des contrats passés par des commerçants
avec les autorités publiques du pays. En outre, l'Angleterre
se plaignait d'une saisie irrégulière de bateaux marchands
portant son pavillon..

Le Vénézuela se défendit en procédurier consommé. Il
prétendit d'abord renvoyer les intéressés devant une commission vénézuelienne, instituée par décret du 24 janvier 1901
précisément pour juger les réclamations de ce genre; cette
commission était un véritable tribunal dont les décisions
pouvaient être portées en appel devant la haute cour de justice du pays. Cette prétention avait évidemment pour objet
d'exclure la réclamation par voie diplomatique; elle était
d'une remarquable virtuosité. La thèse du Vénézuela consistait à se retrancher derrière sa souveraineté, alléguant qu'il
appartient à chaque État d'établir les tribunaux qu'il lui plaît
d'organiser et que, ces tribunaux étant précisément chargés
de décider des réclamations que des personnes quelconques
peuvent avoir à faire valoir contre l'État, les étrangers étaient
dans le devoir de se soumettre à leur juridiction, à peine de
prétendre avoir dans le pays même un traitement préférable
à celui des nationaux.

Les Puissances intéressées n'étaient pas disposées à se
rallier à cette thèse. A la réclamation d'indépendance faite
par le Vénézuela, elles opposaient leur droit de protéger leurs
nationaux. La querelle s'envenima à tel point qu'elle finit
par des coups et que la violence seule réussit à avoir raison
de la résistance du Vénézuela.

Au point de vue juridique, la question soulevée est délicate
et importante. Il semble qu'il n'y ait rien à répondre à un
État qui prétend simplement appliquer la même loi de procédure à ses créanciers nationaux et étrangers, mais il paraît
en même temps que cette possibilité d'ouvrir une instance
devant les tribunaux du pays sera d'un maigre secours pour
des créanciers étrangers. Il est difficile de concilier ces deux
points. Je crois que l'on ne peut y parvenir d'une façon
satisfaisante qu'en disant que des étrangers ne peuvent pas
plus être soumis dans leurs réclamations à des juridictions

purement locales qu'ils ne seraient tenus de respecter des lois locales qui viendraient restreindre ou supprimer lesdites réclamations. L'indépendance de l'État existe incontestablement, mais elle n'est pas illimitée ; l'État doit en tout cas satisfaire à ses obligations internationales, et l'une de ses obligations les plus certaines est de payer les dettes qu'il a contractées à l'étranger.

Quoi qu'il en soit, le Vénézuela, devant la manifestation opérée par les Puissances étrangères, manifestation consistant dans un blocus et dans le bombardement du fort de San-Carlos, céda et réclama, par l'intermédiaire du ministre des États-Unis, l'organisation d'un arbitrage. Les Puissances intervenantes ne cédèrent pas ; elles voulurent d'abord que certaines de leurs créances fussent réglées. Pour le reste, le principe de l'arbitrage fut accepté par elles. Les fonctions d'arbitre furent même déférées au président Roosevelt qui, méfiant, les déclina et renvoya les Parties devant la cour permanente de La Haye. L'accord s'établit ainsi avant l'arbitrage par le paiement immédiat des créances appelées de premier rang et par l'affectation aux autres créances d'un droit de 30 % qui serait prélevé sur les produits des douanes de Puerto-Cabello et de la Guayra.

La question du droit préférentiel prétendu sur ces sommes par les trois Puissances bloquantes au détriment des autres créanciers du Vénézuela était réservée. Ce fut précisément cette question qui fut soumise à la cour de La Haye.

En dehors des trois Puissances qui prétendaient ainsi un droit de préférence, beaucoup d'autres pays, la Belgique, l'Espagne, les États-Unis d'Amérique, la France, le Mexique, les Pays-Bas, la Suède, la Norvège, avaient aussi des réclamations à faire valoir contre le Vénézuela. Le principe de leurs créances était même accepté ; restait à savoir comment on partagerait ces 30 % qui avaient été prélevés sur les douanes vénézueliennes.

L'empereur de Russie [1] désigna trois arbitres : M. Moura-

____
[1] Protocole du 7 mai 1903, art. 3.

wieff, M. Lammasch et M. de Martens. Le tribunal devait donc se prononcer sur le droit à un traitement préférentiel au profit des Puissances bloquantes, et plus généralement sur tout droit de préférence ou de gage dont une quelconque des Puissances créancières se dirait nantie.

La procédure s'ouvrit à La Haye le 1er octobre 1903. Le jugement fut rendu le 22 février 1904. Dans ce jugement, la cour, écartant les questions qui n'étaient point de sa compétence, se borna à dire qu'en admettant les Puissances dites pacifiques, parce qu'elles n'avaient pas concouru aux mesures de rigueur dirigées contre le Vénézuela, à adhérer au protocole du 13 février 1903, les Puissances bloquantes n'avaient eu l'intention de renoncer ni aux droits qui leur étaient acquis, ni à la position privilégiée qu'elles avaient en fait ; qu'à cette date du 13 février 1903, le Vénézuela n'avait reconnu que les réclamations des Puissances bloquantes, que dès lors les Puissances pacifiques n'avaient pu, par suite d'un blocus auquel elles n'avaient pas pris part, acquérir de droits nouveaux. La conclusion de ce jugement était la reconnaissance du droit préférentiel prétendu par les Puissances bloquantes.

On peut dire de ce jugement arbitral qu'il est l'un des plus contestables et des plus dangereux qui aient jamais été rendus. Il est contestable, parce que le tribunal chargé d'appliquer à la cause le droit international adopta un principe qu'aucune bonne législation ne saurait accepter, ce principe qu'il peut y avoir des privilèges simplement implicites et résultant d'une pure situation de fait. On a invoqué le protocole et cette circonstance que, lors de l'acte du 13 février 1903, certaines créances seules ont été admises. Mais le fait qu'une créance est admise et que l'autre ne l'est pas encore ne suffit pas, en droit, pour donner à la première un rang d'antériorité sur la seconde. On peut remarquer en outre que l'article 5 de ce fameux protocole du 13 février ne réservait pas aux seules Puissances bloquantes les 30 °/₀ prélevés sur les douanes, mais les destinait également à la satisfaction de toutes les réclamations similaires.

Les arbitres ont pensé qu'il était juste de donner un avantage dans ce règlement aux Puissances qui, par leur décision rapide et par l'énergie des moyens qu'elles avaient employés, avaient amené le Vénézuela, si longtemps opiniâtre dans ses résistances, à reconnaître ses dettes. C'est là précisément ce que l'on doit voir de dangereux dans leur sentence. Émettre un jugement pareil, c'est donner une véritable prime à l'emploi de la force dans les relations internationales ; c'est donc aller directement contre le but que la conférence de La Haye s'était proposé d'atteindre. Si cette sentence devait faire jurisprudence, un État, dans un cas analogue, n'aurait rien de mieux à faire que d'employer au plus tôt la force pour appuyer ses réclamations, afin de bénéficier le cas échéant d'un droit de préférence sur les États moins prompts à agir. Nous considérons cependant que si les Puissances intervenantes s'étaient contentées de réclamer une préférence pour les frais que leurs expéditions leur avaient coûtés, dans cette mesure, préférence aurait pu justement leur être donnée par analogie avec le privilège des frais de justice reconnu dans toutes les législations ; mais aller au delà est donner une solution arbitraire à l'affaire.

Le paiement de l'indemnité ainsi promise par le Vénézuela a donné lieu, du reste, à de nombreuses difficultés, et cela démontre qu'il serait sage, dans des cas semblables, d'exiger de la part de l'État débiteur des garanties spéciales d'exécution. Le Vénézuela s'étudia à rendre improductif le gage qu'il avait été obligé de concéder à ses créanciers et nous ne savons même pas si, à l'heure actuelle, la décision du tribunal de La Haye est complètement exécutée.

Baux perpétuels du Japon. — Un arbitrage beaucoup plus satisfaisant est celui des baux perpétuels du Japon [1].

Au milieu du XIXe siècle, lorsque les Puissances occidentales s'ouvrirent les portes, jusque-là fermées, de l'empire du Japon, de grosses difficultés surgirent quant au mode de leur

[1] *Revue générale de droit international public*, 1905, p. 492 et s.

établissement. A cette époque, les étrangers ne pouvaient pas devenir propriétaires d'immeubles au Japon. On tourna la loi en leur concédant des baux perpétuels, baux qui mirent à leur disposition les terrains qui leur étaient nécessaires dans les ports ouverts à leur commerce. Ces baux furent consentis sous certaines conditions, notamment celle de payer une rente et de construire sur les terrains cédés des bâtiments dont les matériaux et la valeur étaient même conventionnellement déterminés ; il n'était, du reste, aucunement question d'impôts à prélever sur ces constructions. C'est ainsi que se formèrent les établissements européens au Japon. Ils relevèrent longtemps de la juridiction exclusive des consuls. On sait que, par une série de traités conclus depuis 1894, la situation changea. Le Japon obtint des Puissances occidentales l'abolition des juridictions consulaires et l'établissement de relations égales avec celles-ci. Cette transformation n'allait pas sans des modifications apportées dans la condition des établissements étrangers. Les quartiers européens ne relevaient plus de la juridiction des consuls, ils furent incorporés dans les communes japonaises; du reste, les baux perpétuels concédés aux Européens étaient confirmés, et il était stipulé que les propriétés de cette nature ne seraient soumises à aucun impôt, charge ou condition quelconque en dehors de ceux qui avaient été stipulés dans les baux eux-mêmes.

Peu de temps après la mise en vigueur des nouveaux traités, dès 1899, les autorités japonaises prétendirent soumettre à l'impôt les bâtiments élevés sur les terrains loués, argumentant de ce que l'exemption, qu'elles ne pouvaient pas contester, s'appliquait aux seuls terrains qui avaient été loués, et non pas aux constructions qui les couvraient.

Des négociations s'ouvrirent à cet égard et se poursuivirent sans résultat jusqu'en 1902. A cette date, un arbitrage fut proposé par le Japon et accepté par les gouvernements de France, d'Allemagne et de Grande-Bretagne en vertu d'un compromis signé à Tokio le 28 août 1902. Les arbitres, choisis parmi les membres de la cour permanente de La Haye, furent M. Motono pour le Japon, M. Renault pour les trois Puissances européennes ; le surarbitre, un Norvégien, M. Grogers Gram. La procédure fut écrite et consista dans le dépôt d'un certain nombre de mémoires.

Dans cette cause, les apparences étaient en faveur des Puissances européennes. Le Japon, cependant, se défendit avec une grande vivacité. Il argumenta de ce que le mot de « propriété » n'a pas, en droit japonais, le même sens que dans nos pays ; au Japon, la superficie constitue une propriété distincte de celle du sol et ainsi l'exemption d'impôts, consentie à un moment où les bâtiments n'existaient pas, n'avait pas de raison de s'étendre aux constructions qui avaient été élevées ensuite. Il prétendait aussi également que l'immunité d'impôts était une conséquence des privilèges consulaires et ne devait pas subsister, ces derniers ayant disparu. Cette dernière raison ne pouvait guère être soutenue. La première, au contraire, était plus sérieuse.

Il est assez raisonnable, s'agissant de terrains situés au Japon, de commenter le mot de propriété d'après les usages japonais. Cependant il paraissait, d'autre part, très certain que l'intention des Parties avait été d'exempter d'impôts toutes les propriétés concédées aux étrangers, et jusqu'en 1899 c'est ainsi que ces traités avaient été interprétés. C'est de la même façon que le tribunal les interpréta par son arrêt du 22 mai 1905. Il précisa, en effet, que la rente payée par les concessionnaires comprenait non seulement un prix de location, mais aussi une redevance destinée à servir de contribution aux charges municipales, et ajoutait à cela que le gouvernement japonais, lorsqu'il accorda ces concessions, ignorait d'autant moins que des constructions seraient bâties sur les terrains loués que précisément l'établissement de ces bâtiments fut l'une des conditions des contrats. Du reste, les travaux préparatoires du traité anglo-japonais fournissaient certains arguments en faveur de cette thèse.

Le tribunal donna donc raison aux Puissances européennes par un jugement qui fut incontestablement bien rendu, bien qu'il soit regrettable qu'il n'ait pas été conçu comme une décision de principes.

Nous noterons spécialement que ce jugement arbitral est l'un des rares documents de cette espèce qui ait appliqué véritablement le droit et ne porte pas le caractère d'une transaction. L'arbitre japonais, M. Motono, s'appuyant sur l'article 52, § 2, de l'acte de La Haye, refusa de signer la sentence et exprima formellement son dissentiment d'avec ses collègues. On ne voit pas bien la raison d'une pareille conduite. M. Motono ne voulait pas dire par là qu'il ne considérât pas son pays comme obligé d'exécuter la sentence ; entendait-il exprimer cette idée que le Japon ne considérerait pas ce précédent comme obligatoire ? C'était, dans tous les cas, peu utile, l'affaire est extrèmement spéciale et en cette matière les précédents n'ont pas de valeur légale certaine. En dehors de ces motifs, de peu d'importance comme on voit, l'acte de l'arbitre japonais marquait peu de déférence pour le tribunal, et il est véritablement regrettable qu'il ait été accompli.

L'incident de Hull [1]. — Au point où nous sommes arrivés dans l'étude des sentences arbitrales rendues par la cour de La Haye, se présente un document qui n'est pas un jugement arbitral, mais un simple rapport qui a un lien étroit avec l'œuvre des conférences de La Haye, le rapport rédigé par la commission internationale d'enquête réunie à Paris pour apprécier les circonstances dans lesquelles s'était passé le mémorable incident des pêcheurs de Hull ou du *Doggerbank*.

Les commissions internationales d'enquête sont, on s'en souvient, une création de la conférence de 1899. Les membres de la conférence avaient été frappés de ce fait que souvent un conflit peut naître et s'envenimer entre deux nations simplement parce que l'incident qui l'a fait naître est mal connu et donne lieu à des interprétations différentes dans chacun des pays intéressés. On cite à ce propos l'incident de l'explosion du *Maine* dans le port de La Havane, explosion

---

[1] Mandelstam, *Revue générale de droit international public,* 1905, p. 161 et 351.

qui a compté parmi les causes de la guerre hispano-américaine et qui fut due, on l'a su depuis, à des raisons purement accidentelles.

Dans le but d'éviter ces méprises, on a pensé à La Haye que le mieux était de faire faire les enquêtes par des personnes indépendantes des Parties contendantes et on a organisé des commissions internationales d'enquête à l'imitation des juridictions arbitrales. Le projet n'a pas passé sans difficulté et il n'est pas non plus sans défauts.

Ce qu'il faut en retenir, c'est que les commissions internationales d'enquête ne rendent pas de jugements, elles se bornent à constater des faits, mais leurs constatations sont naturellement obligatoires pour les Puissances qui les ont constituées. Leur ministère est du reste purement facultatif.

L'incident du *Doggerbank* se passa dans la nuit du 22 octobre 1904. La flotte de l'amiral Rojestwensky, en route pour l'Extrême-Orient, se crut menacée par des torpilleurs ennemis dans les parages de Hull. Les vaisseaux du dernier échelon de l'escadre ouvrirent le feu et ce feu causa de graves dommages à une flottille de chalutiers anglais, tuant deux hommes, en blessant plusieurs autres, endommageant divers bateaux. L'émotion fut vive en Angleterre et des réclamations tendant à la réparation des dommages et à la punition des coupables furent immédiatement adressées au gouvernement russe. La Grande-Bretagne menaçait d'intervenir elle-même à défaut de satisfaction immédiate. Ainsi le conflit devenait fort sérieux.

Après quelques pourparlers on arriva à la signature de la déclaration de Saint-Pétersbourg du 25 novembre 1904. Cette déclaration instituait une commission internationale d'enquête pour arriver à l'éclaircissement des faits. A la demande de l'Angleterre et contre l'avis de la Russie, cette commission devait étendre son enquête à la question de la responsabilité et du degré de blâme encouru par ceux qui avaient participé à l'affaire.

La commission fut composée de cinq amiraux, russe,

anglais, américain, français et un autrichien choisi par les
autres commissaires. Elle siégea à Paris et émit son rapport
le 25 février 1905.

Ce rapport analyse très soigneusement les faits. Il estime
que les précautions prises et les ordres donnés par l'amiral
n'eurent rien d'excessif, étant donné que la présence de
torpilleurs avait été signalée, mais que le fait d'avoir
commandé le feu engageait la responsabilité de l'amiral, et,
bien que ne constituant pas un acte hostile, n'était pas justi-
fiable. Il explique que les chalutiers ont pu se croire visés
directement alors qu'ils n'étaient l'objet que d'un tir indirect.
Il juge que le feu avait été trop long et regrette qu'en doublant
le Pas de Calais l'amiral n'ait pas signalé que les chalutiers
avaient besoin de secours. Il termine par un hommage à
l'amiral Rojestwensky.

Voilà le seul cas dans lequel l'institution des commissions
d'enquête ait fonctionné jusqu'ici. Ce qui frappe dans ce
rapport, c'est qu'il contient tous les éléments d'un véritable
jugement, il n'y manque que le dispositif. Ne le reprochons pas
aux commissaires, la déclaration de Saint-Pétersbourg obli-
geait à procéder ainsi, mais il n'est pas moins vrai qu'à
vouloir user de ce moyen on tombe presque fatalement dans
l'arbitrage. Cela est de nature à inspirer des doutes sur
l'opportunité de la création de ces commissions. Il est difficile
de les réduire au simple rôle d'enquêteur sans aborder le
chapitre des responsabilités et même, si l'on y parvenait, il
serait très difficile aux commissaires de donner leur opinion
sur les faits sans laisser entrevoir leur opinion sur
les responsabilités. Qu'une institution nouvelle ne donne
pas tous les fruits que l'on en attendait, cela n'a rien qui
puisse étonner et la déception aurait été minime si les auteurs
de cette innovation n'avaient pas d'abord décerné des éloges
très exagérés à leur œuvre.

Affaire des boutres de Mascate. — La sentence
rendue le 8 août 1905 par MM. Lammasch, Melville, W.
Füller et de Savornin Lohman prête à des critiques sé-

rieuses[1]. Il s'agissait du droit de la France à concéder l'usage de son pavillon aux patrons de certains petits navires (boutres ou dhows) sujets de l'iman de Mascate. L'Angleterre réclamait contre cet usage et s'appuyait soit sur le traité franco-anglais du 10 mars 1862 par où fut reconnue l'indépendance du sultan de Mascate, soit sur l'article 32 de la convention antiesclavagiste de Bruxelles du 2 juillet 1890.

On observera que cet arbitrage fut l'une des rares procédures engagées par application d'un traité permanent d'arbitrage (traité franco-anglais du 13 octobre 1904), et aussi qu'en exécution du compromis (art. 5) les arbitres ont fait appel à cet article 48 de la convention de La Haye de 1899 dont nous avons signalé le danger, et déterminé à leur gré la limite de leur compétence.

Le litige portait principalement sur le point de savoir si ces boutriers pouvaient passer pour des protégés de la France et pouvaient en conséquence arborer son pavillon. La sentence fut rendue contre la France et n'autorisa le port de nos couleurs qu'aux seuls boutriers ayant un titre antérieur à 1892. Cette sentence est singulière. Elle reconnaît que le port du pavillon français par certains navires appartenant à des patrons de Mascate ne constitue pas une atteinte à l'indépendance du sultan de Mascate, sans observer que cette affirmation met hors de cause la déclaration du 10 mars 1862 sur laquelle l'Angleterre a basé sa réclamation, ce qui logiquement aurait dû la faire rejeter. Plus loin, pour définir le terme *protégé,* elle applique des lois turques et des conventions passées avec le Maroc, puis de suite après elle refuse d'appliquer les mêmes lois à la question de la transmissibilité de la protection. Pourquoi cette incohérence? Tout cela est d'une méthode bien lâche et qui mènerait loin si on tentait de la généraliser. La France a perdu là son procès pour de mauvaises raisons, qui font voir que l'on ne peut guère entretenir l'espérance de posséder un jour une bonne

---

[1] *Revue générale de droit international public,* 1906, p. 4 d, et Bressonent, *id.,* p. 145 et s.

jurisprudence internationale tirée des décisions de la cour
permanente de La Haye.

Affaire des déserteurs de Casabianca. — L'affaire des
déserteurs de Casabianca [1] n'est pas encore tombée dans
l'oubli. Pendant que les troupes françaises étaient occupées à
réprimer les désordres qui s'étaient produits au Maroc, dans
la Chaouïa, six soldats de la légion étrangère, dont trois
Allemands, un Français, un Russe et un Suisse, désertèrent
et le 25 septembre 1908 tentèrent de gagner un bateau allemand en rade de Casabianca; ils avaient été accompagnés par
le secrétaire du consulat allemand et par un soldat marocain
attaché à ce consulat. Mais leur embarcation chavira et les
déserteurs durent rejoindre la terre à la nage.

Là ils furent saisis par une patrouille envoyée à leur poursuite. Une rixe s'ensuivit, des injures furent proférées, des
coups échangés. Finalement les déserteurs furent incarcérés
malgré les protestations du consul allemand. De là naquit un
conflit assez sérieux, l'Allemagne affectant une grande indi-
gnation de l'atteinte portée à l'autorité de son consul, sans
se demander si ce fonctionnaire n'avait pas lui-même outra-
geusement manqué à ses devoirs. Après des négociations
longues et délicates, on en arriva, le 10 novembre 1908, à
un protocole qui remettait l'affaire au jugement de la cour
arbitrale de La Haye. Les arbitres furent sir Edward Fry,
MM. Fusinato, Kriege, Renault avec M. de Hammerskiöld,
comme surarbitre. C'était un tribunal très bien composé,
chacune des Puissances en litige y possédant un représentant et les arbitres tiers et entièrement indépendants se trouvant au nombre de trois contre deux.

La question était extrêmement délicate. Il s'agissait de
savoir qui, dans cette affaire, avait outrepassé ses pouvoirs.
Si la protection exercée par le consul sur les déserteurs était
la conséquence légitime de l'état de droit résultant des capitulations signées avec l'empereur du Maroc, l'intervention

---

[1] Gidel, dans la *Revue générale de droit international public*, 1910, p. 326.

des autorités militaires françaises était abusive et appelait
les réparations demandées; si, au contraire, les soldats déserteurs étaient sous la puissance de leurs chefs, c'est le consul
qui avait eu grand tort de s'immiscer dans cette affaire.
Disons de suite que de ces deux alternatives la seconde seule
était à retenir. Cette portion du Maroc était occupée par les
troupes françaises et cette occupation était légitime, quoique
non conforme aux dispositions de l'acte d'Algésiras du 7 avril
1906, tout à fait insuffisantes sur ce point. La France avait
envoyé des troupes au Maroc pour y protéger ses nationaux,
comme elle avait le droit de le faire, et ces troupes servaient en même temps à la protection des autres Européens
établis dans la région troublée.

Or, lorsque les troupes d'un État occupent un territoire
étranger, soit en temps de guerre, soit pendant la paix, pour
suppléer à une autorité locale faible ou divisée, il est de
principe absolu et nécessaire qu'elles ont le droit d'y faire
tout ce que requiert le maintien de l'ordre et particulièrement
d'y assurer par tous les moyens le respect de la discipline
dans le sein du corps d'occupation. Les chefs militaires ont
donc le droit de faire rechercher et saisir les soldats déserteurs sans qu'il puisse appartenir à aucune autorité de con-
trecarrer leur action.

C'est bien ce qu'a reconnu le tribunal arbitral par sa sentence du 22 mai 1909, lorsqu'il a refusé la restitution demandée[1]. Mais l'argumentation employée paraît avoir été
construite dans le dessein d'imputer à chacune des Puissances
en cause des torts à peu près égaux, de façon à balancer les
responsabilités et finalement à ne donner raison à personne.
Le tribunal reconnaît l'existence de la juridiction du consul,
il reconnaît également la juridiction des chefs du corps expé-
ditionnaire sur les hommes qui en font partie. Il décide que
ce conflit de juridiction ne peut pas être tranché par une
règle absolue, qu'il faut tenir compte des circonstances de
fait, etc.

---

[1] *Revue générale de droit international public*, 1909, 36 d.

Arrêtons-nous là, nous ne pouvons pas laisser passer sans protestation ce considérant. Lorque deux juridictions sont en concurrence sur un même point et qu'il faut que l'une cède devant l'autre, une règle de prééminence doit être posée et c'est précisément cette règle que l'on était venu demander à la cour de La Haye. Le rôle de la cour était ici d'autant plus facile à remplir que cette règle existe et qu'il a été décidé maintes fois que le pouvoir disciplinaire d'une armée d'occupation ne peut pas être entravé par les juridictions locales, à plus forte raison par la juridiction toute exceptionnelle d'un consul.

Partant de ces prémisses, le tribunal entreprend une sorte de navigation au cabotage entre les faits de la cause. Il tient la responsabilité du consul allemand pour non engagée, toute la faute retombe sur le secrétaire du consulat (qui n'est pas, lui, un représentant de l'Allemagne). Les militaires français ont eu tort de porter des coups au soldat marocain du consulat allemand au moins plus longtemps qu'il n'était nécessaire (!). La sentence ne pose pas de règle à cet endroit et c'est regrettable. Les déserteurs allemands auraient dû être séquestrés au consulat d'Allemagne au lieu d'être mis en prison, il fallait respecter en leur personne le droit de protection revendiqué par le consul allemand. Toutefois, dans l'état actuel des choses, il n'y a pas lieu d'ordonner la remise de ces soldats.

Dans cette curieuse sentence on ne cesse pas de donner tort à la France et on finit par lui adjuger ses conclusions.

S'il est vrai (comme la presse l'a annoncé) que, quelques mois après, les déserteurs allemands furent libérés et rendus à leur pays, on est tenté de ne pas prendre au sérieux cette affaire. Comme jugement, c'est pitoyable. Pourtant, ne le reprochons pas trop aux juges. Ils ont pris fort probablement cette attitude malgré eux, animés qu'ils étaient du souci de calmer les susceptibilités que cette affaire avait fait naître.

Cet exemple nous montre qu'en dehors des questions d'ordre pécuniaire ou d'importance minime une sentence arbitrale ne peut pas être un véritable jugement.

Affaire Savarkar. — Avec l'affaire Savarkar[1] qui vient ensuite, nous changeons tout à fait de terrain, car il s'agit d'extradition. Un Hindou, accusé de crime politique, Savarkar, était ramené dans les Indes pour y être jugé. Pendant une escale faite à Marseille par le navire *Morea* qui le transportait, Savarkar échappe à ses gardiens, se jette à l'eau, aborde et s'enfuit, poursuivi par les clameurs des gens de l'équipage qui couraient après lui. Voyant cela, un brigadier de gendarmerie se saisit du fugitif qui n'oppose aucune résistance et le ramène au navire assisté des Anglais poursuivants. C'était un procédé d'extradition un peu sommaire. La France réclama. L'affaire fut portée devant la cour de La Haye, qui rendit son arrêt le 24 février 1911. La cour décida que le gouvernement britannique n'était pas obligé de rendre Savarkar.

Nous ne craignons pas de dire que ce jugement de La Haye atteste le plus complet mépris du droit international. On sait qu'il n'y a aucun acte que la pratique internationale ait entouré d'aussi nombreuses formalités que l'extradition. C'est affaire diplomatique. Le gouvernement requérant doit adresser une demande à l'État requis. Celui-ci fait examiner l'affaire et répond par la même voie. On sait aussi que l'on n'extrade pas les criminels politiques. Or, Savarkar appartenait sans doute possible à cette catégorie de délinquants.

Le tribunal, après avoir rappelé les faits et insisté sur ce point que la police française avait promis à l'Angleterre de surveiller les gestes des révolutionnaires hindous qui tenteraient de faire évader leur compatriote, décida qu'il n'existe pas de règle internationale qui oblige un État à restituer un criminel qui a été arrêté et lui a été remis dans de semblables circonstances. Si je ne me trompe, le droit international tout entier proteste contre cette affirmation. Si l'on entend permettre à des policiers étrangers de poursuivre sur notre territoire un criminel évadé ou de l'accepter des mains d'un agent français évidemment ignorant du droit comme du fait,

---

[1] Robin, dans la *Revue générale de droit international public*, 1911, p. 303 et s.

on ne comprend plus le droit si compliqué de l'extradition [1].
De même, pourquoi dire qu'on ne livrera pas un criminel
politique, s'il suffit de s'en saisir en profitant de l'ignorance
d'un agent pour faire tomber la règle de la non-extradition ?
Si le droit de l'extradition peut être méconnu à ce point sans
sanction aucune de la part de la cour, il faut abolir le droit
ou supprimer la cour.

Le droit aurait voulu que Savarkar fût rendu avec
excuses, car la police française n'avait, certes, pas la charge
de l'arrêter et on ne devait pas profiter de l'acte d'un subor-
donné qui avait agi spontanément et ne représentait pas le
gouvernement français.

Le motif véritable de ce jugement paraît différent. On n'a
pas voulu réveiller une question qui, avec le temps, s'était
assoupie, et ainsi une fois de plus le point de vue politique l'a
emporté à La Haye sur le point de vue juridique. Les sentences de cette espèce sont très contraires à la cause de l'arbitrage.

Affaire des îles Gribardana. — A la même époque, la
cour arbitrale eut à juger, entre la Suède et la Norvège, la
question née à l'occasion du petit archipel de Gribardana [2].
L'intérêt de la question était de savoir à qui appartenaient des
pêcheries de homards existant autour de certains bancs de
rochers. Ces parages avaient déjà été l'objet d'une délimitation entre les deux pays en 1661. La sentence du 23 octobre
1909 finit par donner raison à la Suède contre la Norvège, à
qui furent réservées pourtant de petites compensations. La
sentence est très étudiée ; au point de vue du droit elle est intéressante par l'analyse qu'elle contient du traité de 1661 et par
ses affirmations sur ce point que le système de la ligne médiane

---

[1] Je n'entends pas défendre ici la procédure ordinaire de l'extradition. Il
me semble, tout au contraire, que les usages internationaux pourraient être
simplifiés en la matière sans inconvénient aucun. Mais encore tant que ce
droit existe on doit l'appliquer.

[2] Waultrier, dans la *Revue générale de droit international public*, 1910,
p. 177.

et celui du thalweg n'auraient pas été adoptés comme moyens de délimitation dans l'usage du xviie siècle. Du reste, les motifs de sa décision sont de pur fait, consistant principalement en ce que les Suédois avaient les premiers pratiqué sur ces bancs la pêche du homard, sur ce que leurs établissements y étaient bien plus importants que ceux des Norvégiens, et plus encore sur cette circonstance que la plus grande part de beaucoup des dépenses faites dans ces parages pour la sûreté de la navigation avait été supportée par les Suédois.

Ce sont un peu des raisons à côté de la cause, et le tribunal reconnaissait lui-même qu'il modifiait la délimitation antérieure.

Affaire de l'Orinoco. — A la même époque se rapporte le cas de l'Orinoco steamship C° déféré également à la cour de La Haye, cas dont l'intérêt particulier consiste en ce que la cour a statué comme juridiction de révision relativement à un jugement arbitral précédent (sentence du 25 octobre 1910). Le cas est très compliqué dans ses détails, mais d'un ensemble très simple. Le Vénézuela avait fait à une compagnie anglaise d'origine, puis devenue américaine, quantité de concessions et de promesses auxquelles le gouvernement vénézuelien avait ensuite manqué — il s'agissait de la navigation de l'Orénoque. Cette réclamation fut d'abord portée devant une des commissions mixtes constituées par le protocole du 17 février 1903.

Devant la commission, le gouvernement vénézuelien souleva deux exceptions intéressantes au point de vue juridique :

1° Il contesta à la compagnie le droit de faire appel à la protection du gouvernement des États-Unis, parce qu'elle était anglaise et non pas américaine au moment où avaient été signés les contrats, source de la contestation. Comme, du reste, le gouvernement anglais aurait refusé de soutenir une société qui n'était plus de nationalité anglaise, cela voulait dire que la protection d'aucun État ne pouvait s'exercer dans l'espèce. La question est intéressante. On a admis souvent que seul l'État dont le plaignant était le sujet au moment où a été commise l'injustice qui l'atteint peut présenter la réclamation. On considère alors que cette réclamation est fondée sur ce que l'injure faite au sujet est une injure faite à l'État. Mais ce point de vue n'est pas certain. On peut aussi fonder le droit de réclamer sur ce qu'il est du devoir de l'État de ne pas laisser sans protection son sujet victime d'une injustice à l'étranger et alors la même exigence n'existe plus.

En fait, le surarbitre M. Barge ne s'arrêta pas à cette première objection.

De plus, seconde objection, le contrat contenait attribution de compétence aux tribunaux vénézueliens pour toutes les réclamations qui pourraient être faites. C'était la clause Calvo que la diplomatie n'a jamais considérée comme obligatoire pour l'État. Cette seconde objection fut admise sur certains points par le surarbitre.

Dans sa sentence, M. Barge rejeta la presque totalité des réclamations.

Les États-Unis demandèrent la révision de cette sentence. Le Vénézuela s'y opposa, le conflit s'envenima et on alla jusqu'à la rupture diplomatique, enfin le Vénézuela dut céder et, le 13 février 1909, un nouveau compromis fut signé, confiant à des arbitres le soin de rechercher si, étant données les circonstances et d'après les principes du droit international, la première sentence n'était pas entachée de nullité et si elle pouvait être réputée concluante.

Cela comprend à la fois l'excès de pouvoir et l'erreur essentielle. Une pareille mission confiée à des arbitres du second degré met en péril l'institution même de l'arbitrage. Si on peut attaquer pour ces motifs une première sentence arbitrale, pourquoi ne pourrait-on pas attaquer également la seconde? La question a fait grande difficulté à la conférence de La Haye. Elle paraît avoir fait difficulté aussi devant le tribunal arbitral composé de MM. Quesada, Beernaert et Lammasch. Ceux-ci furent très embarrassés pour concilier les termes du compromis avec leur propre intention de considérer l'opinion du surarbitre comme définitive en matière d'interprétation des actes et d'appréciation des faits : aussi ils confondirent les deux notions d'excès de pouvoirs et d'erreur matérielle qui leur étaient soumises. Ils étaient embarrassés encore parce qu'il avait été ordonné de juger en équité, ce qui autorisait M. Barge à accueillir ou à repousser les principes du droit, suivant qu'il les jugeait conformes ou contraires à l'équité. On tomberait à moins dans la confusion. Finalement, le tribunal, par respect pour la liberté de jugement du surarbitre, modifia fort peu la première sentence. Il porta l'indemnité de 28 à 53 mille dollars, au lieu de plus d'un million qui était demandé.

Ce cas est très intéressant en ce qu'il montre toutes les difficultés de la révision en matière arbitrale. Il n'y a en réalité que deux cas où on puisse y songer : l'excès de pouvoir, c'est-à-dire l'incompétence, et l'erreur évidente révélée par la découverte de documents nouveaux.

Si l'on admet que l'arbitre n'est pas juge de sa compétence, toute allégation d'excès de pouvoir pourra conduire à un nouvel arbitrage qui ne sera pas positivement la révision du premier. Quant à l'erreur essentielle, pourquoi ne pas la soumettre au tribunal arbitral qui a rendu la sentence incriminée [1] ?

Conflit des pêcheries canadiennes. — Des questions de pêcheries, qui furent à la même époque l'occasion d'un arbitrage entre la Grande-Bretagne et les États-Unis d'Amérique, remontent dans leur origine jusqu'à l'affranchissement des colonies anglaises. Nous ne pouvons donner qu'un simple aperçu de la question. Les marins des colonies américaines avaient l'habitude de se livrer à la pêche sur les côtes orientales du Canada et de la Nouvelle-Écosse. Le traité de 1783 qui reconnut l'indépendance des États-Unis leur conserva ce droit, mais depuis lors des difficultés incessantes furent suscitées par son exercice. Plusieurs traités furent négociés sur ce point entre les deux États, ils ne suffirent pas à faire cesser les

---

[1] V. Scelle, *Revue générale de droit international public*, 1911, p. 164 et s.

conflits. Enfin, par un compromis du 4 mars 1909, l'affaire fut déférée à des arbitres. On a dit que jamais cause plus considérable n'a été soumise à un arbitrage. Il est certain qu'elle touchait à des intérêts économiques très anciens et très importants. Il faut se rappeler toutefois que les affaires de pêcheries appartiennent au droit traditionnel de l'arbitrage. Le procès fut énorme, il y eut plus de vingt avocats, certains d'entre eux plaidèrent pendant plus de trente heures. La sentence fut rendue le 7 septembre 1910. Elle est elle-même très longue et nous devons renoncer à en donner même la simple analyse. Les sept questions posées par le compromis sont successivement reprises par le tribunal. A propos de chacune d'elles, l'argumentation des deux adversaires est très soigneusement résumée, puis le tribunal donne sa décision. C'est d'une méthode très scrupuleuse, mais on a l'impression que les mêmes choses pourraient être dites sous une forme beaucoup plus concentrée et saisissante [1].

Affaire Canevaro. — L'affaire Canevaro, qui fit l'objet de la sentence du 3 mai 1912 entre l'Italie et le Pérou, nous transporte sur un théâtre différent. Il s'agissait de savoir si une créance considérable appartenant à des commerçants, les frères Canevaro, contre le gouvernement du Pérou, devait être réglée en or ou pouvait l'être en bons de consolidation, suivant la loi péruvienne du 12 juin 1889 [2]. L'intérêt de la question était gros, car ce mode de paiement adopté par le Pérou pour sa dette intérieure imposait de grands sacrifices aux créanciers. La question était donc de savoir si cette créance était comprise dans la dette intérieure péruvienne ou dans la dette extérieure. Elle conduisit à un débat intéressant.

On chercha d'abord à déterminer si Raffaele Canevaro, l'un des frères, était Péruvien ou Italien. Il était né au Pérou et y était considéré comme Péruvien, mais il était né d'un père

---

[1] Cf. Basdevant. *Revue générale de droit international public*, 1912, t. XIX, p. 421.

[2] De Bœck, *Revue générale de droit international public*, 1913, p. 317.

italien et pour cette raison était Italien au regard de la loi
italienne. Un tribunal péruvien l'aurait déclaré Péruvien, un
tribunal italien aurait vu en lui un Italien. Que devait faire
un tribunal d'arbitrage? Le tribunal l'a jugé Péruvien, parce
que Canevaro lui-même paraissait s'être considéré comme
ayant cette nationalité. La solution n'est pas bonne, elle
suppose qu'une personne ayant deux nationalités est libre de
choisir entre elles, ce qui est inexact; la nationalité est un
lien existant entre l'État et l'individu. Ce dernier ne peut rien
y changer de sa seule volonté et un tribunal n'a pas en
pareille matière à tirer argument des préférences de l'individu. Ces questions sont insolubles, juridiquement au moins,
lorsque les deux nationalités ont été acquises en même
temps [1]. Dans ce cas, la seule ressource serait d'imposer au
demandeur, conformément aux lois générales de la procédure, la preuve qu'il possède bien au point de vue international la qualité qu'il revendique et, comme il ne pourrait
faire cette preuve, conclure que son droit n'est pas établi.
De Bœck, à cette occasion [2], distingue entre le droit appliqué
par les juges nationaux et celui qu'appliquent les arbitres,
distinction dangereuse et peu propre à accréditer l'arbitrage.
On se méfie d'un juge qui n'applique pas le droit commun.
Il est curieux d'observer que, dans une sentence arbitrale
antérieure, le même Raffaele Canevaro avait été trouvé Italien.

La même sentence a traité également l'intéressante question de savoir si l'endossement d'un titre de créance au profit
de cessionnaires étrangers pouvait le faire passer de la dette
intérieure dans la dette extérieure et l'a résolue négativement, parce que, le titre étant de nature civile, l'endossement

---

[1] Si elles ont été obtenues successivement, la théorie des droits interna-
tionalement acquis fournit un bon motif de préférence pour la nationalité
obtenue la première (v. nos *Principes de droit international privé*, p. 567).
Dans l'hypothèse contraire on ne peut plus raisonner de même et il faudrait,
pour arriver à une solution rationnelle, qu'il y eût une hiérarchie reconnue
entre le *jus sanguinis* et le *jus soli*.

[2] *Id.*, p. 341.

ne pouvait pas avoir les effets qu'il produit en matière d'actes de commerce. Il a été jugé de même que la transmission par succession d'un titre d'un *de cujus* péruvien à un héritier étranger ne change rien à la nature de la dette.

Enfin les mémoires rédigés pour cette affaire agitaient une question très grave que le tribunal arbitral n'a pas eu à trancher. Des étrangers qui possèdent des intérêts dans un pays peuvent-ils y avoir des droits supérieurs à ceux que possèdent les nationaux? Très sérieuse question, en effet, qui met en concurrence cette idée que les étrangers sont soumis aux mêmes lois que les nationaux du pays pour les intérêts qu'ils y possèdent et cette autre idée que lorsqu'un État s'est engagé envers des étrangers, il doit tenir sa parole à peine de voir l'État étranger venir au secours de ses nationaux.

Le conflit n'est pas, en réalité, aussi terrible qu'il en a l'air.

Observons que cette question ne se pose que lorsque l'État manque à ses devoirs vis-à-vis d'étrangers. C'est une rupture du lien international, un manquement aux devoirs qu'impose la qualité de membre de la société internationale. La responsabilité que vient rappeler l'exercice du droit de protection est tout ce qu'il y a de plus logique. Les nationaux sont privés de tout droit semblable, non pas que théoriquement ce droit leur fasse défaut, mais parce qu'il n'y a pas d'organe qui puisse le faire valoir. Le plus exact serait de dire que les nationaux sont privés d'un droit qu'ils devraient avoir aussi bien que les étrangers. A Rome, au contraire, cet organe existait avec le tribunat de la plèbe.

Cas du « Carthage » et du « Manouba ». — Pendant la guerre de Tripolitaine se sont produits entre l'Italie et la France les incidents du *Carthage* et du *Manouba*[1]. Ils ont été déférés à la cour de La Haye par compromis

---

[1] *Revue générale de droit international public*, 1913, p. 33 d et s.

du 6 mars 1912, et vidés par deux sentences du 6 mai 1913. Le *Carthage* et le *Manouba* sont deux navires français qui furent arrêtés par un contre-torpilleur italien à proximité des côtes de Sardaigne. Ils furent envoyés à Cagliari sous le prétexte, pour le premier, de la découverte à bord d'un aéroplane que l'on disait destiné à l'armée ottomane de Tripolitaine, pour le second, de la présence d'un certain nombre de sujets ottomans présumés militaires et que le gouvernement italien se fit remettre avant d'autoriser le *Manouba* à continuer sa route.

Dans le cas du *Carthage,* la sentence annule la saisie par ce motif que la destination hostile de l'aéroplane n'était nullement établie. Elle ajoute que cette circonstance dispense le tribunal de rechercher si l'aéroplane est un objet de contrebande et si la théorie du voyage continu était applicable. C'est mal raisonner. La première chose à fixer est le point de savoir si l'aéroplane est objet de contrebande, mais ce point étant supposé établi, la notion de voyage continu prouve à elle seule la destination hostile.

Le tribunal, en ce qui concerne le *Manouba,* donna presque complètement raison au gouvernement italien.

Le procès paraît avoir été mal engagé. L'agent français basait sa réclamation notamment sur une convention de La Haye 1907 que l'Italie n'a pas ratifiée. Cela passe la permission. Le jugement décide qu'il y avait abus dans le fait d'emmener à Cagliari le *Manouba,* mais que du reste l'Italie avait eu raison d'exiger la livraison des passagers ottomans. Séparant les opérations qui se sont succédé dans cette affaire, il n'admet pas que l'irrégularité des unes ait pu compromettre la régularité des autres. Tout cela est peu net et ne résout pas la véritable question qui était celle de savoir si le *Manouba* transportait ou non de la contrebande par analogie.

Question de la dette ottomane. — Signalons enfin une question pendante entre les gouvernements russe et ottoman relativement aux intérêts des indemnités stipulées par le

traité russo-turque du 8 février 1879, question remise à la
cour de La Haye par compromis du 4 août 1910 et tranchée
par une sentence du 11 mars 1912 en faveur du gouvernement ottoman. C'est une question d'intérêts moratoires. Il y
a dans la sentence une discussion juridique très longue
aboutissant à reconnaître que la Russie aurait renoncé à
percevoir ces intérêts.

Telles ont été les sentences rendues par la cour de La Haye.
Comme nous avons déjà eu l'occasion de l'observer, elles ne
l'emportent sur la masse des sentences arbitrales ni par la
qualité des litiges soumis au juge, ni par la valeur juridique plus grande des décisions. La constitution de la cour de
La Haye n'a donc rien changé jusqu'ici à la pratique de
l'arbitrage.

L'impression que l'on retire de l'examen de cette jurisprudence est plutôt contraire que favorable à la cause de
l'arbitrage, en ce sens que les décisions rendues jusqu'ici ont
tendu à se rapprocher d'un arrangement plus que d'un jugement et à statuer souverainement sur le cas en litige plutôt
qu'à le décider. De là une propension invincible à faire œuvre
de diplomatie plus que de droit, à balancer les avantages
accordés aux uns et aux autres, à respecter le fait accompli,
à écarter les questions gênantes. Les arbitres se conduisent
comme des médiateurs dont on aurait promis à l'avance de
suivre le sentiment.

Cela est grave, car cela met en question l'institution même
de l'arbitrage. Un arbitrage est un jugement, et un tribunal
doit appliquer le droit sans se soucier des convenances ni
considérer des répercussions possibles de sa sentence. Lorsqu'on parle de faire résoudre les conflits par l'arbitrage, c'est
précisément cela que l'on a en vue. On estime que la paix du
monde ne sera assurée que si les litiges entre nations reçoivent une solution conforme au droit. Alors seulement la
société que forment les nations sera une société pleinement
civilisée, une société soumise à l'empire du droit.

Cet état est-il possible ? l'expérience des arbitrages déférés
à la cour de La Haye ne permet guère de l'espérer. J'incline

à penser que cet état n'est pas chose possible. Les arbitres ne disent pas le droit, ils imposent des transactions, et, comme ces déviations ne peuvent pas être imputées à un défaut de lumières de leur part, il faut bien les rapporter au vice de l'institution elle-même. Alors il vaudrait mieux pousser moins à l'arbitrage et davantage à la médiation qui a, elle, un caractère de transaction très accusé et qui possède cette supériorité de ne pas imposer des sacrifices, mais de les proposer.

Inutilité de l'effort accompli dans le sens de la paix. Conclusion. — On a souvent fait état dans les conférences de La Haye des progrès qu'elles ne manqueraient pas de faire faire à la cause de la paix. Les pronostics favorables que l'on avait formés ont été entièrement démentis par l'événement.

Dès 1899 éclate la guerre de l'Angleterre et du Transvaal. En 1900-1901, nous trouvons l'expédition de Chine conduite par tout un groupe de Puissances européennes à la suite des attentats de Boxers,

En 1904-1905, la guerre russo-japonaise,

En 1907, l'expédition du Maroc,

En 1911, l'expédition tripolitaine [1],

puis les deux guerres balkaniques, enfin la guerre actuelle.

L'histoire a donc donné un perpétuel démenti aux organisateurs des conférences de la paix. La force joue un rôle aussi grand qu'il le fut jamais dans le règlement des choses humaines, plus grand même si l'on considère les proportions toujours plus considérables de l'armement chez les nations militaires et les dimensions inusitées des guerres modernes. Les conférences de La Haye ont beaucoup entrepris et elles

---

[1] J.-V. Choate se demande pourquoi l'Italie a attaqué la Turquie sans recours aucun aux expédients pacifiques recommandés à La Haye (*the two Hague Conferences*, p. 24). Parce que la théorie et la pratique sont deux choses différentes, tout simplement.

n'ont abouti à rien. Elles ont été inutiles et même funestes ; leur caractère officiel a encouragé toutes les illusions et donné un point d'appui aux politiques téméraires qui ne craignent pas de compromettre la sûreté de l'État pour hâter le succès de leurs ambitions.

Cet échec est dû non seulement à l'imprudence de l'entreprise elle-même, mais aussi aux défauts de notre époque. Une réforme pacifique ne pourrait être attendue que du progrès des idées religieuses ou morales ; elle est impossible dans un siècle où l'on affecte de ne compter pour quelque chose que les succès matériels. Chaque nation cherche la puissance comme chaque individu cherche la richesse et tout scrupule s'évanouit devant la probabilité du succès. Cela est logique et inévitable. Au moins cette grande leçon nous sera-t-elle profitable ?

SECTION II

Réglementation du droit de la guerre.

Les précédents. — Les conférences de La Haye ont eu un autre objet également intéressant, la réglementation du droit de la guerre. Ici leur initiative n'était plus sans précédents. La conférence de Bruxelles de 1874 avait antérieurement poursuivi un but analogue et la déclaration qu'elle avait émise avant de se séparer servit précisément de thème aux travaux des assises de La Haye. Il faut rappeler, en outre, qu'en 1868, à Saint-Pétersbourg, au moment où fut signée la convention relative à l'interdiction des balles explosibles, l'idée avait été lancée de codifier certains points du droit de la guerre. On doit se souvenir encore de ces instructions du professeur Lieber, qui datent de la guerre de Sécession et ont été écrites pour l'usage des armées fédérales. Elles sont demeurées célèbres. Enfin, le manuel des lois de la guerre, voté à Oxford, en 1880, par l'Institut de droit international, a exercé sur l'opinion une influence appréciable.

Ces documents n'ont pas tous le même caractère. Les Instructions pour les armées des États-Unis sont le plus considérable de tous, elles comptent cent cinquante-huit articles. Leur nom, du reste, est tout à fait exact. Ce sont des instructions données par un gouvernement à ses armées, elles contiennent un mélange de définitions, de prohibitions et même de conseils d'ordre très différent. C'est un manuel de conduite pour l'officier auquel on explique les limites dans lesquelles son action doit se renfermer, l'esprit suivant lequel ses fonctions doivent s'exercer et le parti qu'il devra prendre dans les cas embarrassants qui se présenteront à lui. Une part très grande est faite à la loi martiale, aux juridictions

qui l'appliquent, aux rapports de l'autorité d'occupation avec
la population du territoire. Cela est distribué sans grand
ordre avec des répétitions, parfois même une apparence de
contradiction. On appellerait volontiers ce petit livre un
recueil de cas de conscience. Son mérite est d'être constamment
inspiré d'idées philosophiques fort élevées. Ces instructions sont américaines et non pas internationales, mais elles
ont une valeur non douteuse et comme elles touchent presque
toujours à des questions internationales, elles ont pu fort
légitimement être utilisées dans les travaux concernant le
droit de la guerre.

Le manuel d'Oxford, dû à l'Institut du droit international, est une compilation purement privée en quatre-vingt-six articles. Il est intervenu six ans après la déclaration de Bruxelles avec laquelle il offre de nombreux traits
de ressemblance. Plus méthodique que les Instructions américaines, il est aussi moins pratique et donne à ses principes une forme absolue souvent incompatible avec les nécessités de la guerre. Par exemple, l'article 7 défend de maltraiter
les populations inoffensives et l'article 1er réprouve tous actes
de violence contre la population désarmée. Tout cela est très
bien pensé, mais il faudrait faire une part aux cas où par la
force des choses ces principes ne peuvent plus s'appliquer.
De même, la règle de l'inviolabilité (art. 54) de la propriété
privée est conçue en termes trop absolus. Bien qu'il se rencontre beaucoup d'idées justes dans ce règlement, on sent
très bien que dans aucune guerre il ne pourrait être observé
intégralement[1].

La déclaration de Bruxelles mérite une plus longue attention. Un peu après la guerre de 1870, des polémiques très
vives s'engagèrent au sujet de la conduite que les Allemands

---

[1] L'activité de l'Institut de droit international dans ce domaine n'a pas été
très heureuse. L'Institut est un corps savant trop étranger aux choses de la
guerre pour définir sans le concours de militaires les lois qui peuvent leur
être appliquées. Nous rappellerons qu'en 1913, à Oxford, l'Institut a voté un
manuel des lois de la guerre maritime dont les événements de la guerre
actuelle ont déjà ruiné l'autorité. La faute n'en est pas tout entière aux événements.

avaient tenue au cours des hostilités. Certains points surtout nourrissaient le débat. L'idée vint que l'on éviterait sans doute le retour d'excès déplorables en fixant, après une solennelle délibération, les points contestés [1]. Le projet fut accueilli par l'empereur de Russie Alexandre II, qui expédia une invitation aux Puissances. Tous les États européens envoyèrent leurs délégués à Bruxelles, ceux-ci furent au nombre de vingt-sept. Parmi eux, les militaires formaient très nettement ja majorité et c'était une excellente chose pour une conférence où devaient être traités des sujets essentiellement militaires.

Le délégué russe baron Jomini présida les débats. L'intérêt de la réunion était, disait-il, de permettre à la guerre d'aboutir le plus promptement possible à son but en lui faisant suivre des voies régulières, celles que le temps et les usages ont tracées. C'est le moyen de ramener plus tôt la paix et aussi d'éviter que des ressentiments tenaces ne conduisent fatalement à de nouvelles hostilités. Une discussion permettrait de fixer mieux le sens des lois coutumières de la guerre et faciliterait d'autant leur observation.

La conférence dura exactement un mois (27 juillet-27 août 1874). Elle prit comme base de ses délibérations un projet de convention déposé par l'empereur de Russie. Ce projet comprenait un exposé de principes et quatre sections consacrées: la première aux droits des Parties belligérantes l'une à l'égard de l'autre, la seconde aux droits des Parties belligérantes par rapport aux personnes privées, la troisième aux relations entre belligérants, la quatrième aux représailles. Les trois premières sections étaient divisées en un nombre plus ou moins important de chapitres. L'étude de ce projet fut confiée d'abord à une commission où chaque État eut un de ses délégués. A l'exception du président Jomini, du

---

[1] Cette idée procédait d'une ignorance complète du caractère allemand. Dans toutes les occasions où ont été discutés des problèmes de cet ordre, les intellectuels allemands ont pris une large part au travail commun. Puis le moment venu, ils n'ont pas hésité un instant à couvrir de leur autorité les pires excès de leurs armées.

baron Lambermont et de M. de Lansberge, tous les membres
de la commission étaient des militaires.

Si l'on veut se rendre compte de la valeur de l'œuvre
accomplie à Bruxelles, il faut observer que la conférence n'a
pas entendu discuter toutes les questions relatives au droit
de la guerre et que dans le domaine qu'elle s'est assigné, son
travail a été d'une intensité fort différente suivant les points.
Bien souvent elle s'est bornée à adopter les propositions
russes en leur faisant subir certaines modifications de pure
forme, d'autres fois, au contraire, elle est entrée dans l'examen approfondi des questions qui lui étaient soumises. Ces
questions sont celles dont la guerre récente avait montré
l'urgence. Nous en citerons deux : l'occupation militaire et
les conditions qui donnent la qualité de belligérant régulier.
Alors la lecture des protocoles devient très intéressante, on
y voit des problèmes agités par des gens compétents qui ne
craignent pas de les discuter complètement, théoriquement
et pratiquement. Ces discussions sont beaucoup plus satisfai-
santes pour l'esprit que celles qui ont eu lieu à La Haye.
Ainsi sur les réquisitions, sur la levée en masse, tout ce qui
pouvait être dit utilement a été dit. C'est surtout aux séances
de la commission que se rapporte cette appréciation, les
séances plénières n'ayant pas eu cette ampleur.

Œuvre des conférences de La Haye. — Les conférences de La Haye ont continué l'œuvre de la conférence de
Bruxelles, non sans l'étendre à des objets nouveaux. Cette
extension s'est réalisée en 1899 par les trois déclarations
jointes au grand règlement sur les lois et coutumes de la
guerre sur terre; en 1907 elle a pris une plus grande ampleur
et a servi de base à toute une série de conventions nouvelles.
La convention sur les lois et coutumes de la guerre sur terre
ne demeure pas moins le point le plus important et celui que
nous allons étudier tout d'abord, pour passer ensuite aux
déclarations et conventions spéciales.

Étudions donc le règlement conventionnel sur les lois et
coutumes de la guerre. Son établissement n'a pas été sans

soulever certains doutes. Devant la sous-commission chargée d'étudier ce sujet, un délégué anglais, sir John Ardagh[1], s'est demandé s'il fallait rédiger une convention avec ou sans règlement annexe sur les lois et coutumes de la guerre, s'il ne valait pas mieux se borner à une simple déclaration que les gouvernements accepteraient en tout ou en partie au gré de leurs convenances. Cette opinion est demeurée isolée et a pu paraître un peu surprenante. Nous voyons aujourd'hui combien elle était sage. On a fait la convention, mais on ne l'observe pas [2].

M. Beernaert[3] a manifesté d'autres scrupules. A propos de l'occupation et des droits de l'occupant, il lui paraissait peu admissible que par convention on attribuât des droits étendus à l'occupant sur le territoire occupé, spécialement quant à la levée des impôts. En fait, les choses se passent ainsi, c'est vrai, mais est-il opportun de transformer le fait en droit par le moyen d'une convention? Ne serait-il pas préférable de convenir spécialement des limites qui bornent les pouvoirs de l'occupant, et pour le reste de se référer à l'usage des nations? Passant de là à la situation particulière de la Belgique qui étant neutre ne pourrait pas être envahie, n'y aurait-il pas de sa part quelque chose d'inconvenant à stipuler sur les droits de l'occupant de son territoire ce qui suppose que ses garants n'auraient pas rempli leur mission? De même il paraissait difficile à M. Beernaert que la Belgique signât un acte limitant le droit naturel appartenant aux citoyens de se lever pour la défense de leur patrie [4].

---

[1] Deuxième commission, deuxième sous-commission, *Actes*, 1899, p. 124.

[2] La même question se posera de nouveau à brève échéance. Nous avons montré dans la première partie de cet ouvrage la faiblesse des conventions en la matière et nous pensons que la recherche de quelque autre moyen d'assurer une efficacité pratique aux lois de la guerre s'imposera d'une façon absolue.

[3] Séance du 5 juin, *Actes*, 1899, p. 111.

[4] En réalité, c'était le sort de la convention tout entière qu'engageait la proposition de M. Beernaert. Le droit de la guerre tend invariablement à limiter l'action de celui qui possède la supériorité de la force. Est-ce une raison de ne pas reconnaître certains droits à cette supériorité, surtout quand ils tournent au profit de l'humanité?

Ces scrupules sont nobles. Il faut convenir pourtant que si l'on veut limiter le droit du vainqueur, il faut par compensation lui garantir l'exercice de la part légitime de ce droit. Au surplus, il vaut mieux pour le maintien de l'ordre et de la paix publique que la situation du belligérant sur le territoire occupé soit une situation de droit et non pas une pure situation de fait. C'est une grosse question pourtant et nous y reviendrons.

La réglementation des lois de la guerre sur terre a été présentée non pas directement sous la forme d'une convention, mais bien d'un règlement annexe à une convention. La convention ne contient que certaines stipulations relatives à l'autorité des règles que l'on entreprend de poser, quant à ces préceptes eux-mêmes on les trouve dans le règlement. Le rapporteur du comité de rédaction a expliqué que cette particularité n'empêchait point le règlement d'avoir toute la force d'une convention et avait été imposée par le désir de ne pas froisser certaines susceptibilités[1]. Quoi qu'il en soit, ce système n'est pas sans inconvénients. L'Allemagne en s'appropriant ce règlement lui a fait subir des modifications tout à fait incorrectes, elle aurait peut-être hésité davantage à toucher au texte d'une convention. Puis il s'ensuit que toute modification dans la convention, comme celle qui a été opérée en 1907, oblige toutes les Puissances Signataires à remanier leurs règlements.

Il vaudrait mieux ne pas toucher au texte d'une convention autrement que pour la traduire au besoin et suivre ce principe qu'une convention dûment ratifiée fait partie dorénavant du droit obligatoire pour les Parties Contractantes.

La conférence de 1899 a pris comme base de ses travaux la déclaration de 1874 qu'elle s'est bornée à mettre dans un ordre

---

[1] Le caractère obligatoire de ce règlement n'est pas sans avoir laissé un doute dans l'esprit de certains membres de la conférence. M. Choate écrit : « At Brussels they (the laws and customs of Warfoare) were made more specific, and in this Conference of 1899 their scope was broadened and they *seem* to have been made binding upon all the parties attending. »

meilleur en la modifiant légèrement. Cette méthode était-elle heureuse, on peut en douter. Depuis 1874, vingt-cinq ans avaient passé, en 1907, trente-trois ans, et dans un aussi long intervalle les procédés de guerre se modifient assez profondément pour qu'un texte bon à une époque ne le soit plus à une autre. Cette méthode a pesé sur les travaux de La Haye et a fait que leurs résultats étaient sur quelques points déjà surannés au moment où ils venaient d'être acquis. Cela est si vrai qu'un texte qui aurait été bien véritablement nouveau en 1907, par exemple, ne serait déjà plus, à l'heure actuelle, qu'une vieillerie. L'art de la guerre se transforme et avec lui le droit de la guerre. Avait-on en 1907 la moindre idée de l'importance prise par la guerre aérienne, par la guerre sous-marine? savons-nous quelles transformations se produiront encore dans ces domaines avant la fin de la guerre? Et pourtant combien de chapitres du code de la guerre ces changements n'intéressent-ils pas? On ne peut pas prévoir ces évolutions. Pour cette raison il est vain de descendre à des détails en pareille matière, il vaudrait mieux s'en tenir à ces grands principes qui sont toujours vrais et qui représentent le seul droit solide que l'on puisse ériger en temps de guerre [1].

Passons maintenant à l'explication sommaire des règles elles-mêmes. Nous les étudierons sous quatre chefs, la qualité de combattant régulier, les moyens de nuire à l'ennemi, l'occupation militaire, les prisonniers et internés.

De la qualité de combattant régulier. — Les conditions auxquelles on doit être reconnu comme combattant régulier et par conséquent jouir des droits du prisonnier de guerre si l'on tombe aux mains de l'ennemi, nous offre précisément un bon exemple de dispositions fatalement tombées en désué-

---

[1] Souvent même des modifications graves dans l'art de la guerre se produisent au cours d'une campagne et cela montre bien que des conventions ne sont pas un bon moyen d'assurer l'observation de ce droit. Une convention utile au moment de l'ouverture des hostilités peut ne correspondre plus à rien de pratique au bout de trois ans de guerre.

tude. La question présentait un grand intérêt en 1874. Pendant la guerre de 1870, les Allemands avaient affecté de tenir les francs-tireurs pour des combattants irréguliers, considérant leurs faits de guerre comme autant de brigandages et allant jusqu'à exercer des représailles contre la population civile des localités où ces faits s'étaient produits. On les vit massacrer une colonne de mobiles faisant partie de l'armée régulière prétextant le défaut d'un vêtement d'uniforme, ce qui était du reste inexact[1]. Cependant de tout temps la participation à la guerre de compagnies franches avait été admise. Sans doute il n'y avait aucune bonne foi dans cette conduite des Allemands[2].

On voulut rendre impossible le retour de pareils excès et pour cela on réglementa les conditions auxquelles les individus appartenant à des formations volontaires seraient tenus pour des combattants réguliers. C'est l'objet de l'article 1er. Il reconnaît la qualité de troupes régulières aux milices et corps de volontaires réunissant les quatre conditions d'avoir à leur tête une personne responsable pour ses subordonnés, de posséder un signe distinctif fixe et reconnaissable à distance, de porter les armes ouvertement et de se conformer aux lois et coutumes de la guerre.

On a prétendu par ces conditions éviter toute confusion entre des combattants loyaux et disciplinés et ces agglomérations douteuses que favorise le désordre de la guerre et qui n'ont en vue que des crimes à accomplir[3]. On a voulu aussi séparer

[1] A. Morin, *Lois relatives à la guerre*, I, p. 228 et s.

[2] S'il pouvait exister un doute sur la mauvaise foi allemande en 1870, les événements de la guerre présente le lèveraient. Les Allemands ont voulu se disculper des tueries et des dévastations commises en Belgique en alléguant la nécessité de se défendre contre les entreprises de troupes irrégulières, de francs-tireurs. C'est leur excuse habituelle, la seule à la vérité. Or, ils n'ont jamais prouvé qu'il y ait eu des francs-tireurs en Belgique et, en fait, il ne paraît pas qu'il s'en soit jamais trouvé un seul.

[3] Nous avons malheureusement les meilleures raisons de savoir que dans les commencements de la guerre actuelle de nombreuses troupes de gens sans aveu suivaient les armées et dépouillaient les morts avant qu'il eut été possible de leur donner la sépulture. Le droit ne pourrait-il pas servir au moins à prévenir de pareils scandales ?

très nettement et visiblement les combattants des non-combattants. L'intention était excellente, elle n'a pas toujours été réalisée sous une forme parfaite. Je n'entends pas très bien ce qu'est ce chef responsable pour ses subordonnés (un chef est toujours et indistinctement responsable pour ses subordonnés) ni comment cette responsabilité pourra être établie. Je crois qu'il est mauvais de subordonner la qualité donnée à une troupe à cette circonstance qu'elle suit les lois de la guerre. Si elle ne les suit pas, on exercera des représailles et en particulier on frappera les coupables toutes les fois qu'on les trouvera, mais pourquoi adopter une sanction aussi large que celle-là, une sanction qui confond les innocents et les coupables, qui provoque indirectement au crime et qui pourrait être invoquée même contre l'armée régulière ?

Une autre expression aurait mieux convenu.

Ces choses ne sont pas, du reste, d'une grande importance. Le développement continu des armées modernes a rendu inutile et même impossible la formation de corps francs. L'armée régulière comprend tous ceux qui sont aptes à porter les armes et ceux qu'elle n'appelle pas trouvent toujours, s'ils le veulent, une place dans ses rangs. Il est donc inutile de prévoir la formation de milices indépendantes des cadres de l'armée.

On peut se demander cependant s'il n'y a pas quelque chose à garder de ces prévisions. Autrefois, l'armée se distinguait dans chaque pays de la population civile par des uniformes de couleurs rendant toute confusion impossible. Il n'en est plus de même maintenant. La nécessité de se dissimuler le plus possible a fait adopter pour les combattants des couleurs neutres qui se rapprochent beaucoup de celles en usage dans la vie civile. Il faut pourtant que le combattant se distingue à première vue du non-combattant. La coiffure reste, mais la coiffure est très mobile. Les armes ? le fusil est très visible, mais le fusil devient de moins en moins utile et on peut envisager le moment où certains corps n'en seront plus pourvus. Peut-être sera-t-il prudent de donner à l'armée régulière ce signe fixe et reconnaissable à distance [1] que l'on avait prévu pour les corps francs.

La question de la levée en masse est beaucoup plus importante, quoiqu'elle aussi ait de nos jours perdu beaucoup de son actualité. A toutes les époques critiques, le souverain encourage et décrète au besoin la levée en masse qui soulève le peuple tout entier contre l'envahisseur. A Bruxelles, cette question a été ardemment discutée, c'était un champ clos où se rencontraient les petits États résolus à ne renoncer jamais à ce moyen de défendre leur sol et les grands États soucieux d'épargner ce péril à leurs armées. On ne pouvait pas sacrifier la cause des petits États. La levée en masse fut déclarée régulière à la condition, pour ces militaires improvisés, de porter les armes ouvertement et de se conformer aux lois et coutumes de la guerre. Mais elle n'a été autorisée qu'en territoire non occupé. L'esprit de cette restriction est de garantir le pouvoir de l'occupant. Elle paraît excessive. Les exemples les plus fameux de levée en masse que nous fournit l'histoire se sont passés en territoire occupé [2], et même on ne prévoit pas qu'une levée en masse puisse se produire souvent avant l'occupation, d'autant mieux que ce sont fréquemment les souffrances endurées par la population du pays occupé qui déterminent l'insurrection.

Permettre la levée en masse seulement en dehors du cas d'occupation, c'est ouvrir une faculté dont il sera fait bien peu d'usage.

Quoi qu'il en soit, en cas de levée en masse les choses sont bien simplifiées ; les habitants ont alors la condition de combattants réguliers, pourvu seulement qu'ils portent les armes ouvertement.

---

[1] Encore faudrait-il dire « reconnaissable à petite distance », les nécessités de la guerre moderne commandant d'exclure tout ce qui peut faire distinguer de loin le soldat. La plaque d'identité actuellement en usage est une preuve de la qualité de combattant régulier, mais ce n'est pas un signe reconnaissable à distance.

[2] La levée en masse de la Prusse, en 1813, avait lieu en territoire occupé, et, autrefois, il en fut de même des Vêpres siciliennes, exemple classique de levée en masse.

Quelque rare que soit l'événement d'une levée en masse, l'intérêt de ces dispositions n'a pas baissé depuis qu'elles ont été portées.

Les moyens de nuire à l'ennemi. — Le chapitre des moyens de nuire à l'ennemi et des sièges et bombardement est resté à très peu de chose près ce que la conférence de Bruxelles l'avait fait. Les innovations jugées utiles dans ce domaine ont été réalisées par le moyen des déclarations ou des conventions particulières.

Avant d'exposer ce qui a été fait à La Haye quant à cet objet, signalons une lacune tout à fait malheureuse. C'était là le lieu de poser en termes très fermes la distinction des combattants et des non-combattants et d'exprimer ce principe que les moyens de nuire ne sont dirigés que contre les combattants. Rien de cela n'a été dit et cette lacune est si grande qu'elle réduit de beaucoup la valeur de l'œuvre accomplie à La Haye. Le projet russe déposé à Bruxelles en 1874 avait exprimé d'abord un certain nombre de principes généraux : on y trouve un § 2 portant que les opérations de guerre doivent être dirigées exclusivement contre les forces et les moyens de guerre de l'État ennemi et non contre ses sujets, tant que ces derniers ne prennent pas eux-mêmes une part active à la guerre. Ces principes généraux ont disparu et avec eux cette déclaration pourtant de toute nécessité dans un instrument pareil. Il en résulte cette bizarrerie que dans la section de l'occupation des précautions sont prises en faveur des habitants du territoire occupé (v. not. art. 44 à 47) et que rien de semblable n'est dit pour la période cependant bien plus dangereuse de l'invasion. La remarque en a été faite à La Haye en 1899, et un délégué danois, le colonel de Schnack, voulait que l'on mît sur la même ligne l'invasion et l'occupation[1]. L'Allemand de Schwarzhoff répondit que dans la plupart des articles de la section III le mot occupation comprend aussi l'invasion. Il était impossible de faire une

---

[1] *Actes*, 1899, III, 161.

plus mauvaise réponse, car rien n'est plus dangereux dans une convention que d'employer successivement un même mot en plusieurs sens. La sous-commission a très imprudemment passé outre. Il en résulte que le principe le plus important du droit de la guerre n'a même pas obtenu une mention dans la convention et que le sort des habitants d'un pays envahi n'y trouve aucune garantie. On parlera en vain des travaux préparatoires[1]. Les documents de cette espèce ne suffisent pas à fonder un droit, surtout un droit de toute importance comme celui-ci.

Voyons les dépositions contenues dans ce chapitre.

Après avoir constaté (art. 22) que les belligérants n'ont pas une liberté illimitée quant aux choix des moyens de nuire, l'article 23 pose toute une suite d'interdictions.

La plupart de ces prohibitions répondent à des idées justes, mais sont mal rédigées.

a) Emploi du poison et des armes empoisonnées[2]. Il faut croire qu'il ne s'agit pas là des gaz asphyxiants ou délétères, puisque cet emploi a fait l'objet de textes particuliers. C'est donc du poison sous forme liquide ou solide qu'il s'agit. S'il est vrai que des aviateurs allemands ont jeté sur certaines villes italiennes des bonbons empoisonnés, ils ont violé la règle exprimée par l'article. Je sais que nos soldats, lorsqu'ils trouvent des vivres dans les tranchées allemandes conquises, les font goûter à des prisonniers avant de les consommer eux-mêmes. La précaution n'est pas inutile.

b) Il est défendu de tuer ou de blesser par trahison des individus appartenant à la nation ou à l'armée ennemie. Qu'entend-on par là ? Pour les soldats cela signifie notamment qu'il ne faut pas tuer des parlementaires ou encore qu'il ne faut pas feindre de se rendre pour arrêter le feu de l'en-

---

[1] Rapport de M. Rolin, *Actes,* 1899, III, p. 43 et s.

[2] Sur ce point, le droit traditionnel de la guerre a subi de nos jours l'échec le plus sensible et le plus déplorable. C'est l'abandon de ce principe d'honneur qui veut que l'on frappe son ennemi ouvertement et par des moyens contre lesquels son courage puisse le défendre. La responsabilité de cette honteuse innovation pèse tout entière sur les armes allemandes.

nemi et le décimer plus sûrement[1]. Mais pour les non-combattants? il est défendu de les tuer ou de les blesser par trahison. Sans doute, mais il n'est pas permis davantage de les tuer ou de les blesser en dehors de toute trahison? dans quels cas cela serait-il permis? Un texte pareil ouvre la porte à toutes les interprétations; loin de constituer une protection quelconque pour les personnes qu'il vise, il se retourne contre elles.

c, d) On ne doit ni tuer un ennemi qui s'est rendu à discrétion, ni annoncer que l'on ne fera pas quartier. Ces deux prohibitions rentrent l'une dans l'autre, car si la seconde est observée, la première devient inutile. L'expérience de cette guerre a montré qu'une prohibition conçue dans des termes aussi larges est inopérante. La reddition d'une troupe peut avoir son effet et elle l'a en effet en dehors du cas de représailles ; quant à la soumission d'individus isolés quand elle est offerte au milieu même du combat, elle demeure souvent inefficace. Il est impossible d'exiger d'un soldat qu'il épargne un ennemi qui jette ses armes après s'en être servi, au moment où il voit qu'il est perdu. Du reste, on ne pourrait pas emmener ce prisonnier et il serait toujours à craindre qu'il reprît ses armes. Les redditions individuelles ne peuvent avoir d'effet que quand elles n'interviennent pas dans le feu de l'action[2].

e) On est d'accord sur ce point qu'il ne faut pas employer des armes combinées de façon à causer des souffrances superflues. Une arme est faite pour briser la résistance de

---

[1] Il est arrivé plus d'une fois que des troupes allemandes aient feint de se rendre pour mitrailler ensuite à bout portant les soldats qui venaient les recueillir. Le résultat le plus clair de cette félonie a été de causer la destruction complète d'unités qui voulaient se rendre, mais n'inspiraient aucune confiance. J'ai obtenu personnellement des relations très précises de faits semblables.

[2] Pense-t-on qu'un soldat épargnera un mitrailleur qui vient de faire tomber nombre des camarades de ce soldat et qui lève les bras se voyant rejoint? Ce serait surhumain. Pense-t-on que le soldat fera quartier aux hommes qui manœuvrent des appareils à gaz asphyxiant ou jetant des liquides enflammés? On ne peut pas le leur demander.

l'ennemi et non pas pour le torturer. On proscrivait ancien-
nement les boulets mêlés de chaux ou de débris de verre. Les
Allemands ont des baïonnettes en forme de scies dont les
dents n'arriveraient du reste pas à scier du bois, j'en ai vu
d'autres garnies d'aspérités, cela est contraire à la tradition.
Bien que la remarque ait peu d'importance, nous noterons
qu'il vaudrait mieux dire souffrances inutiles que maux inutiles. On peut toujours prétendre qu'un mal plus grand n'est
pas inutile eu égard à l'objet de la guerre, tandis qu'il est
clair qu'à mal semblable une souffrance plus grande est tout
à fait inutile.

La convention (*g*) défend aussi les destructions et saisies
de propriétés qui ne seraient pas impérieusement comman-
dées par les nécessités de la guerre. Ailleurs (art. 28 et 47)
le pillage est interdit. Ce sont des prohibitions plus faciles à
porter qu'à faire observer. Une bonne discipline militaire
préviendra le pillage ; ce n'est pas à dire que les habitants
garderont leurs biens. Les immenses armées modernes con-
sommeront fatalement une grande partie des ressources des
pays où elles vivent, cela est inévitable. Le plus que l'on
puisse souhaiter est qu'on laisse aux habitants ce qui leur est
nécessaire, car nous voyons que même dans cette mesure
très modeste le droit des habitants n'a pas été respecté.

Dans le même ordre d'idées, la lettre (*h*) de l'article 23,
addition faite par la conférence de La Haye au texte de Bruxelles, défend de déclarer éteints, suspendus ou non-rece-
vables en justice les droits et actions des nationaux de la
partie adverse. Qu'est-ce à dire ? On a voulu marquer par là
que la survenance de l'état de guerre ne fait pas disparaître
les droits privés que les sujets de l'un des belligérants peuvent posséder contre les sujets de l'autre belligérant, c'était
proclamer ce principe que l'état de guerre ne rompt pas tout
lien de droit entre personnes ennemies, c'était aussi rendre
impossibles pour l'avenir des confiscations telles que celle
de l'emprunt silésien sous Frédéric II de Prusse. Mais on est
allé beaucoup trop loin. L'article reconnaît non seulement
que ces droits subsistent, mais encore qu'ils peuvent servir

de base à une action en justice. Il n'y aurait rien de changé dans la condition des ayants droit[1]. Mais si cela était, l'institution des séquestres serait illégale, de même illégale l'interdiction de toutes poursuites à la requête des créanciers ennemis. La législation intérieure française ne se sauverait que par cette circonstance que les conventions de La Haye ne sont pas applicables à la guerre actuelle. La vérité est plus modeste. Les droits subsistent, ils ne sont pas confisqués, mais leurs propriétaires peuvent fort bien en être dépossédés pendant la durée de la guerre et perdre au cours de la même période l'exercice de leurs actions.

Du bombardement. — Le bombardement a fait l'objet de dispositions spéciales (art. 25 à 27), parce qu'il implique fatalement une action contre les non-combattants. Il est souhaitable que l'on limite à la fois les cas dans lesquels on pourra l'employer et la mesure permise à cette action.

On a cru bien faire en écrivant qu'il est interdit de bombarder, par quelque moyen que ce soit, les villes, villages, habitations, etc., qui ne sont pas défendus[2]. Cela semble tout dire et cela, en réalité, ne dit rien. Il a fallu la présente guerre pour le montrer. On a voulu dire qu'il fallait réserver le bombardement aux villes fortifiées ou à celles que l'on devait prendre par un assaut. Mais que dire des villes non fortifiées, mais comprises dans des lignes de défense comme Nancy, Reims, Soissons, Arras, Ypres. Ces villes sont-elles défendues? Ce ne sont pas des villes fortes, ce ne sont pas

---

[1] Ce point est de ceux sur lesquels le droit est appelé à subir les plus graves modifications. Il demeure vrai, à notre avis, que les droits privés entre ennemis subsistent intacts pendant la guerre, voire même que le droit d'action en justice continue d'y être attaché. Aucune nécessité n'impose une solution contraire et cette raison suffit pour justifier le principe de respect des droits acquis. Mais l'ennemi peut être dépossédé de la gestion de son patrimoine. Il est urgent même qu'il le soit et qu'un administrateur. nommé par l'État et responsable envers l'État, ait l'administration exclusive des biens de l'ennemi. Cette matière appelle une réglementation raisonnée.

[2] Art. 25. « Il est interdit d'attaquer ou de bombarder, par quelque moyen que ce soit, des villes, villages, habitations ou bâtiments qui ne sont pas défendus. »

davantage des villes ouvertes à l'ennemi. On ne sait guère que dire et pourtant les principes sont ici d'autant plus urgents que, grâce à la navigation aérienne, le bombardement porte beaucoup plus loin qu'autrefois. On pourrait proposer cette autre règle que le bombardement n'est licite que quand il vise les villes, villages, etc., situés sur le front de combat. Elle serait meilleure, mais pourrait-elle être adoptée, c'est bien douteux.

Le bombardement doit être, toutes les fois où c'est possible, précédé d'une notification [1]. Il ne peut pas s'attaquer indifféremment à tous les édifices. Ceux qui sont consacrés aux cultes, aux arts, aux sciences, à la bienfaisance, les monuments historiques, les hôpitaux et lieux de rassemblement de malades et de blessés seront épargnés, à la seule condition d'être signalés à l'attention (art. 27).

On peut dire d'une pareille loi qu'elle renferme trop ou trop peu. Sûrement trop peu si l'on admet, suivant une doctrine qui est vraiment celle de l'honneur, que le bombardement ne peut être pratiqué que contre les fortifications et les établissements militaires de l'ennemi. Mais si l'on approuve le bombardement des villes elles-mêmes, c'est-à-dire des habitations des non-combattants, la règle est trop ample. L'ennemi ne peut pas respecter tant d'édifices, et il serait plus pratique de dire que l'on ne tire ni sur les monuments historiques ni sur les hôpitaux. Encore une observation est-elle nécessaire sur ce point. L'article 27 qui pose ces trop nombreuses interdictions les tempère à l'aide d'une réserve « à condition que ces édifices ne soient pas employés en même temps à un but militaire ». Une restriction de cette sorte détruit la sauvegarde que le texte veut établir. Les Allemands ne s'y sont pas trompés. Quand ils ont commencé à jeter des obus sur la cathédrale de Reims, ils ont prétendu que l'on avait installé un poste de télégraphie sans fil et un observatoire sur une

---

[1] Art. 26. « Le commandant des troupes assaillantes, avant d'entreprendre le bombardement et sauf le cas d'attaque de vive force, devra faire tout ce qui dépend de lui pour en avertir les autorités. » La pratique française se conforme depuis longtemps à cette loi.

tour du monument. Rien de plus facile que de produire une semblable allégation. Naturellement, une contradiction ne serait pas écoutée. Impossible également d'ouvrir une discussion ou de prouver la fausseté de l'allégation. Le résultat sera que les Allemands de tous les âges soutiendront que le bombardement de la cathédrale a été juste, que cet édifice servait à des fins militaires. C'est faux, mais ils ne conviendront jamais de leur mensonge.

Si l'on veut que des règles protectrices de ce genre aient leur effet, il faut les faire absolues. Toute condition, si légitime qu'elle paraisse, devient un refuge pour la mauvaise foi. Au reste, pourquoi des réserves? On n'installe pas des batteries lourdes sur le toit des monuments publics, on peut y placer un observatoire, un poste de télégraphie sans fil, mais ces installations peuvent se faire partout ailleurs, de sorte que l'ennemi n'a aucun intérêt à ce qu'elles soient établies ici ou là.

La convention admet (contr. art. 25) que l'on peut détruire par le moyen du bombardement de simples habitations privées. Elle a approuvé sur ce point les idées allemandes qui font de l'intimidation un grand moyen de guerre. Nous regrettons de ne pas trouver ici trace d'une question qui ne s'est pas encore présentée dans la guerre actuelle, mais offre un intérêt sérieux, celle de savoir si dans un siège accompagné de bombardement on peut exiger de l'assiégeant qu'il laisse sortir de la ville la population désarmée, au moins les femmes et les enfants. En 1870, la question s'est posée lors du bombardement de Strasbourg. L'état-major allemand s'opposa longtemps à toute sortie, enfin, grâce à l'intervention amicale de la Suisse, on réussit à évacuer un certain nombre de femmes et d'enfants.

Le silence gardé sur cette question par notre convention paraît bien signifier que ses auteurs n'ont pas voulu commander ce ménagement. Ainsi, la doctrine de la conférence est assez rude en ce qui concerne le bombardement. Dira-t-on que ces questions, qui n'ont pas été résolues par notre convention, demeurent soumises à l'empire du droit des gens suivant la formule employée dans son préambule? On a peine à le dire. Que cette formule fasse allusion aux questions entièrement passées sous silence, c'est certain et c'est suffisant; quant à celles qui ont été touchées, il est difficile d'admettre que les lacunes du texte puissent être remplies par un rappel de l'usage des nations. Le préambule dit : « les cas non prévus ». Le cas du bombardement a été prévu et il ne faut pas ajouter au règlement.

L'article 23 se termine par cette formule que l'on ne peut pas obliger les nationaux de la partie adverse à prendre part aux hostilités dirigées contre leur pays, même si ces nationaux étaient au service de l'ennemi antérieurement aux hostilités. C'est une vérité élémentaire et qui est aussi bien applicable aux nationaux des Puissances neutres. Mais comme cela arrive fréquemment, cette formule est plus aisée à poser qu'à commenter; que faut-il entendre par une part prise aux hostilités? Il n'arrivera guère de nos jours que l'on enrôle dans ses propres troupes les sujets de l'ennemi (cela arrivait, au contraire autrefois, à l'époque de la guerre de Trente Ans, par exemple) [1], mais on pourra exiger d'eux des travaux servant à la poursuite de la guerre, la fabrication de munitions, par exemple, ou l'édification de redoutes, la confection de vêtements ou de chaussures pour la troupe. Cela est-il prohibé? Partiellement, suivant toute apparence. Certains actes sont permis, d'autres défendus. Où sera la ligne de démarcation? On ne peut pas priver une armée du droit de requérir de la population civile les travaux nécessaires à son entretien, mais on peut interdire les services qui augmentent sa puissance militaire [2]. Là paraît être la distinction. Il est regrettable que l'article 23 *in fine* ne se soit pas expliqué mieux sur ce point.

---

[1] On cite dans la guerre actuelle des cas assez fréquents où les troupes allemandes ont poussé devant elles des habitants du pays dans le but de faire cesser le feu de l'adversaire. Ce procédé est contraire à la règle de l'article 23 et surtout à l'honneur militaire.

[2] Nous signalons ce point comme l'un de ceux où la science ferait œuvre utile en déterminant aussi soigneusement que possible les traits distinctifs des services que l'on peut demander à la population du pays envahi ou occupé.

Des ruses de guerre. — Les ruses de guerre sont permises ainsi que l'emploi des moyens propres à se procurer des renseignements sur l'ennemi (art. 24). Les ruses de guerre sont de tout temps, mais jamais on n'a admis que toutes les ruses fussent bonnes. La ruse est permise, mais non la fraude ; on peut tromper son ennemi, mais on ne doit manquer à la parole qu'on lui a donnée. Les ruses ne doivent pas impliquer de déloyauté, c'est un des plus vieux principes du droit de la guerre. La convention ne l'a pas posé, elle aurait dû le faire. Elle a simplement prohibé certaines manœuvres que l'on est en droit de considérer comme des ruses illicites.

Telle est la disposition de l'article 23 *f* qui défend d'user indûment du pavillon parlementaire, du pavillon national ou des insignes militaires et de l'uniforme de l'ennemi, ainsi que des signes distinctifs de la convention de Genève. Cela est de droit certain, sauf pour l'emprunt des uniformes qui faisait à ce point de vue l'objet d'une controverse. Observons que l'on parle ici de la guerre terrestre ; dans la guerre maritime, les usages sont différents et je ne sais pas si l'on considérerait comme coupable l'usage du pavillon de l'ennemi, sauf naturellement au moment du combat.

Bien que le texte n'en dise rien, il faut regarder comme également illégitime la feinte qui consiste à faire, pour tromper l'ennemi, des gestes qui ont dans l'usage des armées un sens déterminé. Il est d'autant plus utile de le noter que l'on a vu souvent des Allemands lever les bras comme pour se rendre, cela dans le but unique d'attirer nos propres troupes et de les détruire plus sûrement. Ce sont des ruses tout à fait illicites et la troupe qui les emploie, si elle tombe aux mains de son ennemi, n'a pas de quartier à attendre [1].

De même que les conventions tacites dont nous parlons,

----

[1] Les prévisions de la convention de 1907 sont déjà surannées sur ce point. La guerre sous-marine et la guerre aérienne exigent pour être pratiquées loyalement l'emploi de signes distinctifs fixes et très visibles, signes qu'il sera évidemment illicite d'imiter. J'entends déjà parler d'aviateurs allemands qui font peindre sur leur appareil une cocarde aux couleurs françaises. C'est une ruse évidemment illicite.

les conventions expresses doivent être respectées entre les belligérants. La violation d'un armistice est un procédé illicite, l'est également cette allégation que le général qui a négocié la suspension d'armes n'était pas capable de la faire et que, pour cette raison, elle n'est pas obligatoire.

La convention comprend avec raison, parmi les procédés illicites (art. 44), le fait d'obliger les habitants du territoire occupé à donner des renseignements sur leur propre parti.

De l'espionnage. — L'espionnage est un grand moyen de guerre. La convention (art. 27 et 31) a cherché, en ce qui concerne ce sujet, à condenser en quelques règles les résultats de l'élaboration doctrinale. Une réglementation est ici fort utile et il y aurait grand avantage à la faire observer. S'il est légitime que chaque belligérant se préserve soigneusement des espions, il est à craindre aussi que, sur ce terrain, il ne dépasse la mesure et que bien des innocents ne subissent la peine réservée au coupable. Il faut (art. 29) pour pouvoir être réputé espion : 1° avoir agi clandestinement ou sous de faux prétextes ; 2° avoir cherché des renseignements dans la zone d'opérations d'un belligérant pour les communiquer à son ennemi. Dans bien des cas la première de ces deux conditions sera seule importante, car elle entraînera à titre de présomption invincible la seconde. Il est certain qu'un individu saisi dans les lignes sous un déguisement est considéré comme espion. Au moins faudrait-il qu'il pût repousser cette présomption en prouvant que son objet était différent, qu'il était un messager par exemple ou un convoyeur égaré, mais la circonstance du déguisement est toujours peu intelligible et rendra la défense bien difficile. Il est prévu en outre que l'espion sera jugé (art. 39) et ce point est de toute importance. On peut craindre en cette matière les décisions trop promptes [1] et les erreurs irréparables.

---

[1] Il est à craindre qu'avec le grand développement des armées modernes et l'espace immense qu'elles occupent, cette loi salutaire de la nécessité d'un jugement régulier ne puisse pas être bien observée. Nous ne savons pas quelle pratique est suivie au cours de la guerre actuelle.

La convention a consacré un mot à la situation des aéronautes [1]. Pendant la guerre de 1870, l'autorité militaire allemande avait émis la prétention de les traiter comme des espions, ce qui est vraiment une énormité, car rien n'est moins dissimulé qu'un aérostat. Ce texte est conçu du reste en termes assez malheureux, car il paraît s'appliquer seulement aux aéronautes messagers ou agents de liaison, ce qui peut laisser supposer que ceux qui ne peuvent pas justifier de l'une de ces qualités seraient à bon droit considérés comme espions [2]. Le danger est d'autant plus grand que des dispositions qui tendent à limiter la liberté des combattants ont, par la force des choses, le caractère de règles de droit strict.

D'autres préceptes relatifs aux moyens de nuire à l'ennemi se trouvent dans des déclarations et conventions spéciales qui seront examinées plus loin.

Occupation militaire. — La matière de l'occupation militaire est l'une de celles qui tiennent la plus large place dans le règlement annexé à la convention IV. L'occupation du territoire ennemi suppose un certain ordre qu'il faut établir et faire respecter, c'est une matière éminemment juridique qui n'irait pas sans l'application d'un certain droit. Déjà la conférence de Bruxelles s'était appliquée à constituer ce droit. Les conférences de La Haye ont poursuivi cette œuvre, mais pas toujours avec un grand discernement.

L'occupation est à séparer très nettement de l'invasion. Il y a occupation lorsque la prépondérance de l'ennemi est indiscutée, la lutte ayant cessé sur le territoire et s'étant reportée plus avant. Jusque-là et tant que le pays est disputé entre les deux adversaires, il y a simplement invasion et l'ennemi n'a pas les droits d'un occupant.

---

[1] Art. 29, § 2. « A cette catégorie (à la catégorie de ceux qui ne doivent pas être considérés comme des espions) appartiennent également les individus envoyés en ballon pour transmettre les dépêches et, en général, pour entretenir les communications entre les diverses parties d'une armée ou d'un territoire. »

[2] La pratique s'est montrée ici plus sage que la théorie, et il n'est venu à l'esprit de personne de considérer les aviateurs comme des espions.

Le texte de la convention fait bien de donner la définition (art. 42) de l'occupation. « Un territoire, y est-il dit, est considéré comme occupé lorsqu'il se trouve placé de fait sous l'autorité de l'armée ennemie. L'occupation ne s'étend qu'aux territoires où cette autorité est établie et en mesure de s'exercer ». Le signe caractéristique de l'occupation est, en effet, la présence des troupes ennemies sur le territoire et ce trait la différencie de la conquête qui, elle, exige un traité. L'occupation n'est pas seulement pour l'occupant un avantage, mais aussi une source de devoirs, et l'article 43 ajoute de suite : « L'autorité du pouvoir local ayant passé de fait entre les mains de l'occupant, celui-ci prendra toutes les mesures qui dépendront de lui en vue de rétablir et d'assurer, autant qu'il est possible, l'ordre et la vie publics en respectant, sauf empêchement absolu, les lois en vigueur dans le pays. » En qualifiant la situation de l'occupant de pouvoir de fait, le texte a émis une idée tout à fait inexacte.

Le pouvoir de l'occupant naît de la nécessité des choses. S'il est bien employé, il profite sans aucun doute à la population du territoire occupé. Qu'y a-t-il de plus légitime que cela ? Ce n'est pas une vaine querelle de mots. S'il y a là un simple pouvoir de fait, les actes accomplis par l'occupant, même les plus utiles et les meilleurs, ne sont pas opposables au souverain rentré en possession de ses domaines, ils le sont au contraire si l'autorité de l'occupant peut être considérée comme un pouvoir de droit. Et il importe qu'il en soit ainsi. L'occupant qui est usufruitier des propriétés immobilières de l'État a passé certains contrats pour l'administration de ces biens, ou pour assurer la marche des services publics, ou encore pour procurer à la population sa subsistance. Si ces contrats n'ont pas une validité certaine, on ne les passera pas ou bien on les passera dans des conditions beaucoup plus onéreuses et la chose publique en souffrira [1]. On a voulu

---

[1] Il est à remarquer que les tribunaux français, lorsqu'ils ont annulé certains contrats passés par l'autorité allemande en 1870 touchant l'exploitation de forêts dans les Ardennes, se sont fondés non pas sur le défaut de

à La Haye poser des limites au pouvoir du vainqueur sans reconnaître la légitimité de ce pouvoir. C'était contradictoire.

Les rédacteurs de la convention ont confondu, comme nous l'avons observé, dans la section de l'occupation les règles particulières à cet état de choses et celles qui sont communes à l'occupation et à l'invasion. Cela est évidemment d'une mauvaise méthode et peut aboutir à laisser les non-combattants sans aucune protection dans le cas d'invasion. La chose est d'autant plus grave que les règles garantissant la vie des non-combattants et leur fortune sont précisément parmi celles qui n'ont pas été énoncées avec une généralité suffisante.

Le principe de l'occupation est qu'elle ne touche pas à la question de souveraineté. Les terres occupées continuent à faire partie du même État et des domaines du même souverain. Cette règle différencie le droit moderne du droit ancien. Actuellement, les terres occupées ne feront partie des domaines de l'occupant que par le traité de paix ou en vertu de la *debellatio* si elle se produit.

Par suite de ces principes on ne doit pas obliger la population du territoire occupé à prêter serment au souverain occupant, celui-ci ne peut pas y recruter ses troupes, il doit aussi y souffrir le maintien des lois antérieures sauf en cas d'empêchement absolu. Mais l'autorité passe à l'occupant, en fait dit l'article 43, et aussi en droit à notre avis, pour maintenir l'ordre et la vie publics. C'est une formule creuse. Il est certain que l'occupant maintiendra l'ordre public, il a un intérêt majeur à ce maintien. Quant à la vie publique, si l'on entend par là l'exercice des droits politiques, on peut dire qu'elle est forcément suspendue. Ce qui eût été intéressant à dire et n'a pas été dit c'est que l'occupant doit assurer des moyens d'existence à la population du territoire occupé et veiller à ce que le commerce suffise aux besoins de tous [1].

pouvoir de l'occupant, mais sur ce que les coupes prescrites dépassaient la mesure prescrite à un usufruitier (Nancy, 3 août 1872, *J. du Palais*, 1872, p. 776).

[1] Ces textes appellent un remaniement considérable. On ne prévoyait pas,

Cela est autrement intéressant que la continuation de la vie publique. La déclaration de Bruxelles mettait sous la protection de l'occupant les fonctionnaires qui consentiraient à poursuivre leurs fonctions, ce qui implique qu'ils ne pouvaient pas y être obligés, elle autorisait l'occupant à les punir et même à les juger en cas de manquement à leurs devoirs. Cette disposition a disparu après une longue discussion dans laquelle M. Beernaert a joué un rôle capital. Il a fait partager à l'assemblée cette idée qu'une disposition semblable renfermerait une sorte d'autorisation pour les fonctionnaires à se mettre au service de l'occupant. Cela a paru antipatriotique. La question pourtant fait une grosse difficulté et il me semble tout à fait dans l'intérêt de la population du pays occupé que beaucoup de fonctionnaires demeurent en fonctions. Eux seuls peuvent discuter avec l'autorité militaire, présenter des réclamations, et je crois qu'il y a plutôt pour eux un devoir patriotique à ne pas se démettre. Le cas du maire de Soissons, celui du bourgmestre de Bruxelles ne seront pas oubliés [1].

L'occupant devra, dans la mesure du possible, respecter les lois en vigueur. Ces formules vagues sont peu utiles. En réalité, l'occupant modifiera les lois qu'il lui conviendra de modifier, rien ne gênera sa liberté à cet égard. Il eût été peut-être mieux de dire que les lois de droit privé seront respectées, car elles ne gênent pas le pouvoir de l'ennemi. Encore il n'est pas bien sûr que c'eût été mieux.

L'intérêt juridique principal de l'occupation apparaît dans

---

lorsqu'ils ont été écrits, les excès auxquels se sont portées les troupes allemandes, et bien des choses que l'on a jugé inutile de dire devront être formellement prescrites. Nous mettons sur cette ligne le principe que l'occupant doit pourvoir aux besoins de la population du pays occupé et cet autre précepte que l'occupant doit laisser aux gens du pays leurs outils, leurs machines, tout ce qui est indispensable à l'exercice de leurs professions. Il faudrait surtout dire que les habitants des pays occupés ne peuvent en aucun cas être arrachés à leurs foyers.

[1] Si l'éminent et vénérable doyen de la délégation belge avait assez vécu pour assister aux malheurs de sa patrie, il est à croire qu'il serait plein de reconnaissance pour les magistrats belges qui ont gardé leurs fonctions sous le joug allemand.

les rapports du pouvoir militaire et de la population du pays occupé. L'article 46 ordonne de respecter l'honneur et les droits de la famille, la vie des individus et la propriété privée, ainsi que les convictions religieuses et l'exercice des cultes. Il interdit la confiscation et l'article 47 le pillage. C'est surtout cette disposition qu'il aurait été nécessaire de faire commune à l'invasion et à l'occupation, mais laissons de côté ce point de vue et prenons la disposition en elle-même. Elle contient une énumération forcément incomplète et inégale en ce sens qu'elle met sur la même ligne plusieurs biens dont le respect n'a pourtant pas la même importance. Il est certain que la vie et l'honneur ont droit à plus d'égards que la propriété privée dont l'inviolabilité est, au surplus, aussi relative que possible en temps de guerre. Il est douloureux de penser que ces lois, qui reposent sur les coutumes les plus accréditées et sur les raisons les plus fortes, ont été méconnues de parti pris au cours de la présente guerre. Des centaines et des milliers d'assassinats ont été commis sous des prétextes de toute sorte, dans de nombreuses occasions l'honneur des femmes a été violé, ce qui est un crime particulièrement rare et grave, honteux plus encore, les droits de la famille ont été méconnus, la liberté religieuse est encore, en Belgique au moins, perpétuellement entravée.

Des restrictions d'humanité et d'honneur ne peuvent pas, en effet, convenir à des nations qui font profession de mettre la force au-dessus de tout et de mesurer la valeur morale à la force matérielle. C'est une conduite qui appelle un châtiment. Il est vrai qu'à la guerre le plus fort ou le plus habile doit triompher, mais on n'a jamais considéré comme vrai que toute manifestation de la force fût légitime. Ce sont des hommes qui se battent et leurs hostilités doivent garder quelque chose d'humain. On n'estimerait pas un duel sans l'observation de certaines règles, on ne le souffrirait pas, on ne doit pas davantage souffrir une guerre sans une certaine modération. Ce sont des idées impérissables et la conduite de l'Allemagne sera éternellement stigmatisée comme un retour à la barbarie.

L'article 46 de la convention a oublié un terme important
la liberté des habitants. Elle doit aussi être respectée dans la
mesure où elle peut exister. Sans doute les habitants du pays
occupé n'auront pas la liberté d'en sortir et d'y rentrer, ils
seront soumis à une police étroite, devront obéir à la loi
martiale qui est la chose la plus capricieuse du monde, mais
encore dans ces limites ils ont le droit de jouir de leur liberté
et de poursuivre paisiblement le cours de leurs occupations.
La pratique des otages a anéanti cette liberté légitime[1]. Dans
toutes les agglomérations, grandes ou petites, les troupes
allemandes ont saisi un certain nombre de personnes, des
notables, des fonctionnaires, des magistrats élus, et les ont
emmenés en Allemagne où ils subissent le dur régime des
prisonniers de guerre. Pourquoi ces otages? En 1870, les
Allemands mettaient des notables sur les locomotives des
trains transportant leurs troupes, dans l'espoir mal fondé,
du reste, d'empêcher les francs-tireurs de faire dérailler ces
trains. Cette pratique, irrégulière elle aussi, avait un sens,
la coutume présente n'en a point. Ce n'est pas cela qui con-
traindra les populations à l'obéissance ni qui arrêtera les
entreprises de l'armée adverse. C'est donc une pure vexation,
un moyen d'arracher la victoire par le procédé de l'intimidation.

Il serait souhaitable que cet abus d'une nouvelle espèce ne
se renouvelât pas, ou au moins que la nation qui en est responsable fût mise pour longtemps dans l'impossibilité de le
commettre.

Le plus grand nombre des dispositions contenues dans la
section de l'occupation est consacré aux droits de l'occupant
sur les biens. Ici la situation mérite d'être bien définie. En
territoire occupé c'est l'autorité militaire qui exerce la souveraineté, elle doit avoir à peu près les droits qu'aurait un

---

[1] Que dire de ces déportations des jeunes gens et des jeunes filles des
villes de la Belgique et du Nord de la France, de ce mépris absolu des
liens de famille, de ces travaux forcés qu'on impose à ces infortunés, des
mauvais traitements qu'on leur fait subir ! De tels actes ne se discutent même
pas. Bornons-nous à souhaiter qu'ils ne soient jamais oubliés.

souverain, à cette différence près cependant que ce pouvoir est transitoire et qu'il excéderait ses limites en faisant des actes de disposition. L'occupant est au plus un usufruitier. L'occupant peut faire des réquisitions (art. 52)[1] pour parer aux besoins de l'armée d'occupation. Ces réquisitions portent tantôt sur des denrées, tantôt sur des services. Les premières seront en rapport avec les ressources du pays, elles seront autant que possible payées comptant, ce qui est une recommandation bien inutile; si elles ne le sont pas, elles seront constatées par des reçus et le paiement en sera fait le plus tôt possible. Cela indique que, dans l'esprit de la conférence, la délivrance de ces reçus implique une obligation de l'État au nom duquel la réquisition est faite et non de l'État sur les terres duquel elle est faite, comme paraissent le croire certains officiers allemands[2]. Si les réquisitions portent sur des services, elles ne doivent impliquer aucune obligation de prendre part aux opérations de la guerre, formule très juste mais d'une application malaisée[3].

Observons que ce qui concerne les réquisitions n'a rien de particulier à l'occupation et présente autant d'importance dans le cas d'invasion.

Toute cette réglementation paraît assez vaine. Le droit de réquisition s'exerce et s'exercera, voilà le fait certain. Quant à faire fonctionner ces conditions et respecter ces limites, qui

---

[1] Art. 52, § 1. « Des réquisitions en nature et des services ne pourront être réclamés des communes ou des habitants que pour les besoins de l'armée d'occupation. Ils seront en rapport avec les ressources du pays et de telle nature qu'ils n'impliquent pas pour les populations l'obligation de prendre part aux opérations de la guerre contre leur patrie. »

[2] Les réquisitions faites par les armées allemandes ont été généralement très irrégulières. Lorsque des reçus étaient donnés, le plus souvent ils étaient fantaisistes ou même illisibles.

[3] La question de services que l'on peut ou non exiger des habitants du pays ennemi a fait grande difficulté en 1907, où elle a donné lieu à une triple discussion à la première sous-commission de la deuxième commission, à cette commission elle-même et à l'assemblée plénière (*Actes*, II, p. 11 et s., 120 et s., 135 et s.; *id*, III, p. 86). L'énormité des armées modernes et l'immensité des champs de bataille rendront fatalement plus fréquentes et plus variées les réquisitions de services adressées aux habitants.

s'en chargera ? Il faudrait être plus simple pour être plus vrai. Les deux points importants sont que toute réquisition donne lieu à la délivrance d'un reçu en vue d'un règlement ultérieur, si ce règlement peut jamais être établi, ce qui est incertain ; c'est aussi que l'on ne demande pas aux personnes requises de prendre part aux opérations militaires. Un autre danger est à prévoir, c'est que les réquisitions soient si importantes qu'elles en arrivent à dépouiller la population de ses moyens de subsistance. On aurait pu rappeler dans la convention que la subsistance des habitants doit en tout cas être assurée, mais il serait à craindre que cette prescription ne demeurât une lettre morte comme les autres. Le danger est grave pourtant et l'iniquité manifeste. On entend dire que sans les secours qui lui viennent de l'étranger la Belgique mourrait de faim.

Les contributions en argent donnent lieu dans la pratique à plus d'abus encore que les réquisitions. C'est si commode de se procurer ainsi de l'argent et si utile. Dans cette voie on arrive vite à un pillage mieux organisé et plus fructueux.

La conférence de La Haye, après celle de Bruxelles, a essayé d'endiguer cette pratique (art. 49-51). Les contributions ne peuvent être levées que sur un ordre écrit du général en chef et sous sa responsabilité (art. 51). Il y aura un reçu. Les contributions ne seront perçues que pour les besoins de l'armée et pour l'administration du territoire, exceptionnellement à titre de peine, encore est-il noté qu'aucune peine collective pécuniaire ou autre ne pourra être édictée contre les populations à raison de faits individuels dont elles ne pourraient être considérées comme solidairement responsables (art. 50).

Ces lois souffrent des critiques assez vives. Passons sur les sacrifices qu'exige l'administration du territoire, il sont indispensables en effet. Mais des contributions peuvent aussi être levées pour les besoins de l'armée. S'il n'est pas fait de réquisitions en nature cela se comprend, mais si les procédés se cumulent les contributions prennent l'aspect d'une extorsion. Ce n'est pas au pays occupé qu'il incombe de subvenir aux dépenses militaires de son ennemi. A ce point de vue les contributions, plus commodes et en apparence plus équitables que les réquisitions en nature, sont aussi plus dangereuses en ce qu'elles peuvent servir à grossir le trésor de guerre de l'occupant et aussi à lui fournir les moyens de continuer la lutte.

L'hypothèse d'une peine pécuniaire est d'une réglementation plus délicate encore. Il est dit dans le texte qu'aucune peine collective pécuniaire ou autre ne peut être édictée contre les populations à raison de faits individuels dont elles ne pourraient pas être considérées comme solidairement responsables. Il y a là une obscurité de rédaction au moins, car il semble résulter du texte qu'il y a des faits individuels dont les populations peuvent être regardées comme solidairement responsables. Même en écartant cette interprétation, qui est pourtant la plus naturelle, il resterait à définir les faits collectifs à l'occasion desquels la solidarité existe. La généralité du texte laisse une marge trop étendue à l'arbitraire. Tout crime commis par plusieurs permet-il d'invoquer cette solidarité ou bien s'il faut quelque autre condition, quelle est-elle [1] ?

L'État occupant est un administrateur et un usufruitier (art. 55), ses pouvoirs sur les biens dérivent de là. Il percevra les impôts (art. 48) autant que possible sur le pied antérieur à la guerre. Il est cependant ordinaire que le maintien de l'ancien état de choses ne soit pas possible et que de nouvelles taxes soient créées à la place de celles qui ne peuvent plus être perçues. Il sera honnête de ne pas en profiter pour aggraver les charges de la population. Le texte de l'article 48 dit que de la perception des impôts naît pour l'occupant l'obligation de pourvoir aux frais et à l'administration du territoire. L'expression n'est pas très exacte. L'occupant

---

[1] Les efforts faits pour modérer la levée des contributions de guerre sont restés jusqu'ici complètement inefficaces. En fait, cette levée est arbitraire et soumise au bon plaisir du commandant des troupes d'occupation. Les conventions écrites n'ont servi à rien et il n'existe pas même sur ce point une coutume à laquelle on puisse se référer. Il faut chercher autre chose.

doit administrer et, par suite, pourvoir aux frais de l'administration. Ce qui est vrai, c'est qu'il pourra récupérer sur les
impôts les frais de son administration. Si l'on voulait poser
ici une règle incompatible avec tout abus, il faudrait dire que
tous les impôts seront employés dans l'intérêt du territoire
occupé. Mais on n'a pas osé aller jusque-là.

Sur les immeubles fonds de terre, forêts, édifices publics
de l'État occupé, l'occupant a les droits d'un usufruitier[1], il
peut en jouir, en percevoir les revenus, mais il doit les conserver et les entretenir (art. 55). Au contraire, les biens des
communes ou des établissements publics sont assimilés aux
biens des particuliers, ils doivent être respectés. Toute dégra-
dation, saisie, destruction de tels édifices est interdite et doit
être poursuivie (art. 56). Poursuivie, par qui et devant quel
tribunal? Il serait difficile de le dire. Poser de pareilles règles
est un non-sens quand on ne peut pas assurer leur observation.

Sur les biens mobiliers le droit de l'occupant est plus
étendu. Il peut s'approprier (art. 53) le numéraire, les
valeurs exigibles, les moyens de transport, les dépôts d'armes (mais seulement si ces biens appartiennent en propre à
l'État) et en général tout le mobilier de l'État de nature à
servir aux opérations de la guerre. Si les moyens de transport ou de transmission des nouvelles, les dépôts d'armes ou
de munitions sont des propriétés particulières, ils pourront
encore être saisis, mais avec obligation de restitution et
d'indemnité à la paix. Il en serait de même si ces biens appartenaient à des communes ou à des établissements publics.

Ces règles forment un ensemble harmonieux et complet en
dépit de multiples défauts de rédaction, mais on ne peut pas
penser que même avec la meilleure volonté du monde, elles
seront appliquées. Tout cela ne serait pratique qu'au cours

---

[1] Avec une différence cependant. L'usufruitier perçoit les revenus pour
lui-même, l'occupant ne jouit que sous une charge considérable, pourvoir
aux dépenses publiques des pays occupés. Cet usufruit pourrait être assez
exactement comparé à l'usufruit légal du père de famille.

d'une occupation militaire convenue en temps de paix ou peut-être encore lorsque les troupes d'un État attendent, stationnées sur le territoire de l'autre, l'exécution des clauses du traité de paix.

Prisonniers de guerre. — La condition des prisonniers de guerre a fait l'objet, dans les conventions de La Haye, d'explications tout à fait détaillées (art. 4 à 20). Jamais on n'a confondu plus complètement ce qui est désirable et ce qui est possible. C'est l'effet d'une illusion fréquente chez les rédacteurs de conventions. Il leur semble qu'il suffit d'ordonner une chose pour qu'elle soit faite, et alors il leur arrive trop souvent de ne pas songer aux nécessités que les circonstances imposent et de mettre sur pied une réglementation fort louable, mais entièrement inapplicable. C'est ce qui est arrivé à La Haye.

Les prisonniers peuvent être internés, mais non enfermés (art. 5) ; en fait, des officiers français prisonniers en Allemagne y sont enfermés dans des cellules avec une heure de promenade quotidienne dans le préau d'une prison.

Les prisonniers doivent être entretenus comme le sont (art. 7) les soldats de l'armée qui les a pris. C'est une règle très bonne, mais actuellement, en Allemagne, des prisonniers russes, qui ne reçoivent aucun secours, meurent de faim, non pas par métaphore mais littéralement, et l'on est obligé de se cotiser en France pour leur envoyer du pain et du lard. Les nôtres, le plus souvent, ne peuvent vivre que grâce aux provisions qui leur sont expédiées. Il faut espérer que l'on fera connaître à la fin de la guerre le nombre des paquets qui auront été expédiés à nos prisonniers. Ce nombre aura son éloquence. Ces prisonniers sont internés dans des camps où ils ne jouissent d'aucun bien-être et où les maladies ne cessent pas de sévir.

Ils sont ou étaient au début de la guerre exposés aux outrages de la plus vile canaille[1]. Est-ce là le traitement

---

[1] Nous ferons observer qu'en France, au contraire, pour éviter tout

humain qui leur avait été promis? Il existe en cette matière
un principe certain qui est à la base du régime des prisonniers
et que l'on regrette de ne pas trouver dans nos textes, c'est
que le prisonnier de guerre n'est pas compris dans les prisonniers de droit commun et doit avoir une existence toute
différente de la leur. Un prisonnier de guerre devrait toujours
être honoré, il ne devrait pas, sauf le cas de fautes discipli-
naires, être renfermé dans une prison ; il devrait être convenablement nourri et entretenu, toutes obligations auxquelles
l'Allemagne a manqué gravement [1].

On ne peut pas s'excuser à ces manquements en invoquant
la pression des circonstances. On n'est jamais forcé de garder
un prisonnier. Dans le droit strict, quand on ne peut pas garder
un prisonnier, on devrait le relâcher, et nous rappellerons
que c'est ainsi que procédaient les Boers lors de la guerre
du Transvaal [2]. Mais une autre ressource plus pratique
existe. Rien n'empêche un gouvernement de proposer
l'échange des prisonniers qui lui sont à charge. Les échanges
étaient jadis de pratique usuelle. Ils paraissent être tombés en
désuétude, sauf pour les grands blessés. Rien ne s'opposerait
à ce que cet usage se rétablit dans l'hypothèse que nous
envisageons.

Le travail des prisonniers, la liberté sur parole font l'objet
de dispositions détaillées où l'on retrouve les principes
qu'admettait le droit des gens antérieurement aux conférences. Ces matières sont de peu d'importance, la dernière

inconvénient de ce genre on évite avec soin tout contact des prisonniers et
de la foule. Cela est si vrai que depuis le commencement de la guerre je
n'ai vu qu'une seule fois un groupe de prisonniers au cours d'un voyage.

[1] Les prisonniers civils ont été aussi indignement traités. Condamnés à
tort ou à raison pour infraction aux ordres du commandement, ils sont
astreints au régime des malfaiteurs. Disons aussi que l'établissement des
camps de représailles a conduit l'Allemagne à des abus scandaleux.

[2] Il ne suffit pas d'avoir fait un prisonnier, il faut pouvoir le garder. Le
parti qui ne possède pas les moyens suffisants à cette garde doit être jugé
incapable de cet acte de guerre particulier. L'admission de cette idée que
celui qui ne peut pas entretenir convenablement ses prisonniers est obligé
d'en proposer l'échange réaliserait un grand progrès. Mais peut-on parler
de progrès du droit des gens en ce moment?

surtout qui, après avoir servi de prétexte à des abus en 1870, paraît n'avoir eu au cours de la guerre actuelle aucune application.

Une initiative plus originale [1] du droit nouveau a été dans la création de bureaux de renseignements (art. 14 et s.) touchant les prisonniers de guerre et dans l'action ouverte aux sociétés de secours en vue d'apporter à leur sort tous les adoucissements possibles. Ces deux pensées sont heureuses, reste à savoir si le résultat espéré a été atteint. Sur le fonctionnement des bureaux de renseignements je ne possède pas d'indications. Il est probable qu'ils fonctionnent, mais pas partout; il est improbable qu'en Turquie ou en Bulgarie ces organes aient été établis. Ailleurs je crois qu'ils font leur office. Quant aux sociétés de secours, il n'est pas douteux qu'elles ont fait tout leur possible, mais elles ne sont parvenues ni à combler toutes les lacunes ni même à nous renseigner sur tous les besoins. En réalité, l'action de ces sociétés sera fatalement entravée par le mauvais vouloir des autorités militaires lorsque celles-ci craindront d'être prises en faute.

La convention IV de La Haye contient encore des dispositions sur les parlementaires, les capitulations, l'armistice (art. 32 à 41). Elles ne nous arrêteront pas.

Nous ne pouvons pas achever le commentaire de cette convention sans rappeler qu'on a tenté de la pourvoir d'une sanction sous la forme de cette obligation à indemnité dont parle l'article 3 et dont nous avons déjà démontré la complète inutilité.

L'examen que nous venons de faire du règlement annexe à la convention sur les lois et coutumes de la guerre sur terre peut se conclure par quelques observations. 1° Les dispositions de cet acte font songer au proverbe « Le mieux est l'ennemi du bien ». On a voulu bien faire, c'est certain, et pour cela on a réuni dans ce règlement quantité de règles dont la valeur est, en général, indiscutable. Moins de zèle aurait eu

---

[1] Cette partie de la convention de La Haye de 1907 est la seule qui ait obtenu au cours de cette guerre un succès appréciable.

de meilleurs résultats. Les auteurs de cet acte n'ont pas tenu assez grand compte des nécessités de la guerre et pour cette raison ils ont couru au-devant d'un échec. Observons qu'une réglementation aussi minutieuse peut fournir un appui ou au moins un prétexte à la théorie allemande de la raison de guerre qui autorise le général à se mettre au-dessus du droit dans les cas de nécessité et qui aboutit par une pente fatale à détruire entièrement l'autorité du droit de la guerre.

Un petit nombre de principes vaudrait mieux, concentrant ce que l'on ne peut pas, sans honte et sans inhumanité manifeste, abandonner. Le droit de la guerre est un minimum, mais rien n'empêche un général humain de ne pas user toujours de tous ses droits. Dans cette mesure, la vieille doctrine de Grotius garde un fonds de vérité.

2° Les conférences de La Haye me paraissent avoir confondu l'œuvre de la doctrine et celle du législateur. C'est un vice de méthode sérieux. L'homme de doctrine cherche la solution la meilleure, le législateur doit s'arrêter au bien actuellement réalisable. Il se résignera à consacrer des solutions qu'il juge lui-même imparfaites, parce qu'il sait qu'un droit plus parfait ne serait pas observé. C'est une modestie nécessaire. A ne pas la garder on s'expose à faire une œuvre inutile. Reste la question générale de savoir s'il était utile de faire des conventions sur ces matières. Nous l'avons déjà discutée.

Conventions particulières. — La part la plus nouvelle de l'œuvre des conférences de La Haye a été déposée dans les déclarations et conventions particulières jointes au règlement général sur les lois et coutumes de la guerre sur terre. L'amplitude du travail accompli a été très inégale en 1899 et en 1907. La première conférence a rédigé une convention pour l'adaptation à la guerre maritime des principes de la convention de Genève du 22 août 1864 et trois déclarations dont l'objet était : 1° l'interdiction des balles qui s'épanouissent ou s'aplatissent facilement dans le corps humain ; 2° l'interdiction, pour une durée de cinq ans, de lancer des projectiles ou des explosifs du haut des ballons ou par d'autres modes analogues nouveaux ; 3° l'interdiction de l'emploi des projectiles qui ont pour but unique de répandre des gaz asphyxiants ou délétères.

De ces trois déclarations qui sont de véritables conventions, la première et la troisième sont les seuls actes de la conférence de La Haye obligatoires à l'heure actuelle. Ces déclarations, en effet, ont été faites sans limitation de durée et tous les belligérants engagés dans la guerre présente les ont signées et ratifiées[1]. La Grande-Bretagne qui s'était d'abord abstenue y a adhéré par la suite. La convention de 1907 n'ayant pas touché à ces objets n'a pu porter aucune atteinte à l'autorité de ces accords. La seconde déclaration, au contraire, a vu s'écouler sans renouvellement le délai pour lequel elle avait été conclue. Cette déclaration, il est vrai, a été émise de nouveau après la conférence de 1907, mais elle demeure privée de force par la même raison que les conventions conclues à cette date, la raison que tous les belligérants ne sont pas parties à cette déclaration. Nous remarquerons qu'ici, à défaut de la déclaration de 1907, la question de la survivance de l'acte de 1899 ne se présente même pas, puisque cet acte avait été fait pour cinq ans seulement et que ce délai est depuis longtemps écoulé.

Étudions maintenant les règles posées dans ces trois déclarations sans nous soucier davantage de leur autorité actuelle.

La première prohibe l'usage des balles qui s'épanouissent ou s'aplatissent facilement dans le corps humain. Cette interdiction est la suite de la convention de Saint-Pétersbourg du 11 décembre 1868, laquelle prohibe les projectiles explo-

---

[1] Cela même n'est plus vrai depuis l'entrée dans la guerre des États-Unis d'Amérique et de la république de Cuba qui sont demeurés étrangers à ces déclarations. Cet exemple montre bien la faiblesse des traités en semblable matière. Voilà deux interdictions obligatoires pendant plus de deux ans de guerre et qui tout d'un coup cessent d'exister. Quelle ne serait pas l'infériorité d'un belligérant qui n'aurait pas prévu cette cause d'extinction du traité en face d'un autre qui, plus prudent, se serait muni d'appareils pour projeter des gaz asphyxiants ou délétères. Cela seul constitue une raison propre à détourner les Puissances des traités de cette sorte.

sibles de moins de 400 grammes[1]. Les progrès de l'art de la
guerre ont fait découvrir, en effet, que le même résultat
grandement destructif que produit une balle explosible peut
être obtenu plus simplement par la juxtaposition de métaux de
dureté inégale qui se déforment et se répandent en éclats
par le simple effet du choc. Au point de vue technique la
question est discutée. Certains pensent que les petits projectiles actuels, à cause de leur faible diamètre et de leur
extrême vitesse, ne suffiront pas, dans la plupart des cas, à
mettre un homme hors de combat, qu'il faut donc permettre
l'usage des balles à déformation. Je considère cette opinion comme tout à fait erronée. Les balles rigides causent
toutes les fois où elles atteignent les os des dégâts considérables et je n'ai pas encore vu dans ma pratique hospitalière
l'exemple si souvent cité de la balle perforant l'os nettement
et ressortant de l'autre côté sans dommages plus grands.
L'interdiction doit être maintenue. Un projectile qui a mis
hors de combat l'homme qu'il a touché a produit tout l'effet
que l'on est en droit d'en attendre. Tout le reste n'est que
souffrance inutile et cruauté pure.

L'interdiction des balles qui s'épanouissent a été maintes
fois violée par les Austro-Allemands au cours de la guerre
actuelle. Cela ne peut pas faire l'ombre d'un doute.

La seconde déclaration est celle qui porte interdiction du
jet de projectiles du haut des ballons ou par d'autres modes
analogues, ce qui comprend évidemment le jet des projectiles
du haut des aéroplanes. Cette prohibition nous est un bon
exemple de l'imprudence que l'on commet en portant des
règles à la légère et sans se douter de l'importance de
l'usage que l'on prétend réglementer. En 1899, l'art de
l'aviation était encore fort peu avancé, le ballon dirigeable
n'existait pas, l'aéroplane actuel était inconnu, on portait

---

[1] La convention de Saint-Pétersbourg a-t-elle été observée dans la guerre
actuelle ? j'en doute. Les troupes allemandes se servent contre les aviateurs
de tout petits obus projetés en grand nombre. Chacun de ces obus pèse-t-il
plus de 400 grammes ? Assurément les balles fulminantes dont est pourvu
l'équipage d'un zeppelin pour le détruire au besoin, sont employées au
mépris de la convention de Saint-Pétersbourg.

ainsi une règle pour un avenir que l'on pouvait à peine entrevoir; en 1907, on était beaucoup plus avancé, et une prudence élémentaire aurait dû empêcher de porter une interdiction radicale dont on ne savait pas si elle serait jamais observée.

Maintenant que nous voyons ce qui peut se faire dans cette voie (et encore rien ne prouve que nous soyons au bout de nos étonnements), nous voyons clairement aussi qu'une semblable interdiction n'aurait jamais dû être portée. Voilà un moyen de nuire tout nouveau et par lequel on obtient des résultats qu'aucun autre moyen ne fournit, ce résultat de frapper l'ennemi jusqu'à une distance considérable du front des armées. Pourquoi l'interdire? et remarquons-le, ce moyen de guerre qui a déjà réalisé de si grands progrès peut en accomplir d'aussi grands encore, le moteur silencieux sera trouvé, c'est affaire de patience, les appareils seront construits de moins en moins visibles, un moment arrivera où on ne saura comment se défendre contre eux. Il y aurait une singulière naïveté à penser que l'on renoncera jamais à un moyen aussi efficace que celui-là.

La doctrine devrait se borner à en combattre l'abus. L'abus en effet a été grand et jusqu'ici les bombes jetées du haut des airs ont tué surtout des femmes et des enfants. Il faudrait faire recevoir ce principe que le bombardement par ballons ne peut s'attaquer qu'aux fortifications, établissements militaires et vaisseaux de guerre de l'ennemi. On pourrait même aller plus loin et regarder comme légitime le bombardement des voies ferrées, des ouvrages d'art comme les ponts ou les tunnels et aussi des usines travaillant pour le compte de l'armée. Et cette réglementation vaudrait tout autant pour le bombardement par batteries de canons. On objectera peut-être la difficulté de distinguer, elle est fort inégale suivant les points que l'on veut atteindre et existe pour un dirigeable ou un avion à un moindre degré que pour une batterie de canons.

Une réglementation semblable ne resterait pas une lettre morte, car en cette matière les représailles sont très faciles.

En tout cas, une doctrine mesurant la faculté d'user de ce moyen de guerre est supérieure à la doctrine qui voudrait l'interdire, car cette dernière laisserait à la discrétion de son adversaire le chef militaire qui, comptant sur l'interdiction, n'aurait pas pourvu sa troupe des engins nécessaires.

La troisième prohibition votée en 1899 vise l'emploi des projectiles ayant pour but unique de répandre des gaz asphyxiants ou délétères [1]. La rédaction de forme restrictive adoptée pour cette prohibition a été inspirée par l'idée de ne point condamner les obus chargés d'explosifs répandant des gaz de cette nature, mais qui sont utilisés pour leur effet destructif. A vrai dire, si l'on avait posé une règle absolue, l'emploi de tous les projectiles explosifs aurait pu être considéré comme condamné et ce n'est pas ce que l'on voulait.

Il n'en résulte pas moins que la teneur de la règle posée est fort douteuse. On n'use guère d'obus dans le but unique de répandre des gaz, et réduite à cette mesure la portée de l'interdiction formulée serait à peu près nulle. Au contraire, la guerre actuelle a vu inaugurer le procédé qui consiste dans l'émission de nappes de gaz ou de vagues de flammes. Ces dernières ne tombent pas sous le coup de la déclaration. L'usage des gaz asphyxiants ou délétères non plus, mais cet usage est-il réprouvé par la convention sur les lois et coutumes de la guerre lorsqu'elle prohibe le poison et les armes empoisonnées? Cela est encore douteux, car cette règle a été posée à une époque où l'on ne songeait nullement à ce mode de combat et où ce que l'on entendait prohiber c'était l'empoisonnement sous la forme habituelle, en jetant du poison dans des sources ou en le mêlant à des aliments. Il en résulte que les Allemands pourraient défendre au point de vue des textes la légitimité de ces armes nouvelles qui ont suscité

---

[1] L'emploi de vagues de flammes est, à ce qu'il semble, nouveau dans la guerre terrestre, il rappelle le célèbre feu grégeois de la guerre maritime. Il rentre sans aucun doute dans la classe des moyens barbares contre lesquels toutes les représailles sont bonnes.

contre eux le cri de la conscience publique. Ils ne le pourraient pas en se plaçant au point de vue des usages, car les
usages se modifient avec les moyens de guerre eux-mêmes
et l'argument d'analogie peut être invoqué plus facilement
qu'en présence d'un texte dont on peut toujours soutenir le
caractère rigoureux.

Il aurait fallu au moins que l'on donnât au texte une lar-
geur plus grande [1].

La convention de 1907 est allée plus loin que sa devan-
cière. Elle n'a pas fait moins de neuf conventions particulières, tant sur les hostilités que sur le régime de la neutralité.
Il y faut ajouter une déclaration interdisant le jet des
projectiles ou des explosifs du haut des ballons, demeurée
non ratifiée.

Les conventions relatives aux hostilités sont au nombre de
sept qui concernent : 1° l'ouverture des hostilités ; 2° le régime des navires de commerce ennemis au début des hostilités ; 3° la transformation des navires de commerce en
bâtiments de guerre ; 4° la pose des mines sous-marines ;
5° le bombardement par des forces navales ; 6° le droit de
capture maritime ; 7° l'adaptation de la convention de Genève
à la guerre maritime.

Les deux conventions relatives à la neutralité concernent
respectivement la guerre terrestre et la guerre maritime.
Enfin, la convention sur la cour internationale des prises
appartient aussi bien au droit de la guerre qu'à celui de la
neutralité.

Voilà particulièrement sur le droit de la guerre bien des
sujets divers, épars, sans grandes relations des uns aux autres et sur lesquels s'est fixée l'attention de la conférence
sans que l'on sache bien pour quel motif. Pourquoi une
convention sur l'ouverture des hostilités qui n'a qu'une

---

[1] L'emploi de moyens tels que les flammes ou les gaz asphyxiants est
plein de menaces pour l'avenir, car on ne sait pas à quelle étendue il pourra
être porté et si l'on ne parviendra pas dans cette voie à détruire d'un seul
coup des armées entières. Ces abus ne pourront, en fin de compte, aboutir
qu'à l'extermination du peuple qui les aura commis.

faible importance et qui ne peut avoir d'efficacité véritable,
car la guerre est toujours la guerre de quelque façon qu'elle
ait été engagée, et rien sur les conséquences du passage de
l'état de guerre à l'état de paix, ce qui est infiniment plus
important et plus complexe[1] ? Pourquoi traiter de l'usage
des mines et ne rien dire de l'usage des sous-marins, réglementer le bombardement par des forces navales alors que
le bombardement par des forces terrestres a été déjà réglementé. On n'aperçoit pas l'idée générale qui a présidé au
choix de ces divers sujets.

Une analyse détaillée de ces diverses conventions excè-
derait les limites de ce travail ; bornons-nous à en indiquer
l'esprit. La première de celles-ci, dans l'ordre qui fut établi
par l'acte final, est la convention relative à l'ouverture des
hostilités (n° III). Elle est très simple et se borne à exiger
une manifestation formelle d'intention, consistant soit dans
une déclaration de guerre motivée, sans que l'on puisse
penser que les motifs donnés seront les motifs véritables[2],
soit un ultimatum qui, lui, est forcément accompagné de
ses motifs. En outre, la convention prescrit que l'état de
guerre soit notifié aux Puissances neutres aussitôt que possible. Il ne produira son effet, par rapport à elles, qu'après
cette notification, à moins qu'il ne soit prouvé en fait qu'elles
connaissaient l'état de guerre.

Le rapporteur n'a pas fait état de l'usage sur ce point
et n'a pas voulu examiner si le droit des gens positif contient une règle touchant la déclaration de guerre. Il a qualifié cela de tâche vaine. Aussi qu'est-il arrivé ? que la
conférence a voté un texte qui n'a aucune autorité et aucune
signification. La déclaration de guerre est imposée, mais si
elle n'est pas faite, la guerre n'en existera pas moins régulièrement et avec les mêmes effets. On doit notifier aux

---

[1] Ce sujet est très juridique et préterait mieux que tout autre à l'élaboration d'une convention.

[2] Faut-il rappeler ce motif ridicule et inventé de toutes pièces, de bombes
jetées sur Nuremberg par des aviateurs français, motif que l'on trouve dans
la déclaration allemande du 2 août 1914 ?

neutres; mais si on ne notifie pas, les neutres sont tout de même chargés d'obligations identiques.

Les Pays-Bas avaient déposé une proposition intéressante qui n'a pas été accueillie, celle d'un délai obligatoire entre la déclaration et l'ouverture des hostilités [1]. Très modestement on réduisait ce délai à vingt-quatre heures. Le colonel russe Michelson a bien exposé quels seraient les avantages de ce délai. Il ne s'agissait pas seulement de permettre aux amis des deux parties contendantes d'interposer leur influence pacificatrice, mais d'obtenir par l'observation d'un pareil délai un soulagement au poids des armements en permettant de diminuer l'importance des troupes de couverture. Mais, pour qu'il en fût ainsi, il faudrait un délai un peu plus long. Resterait la chance que la convention ne soit pas suivie, chance dont il faut tenir compte aussi longtemps que l'on n'est pas en présence d'une tradition de longue durée, mais sur ce point la règle serait revendiquée par les neutres qui ne consentiraient à supporter les charges de la neutralité qu'à l'expiration du délai, et ainsi son observation serait plus assurée [2].

La conférence a préféré n'émettre qu'une formule creuse et sans utilité aucune.

Les matières du ressort du droit maritime ont fait l'objet de plusieurs conventions que nous grouperons comme elles l'ont été dans les discusions de la conférence. On a dit que l'on voulait ainsi satisfaire au besoin de justice croissant chez les nations civilisées et, pour la première fois, faire triompher le droit et la raison sur l'arbitraire et la force. Cela est de la pure déclamation que l'on devrait bannir avec grand soin de toute œuvre sérieuse. Pour savoir

---

[1]. *Actes,* 1907, III, p. 165 et s.

[2] Ces précautions, si louables qu'elles soient, ont un côté très dangereux. Nous rappellerons qu'à la veille de cette guerre, le gouvernement français, soucieux d'écarter tout incident pouvant ressembler à une provocation, a prescrit à nos corps de troupe de demeurer à dix kilomètres de la frontière. Cette prudence nous a été funeste et elle n'a même pas empêché les Allemands de nous accuser d'avoir voulu la guerre.

comment on a réussi dans cette lutte contre l'arbitraire et la force, il suffit de regarder autour de nous.

La convention VI est relative au sort des navires ennemis au moment de l'ouverture des hostilités. Parmi ces navires les uns sont à l'ancre dans les ports de leur ennemi, les autres sont rencontrés en pleine mer par les croiseurs ennemis. Quel sera leur sort? Après une discussion assez vive la conférence a adopté une solution transactionnelle présentant comme désirable la concession d'un délai de faveur aux navires de commerce se trouvant dans les ports de l'ennemi au début des hostilités ou y entrant peu après cette époque dans l'ignorance du fait des hostilités. Durant ce délai le bateau peut terminer ses opérations et rentrer chez lui muni d'un laissez-passer. La pratique, depuis la guerre de Crimée, est en faveur de cette solution. Si l'on ne veut pas prendre ce parti on peut saisir le navire, mais sans le confisquer. Il sera restitué après la guerre et, s'il est réquisitionné, ce sera contre indemnité.

Les navires ennemis rencontrés en pleine mer après avoir quitté leur dernier port de relâche antérieurement aux hostilités et étant dans l'ignorance de la guerre bénéficient du même régime. Ils peuvent, en cas de besoin, être détruits avec indemnité, mais sous la condition formelle de pourvoir à la sécurité des personnes présentes à bord et à la conservation des papiers du navire. On s'étonnera d'apprendre que c'est à la demande du délégué d'Autriche-Hongrie que cette dernière condition a été inscrite dans le texte.

Ce droit est peu sage et mérite d'être négligé. Il ressort de cette idée absolument fausse que les intérêts du commerce passent avant les nécessités de la guerre. C'est puéril. La défense de l'État doit être assurée d'abord et si la saisie desdits vaisseaux doit procurer un avantage sensible on ne doit pas hésiter à l'ordonner. Le simple droit de saisie admis antérieurement à la guerre de 1854 doit être remis en vigueur, n'hésitons pas à le dire.

La convention VII est relative à la transformation des navires de commerce en navires de guerre. C'est la fameuse

question des navires auxiliaires. La déclaration de Paris du
26 avril 1856 a supprimé la course. Cependant les Puissances ont, en cas de guerre maritime, toujours essayé
d'augmenter leur marine militaire au moyen de prélève-
ments opérés sur leur flotte de commerce. On est d'accord
pour exiger certaines conditions tendant à différencier les
nouveaux auxiliaires des anciens corsaires, subordination
au pouvoir de l'État, port des signes extérieurs qui carac-
térisent le vaisseau de guerre, discipline militaire, etc. Les
seuls points délicats étaient de savoir si cette transformation peut avoir lieu en pleine mer (on avait beaucoup reproché aux vaisseaux russes une transformation semblable
pendant la guerre russo-japonaise) et de savoir si l'on n'admettrait que les transformations définitives. Ni l'un ni l'autre
n'ont été résolus, ce qui diminue singulièrement l'intérêt de
cette convention. Il nous eût semblé intéressant de se demander si l'équipage de ce navire ou même encore ses propriétaires
peuvent être intéressés dans les prises qu'il réussit à faire.

La convention XI sur certaines restrictions au droit de
capture dans la guerre maritime est en elle-même d'une importance fort médiocre, on le verra bientôt, mais cette petite
convention a été l'aboutissement d'une controverse très vive
et, cette fois encore, la montagne a accouché d'une souris.
On sait ce qu'est le droit de capture. Sur mer l'ennemi a le
droit de prendre et de confisquer la propriété de son ennemi.
La guerre maritime ne vit pas sur ce mensonge juridique de
l'inviolabilité de la propriété privée, elle admet ouvertement
la saisie et l'appropriation, après jugement d'un tribunal des
prises, des bateaux et des biens de l'ennemi. Du reste l'exercice de ce droit a eu bien des vicissitudes; depuis la fin du
XVIIIᵉ siècle il a été très combattu en doctrine, et, ce qui est
plus important, il a reçu en pratique de notables atténuations. La déclaration de Paris du 16 avril 1856 admet la
règle « le pavillon couvre la marchandise », ce qui sauve de
la confiscation les marchandises ennemies trouvées à bord
des navires neutres, tandis que les marchandises neutres em-
barquées sur bateaux ennemis ne sont pas non plus expo-

sées à la saisie. La même déclaration, en prescrivant l'effectivité des blocus et l'abolition de la course, a tendu encore à
protéger le commerce contre les risques de la guerre. Notons
en passant que l'Espagne a adhéré à la déclaration de Paris,
à l'occasion de la conférence de 1907.

Mais ces tempéraments étaient jugés par beaucoup chose
insuffisante, c'était la suppression même du droit de capture
que l'on voulait. La question fut mise au programme de la
conférence de 1907 et de nombreuses propositions furent
déposées à ce sujet. La discussion s'engagea sur la proposition des États-Unis qui abolissait le droit de capture sous la
double réserve du cas de blocus et de la saisie de la contrebande de guerre[1].

On a peu d'exemples aussi illustres d'erreur qu'une proposition semblable. On a allégué pour la défendre le peu
d'importance militaire du droit de capture, la nécessité de
protéger des opérations commerciales aussi intéressantes
pour les neutres que pour les belligérants, l'impossibilité
d'admettre cette idée que pour rendre les guerres plus courtes
il faille les faire aussi terribles que possible, le peu d'autorité du monde du commerce et son défaut d'influence sur
la durée de la lutte, l'exagération des dépenses maritimes,
d'autres raisons encore de semblable valeur.

On ne peut pas, à notre avis, se tromper plus complètement.

L'arrêt du commerce a une si grande importance militaire
que si les vaisseaux allemands sillonnaient les mers, la plus
grande chance de succès des adversaires de l'Allemagne leur
échapperait. L'intérêt du commerce maritime pour les belli-

---

[1] Les questions relatives maritimes furent examinées par la quatrième
commission (*Actes,* III, p. 739 et s.) dont les travaux furent particulièrement
intéressants et approfondis. On peut citer comme des modèles d'argumentation les discours de M. Choate et de M. Ruy Barbosa. Il est certain que le
plus grand nombre des juristes et des économistes est favorable à la cause
de l'immunité de la propriété privée sur mer, mais il n'est pas moins certain
que ceux qni ont su résister à cet entraînement ont eu raison, car nous
sommes plus loin que jamais de cet idéal.

gérants n'est pas douteux, mais n'est-ce pas là une raison topique pour que l'ennemi puisse arrêter le commerce de son ennemi? L'influence des commerçants sur le militaire n'est peut-être pas très grande, mais l'influence de la liberté du commerce sur la richesse publique est immense et cette richesse est la source des forces de la nation. Jamais le droit de capture n'a paru aussi essentiel qu'en ce moment.

Du reste, que l'on ne se méprenne pas sur la portée pratique de la proposition des États-Unis. Elle n'est pas radicale, tant s'en faut. Même votée, cette proposition ne changerait pas grand chose aux pratiques actuelles. Les listes de contrebande se font si longues qu'elles englobent presque toutes les marchandises dont le trafic est considérable. Les blocus se font si grands qu'ils équivalent à peu près à une interdiction de commerce [1].

On ne voit pas comment, dans un pareil état de choses, on utiliserait la liberté commerciale. Devant la conférence on vit de suite que la proposition de principe ne réunirait pas une majorité suffisante. Diverses solutions transactionnelles furent alors recommandées, comme par exemple la substitution d'un simple séquestre à la confiscation. Elles n'eurent pas un sort meilleur et il fallut se résigner à laisser subsister l'usage antérieur.

On a pu voir par cet exemple combien est vaine cette idée si vantée que la guerre a lieu entre États et ne concerne pas les particuliers.

---

[1] La notion traditionnelle du blocus paraît devoir disparaître ou au moins se modifier complètement par l'effet de la présente guerre. L'Allemagne prétend bloquer les alliés avec ses sous-marins et je lis que pendant la dernière semaine, publié au 31 mai 1917, ces sous-marins ont coulé 1 cargo-boat sur 270 entrés dans les ports anglais ou en étant sortis. Cela ne peut pas s'appeler un blocus, mais une entreprise de destruction sans précédent dans les guerres maritimes. D'un autre côté, les marines alliées n'ont pas déclaré le blocus régulier des côtes allemandes, mais elles interrompent tout trafic à destination de ce pays. Elles poursuivent, autant que je puis m'en rendre compte, l'interdiction de tout commerce maritime de l'Allemagne, et ce moyen de guerre, autrefois exceptionnel, paraît devoir devenir commun. A la différence du précédent, il n'a rien d'incompatible avec l'humanité.

Toutefois de ce grand mouvement quelques vestiges sont demeurés. Ils forment l'objet de la convention XI. Cette convention contient certaines exemptions de capture et quelques dispositions touchant le sort de l'équipage des navires capturés. Une première exemption de capture favorise la correspondance postale [1]. Elle est déclarée inviolable, qu'il s'agisse de la correspondance des neutres ou de celle des belligérants. Le cas de blocus est seul excepté. Du reste les paquebots poste demeurent soumis à l'application des lois de la guerre et notamment au droit de capture, bien qu'il ait été question souvent de les en exempter. Nous remarquerons que l'exemption ne concerne que la correspondance postale des neutres, qu'elle ne s'étend pas aux colis postaux. Et effectivement au cours de cette guerre de nombreuses saisies d'articles de contrebande ont été pratiquées dans les colis postaux, des saisies de caoutchouc notamment.

Cette conception se maintiendra-t-elle, c'est une question. On a dit, pour la justifier, que la correspondance postale est sans signification pour le belligérant, lequel apprend par le télégraphe, et le plus souvent par le télégraphe sans fil, les nouvelles de nature à l'intéresser. Ce n'est pas exact. Tous les messages de quelque étendue et de quelque précision ont besoin du concours de la poste, l'espionnage ne peut pas s'en passer, le ravitaillement à l'étranger pas davantage. Il est donc d'un grand secours pour un belligérant de pouvoir saisir la correspondance destinée à l'autre belligérant ou provenant de lui. Est-ce un secours auquel on puisse renoncer, on l'admettra difficilement.

Une autre exemption concerne les bateaux de pêche, elle est fort ancienne et ses limites n'ont jamais été bien fixées [2]. La convention XI consacre cette exemption, mais pour la

---

[1] Nous ne croyons pas que l'exemption de saisie de la correspondance postale neutre ait été observée dans la guerre actuelle. Elle ne pouvait pas l'être, à raison des facilités qu'elle donne à l'espionnage.

[2] Cette exemption n'est pas observée et tous les jours des bateaux de pêche sont coulés. Par réciprocité, rien ne s'oppose à ce qu'ils soient employés dans la lutte contre les sous-marins.

pêche côtière seulement et à la condition que les bateaux qui y sont employés ne prennent aucune part aux opérations militaires. L'exemption est étendue aux navires chargés de missions religieuses, scientifiques ou philanthropiques. Il serait souhaitable, en effet, que la première exemption fût maintenue pour ne point mettre les populations côtières dans l'impossibilité de gagner leur pain, mais c'est improbable. La guerre sous-marine a donné aux bateaux de pêche une utilité nouvelle : ce sont ces bateaux qui peuvent le mieux découvrir les sous-marins, les signaler et même au besoin les combattre. Il est peu croyable qu'on les laisse naviguer librement. Pour les navires portant des missions, leur capture n'a pas d'intérêt appréciable, mais leur liberté de circulation ne sera pas respectée ; elle offrirait de trop grandes ressources à l'espionnage.

La même convention XI réglemente la condition des marins trouvés à bord d'un navire ennemi capturé. S'ils sont de nationalité neutre on doit distinguer : les hommes de l'équipage sont relâchés purement et simplement ; le capitaine et les officiers ne le seront qu'à la condition de promettre de ne pas servir à bord d'un navire ennemi pendant le cours de la guerre. Telle est également la condition mise à la libération des officiers et de l'équipage s'ils sont de nationalité ennemie, à défaut de quoi tous ces hommes sont des prisonniers de guerre. Les noms des marins ayant fait cette promesse doivent être transmis par le belligérant capteur à l'autre belligérant. Tout cela paraît bien peu pratique.

La conférence de 1907 se préoccupa également d'autres matières d'une grande importance dans le droit maritime, la détermination de la contrebande de guerre, les conditions du blocus, le droit de destruction des prises neutres. Un comité fut nommé pour les examiner. Des discussions furent amorcées, mais elles n'aboutirent à rien. Tantôt le travail fut abandonné en cours de route devant l'évidence de l'impossibilité où on était de le mener à bout, tantôt il aboutit à des scrutins qui ne firent que révéler l'état de division d'opinions où se trouvaient les Puissances représentées à la conférence.

Les mêmes sujets ont été repris l'année suivante à la conférence de Londres; ils ont abouti à un projet de convention qui n'a pas été ratifié. L'essai de l'application de la déclaration de Londres fait au cours de cette guerre a montré qu'elle est sans rapports avec les exigences de la guerre moderne[1].

Non seulement notre époque n'est pas favorable à une extension de la protection prise au profit de la propriété flottante, mais elle décèle des tendances tout à fait contraires. Les principes de la déclaration de Paris ne sont plus respectés dans la guerre actuelle, au moins dans la guerre sous-marine. La destruction de la prise qui n'était qu'une exception infime et discutée est devenue la règle ; on coule avec les navires ennemis les marchandises neutres qu'ils portent, on coule les navires neutres sous le prétexte qu'ils ont à bord de la contrebande de guerre, on permet à peine aux équipages de s'éloigner dans de misérables chaloupes, rien ne subsiste plus des précautions édictées par le congrès de Paris. En réalité, la pratique actuelle, celle de l'Allemagne au moins, tend non seulement à l'interdiction du commerce avec l'ennemi, mais à l'exclusion de tout commerce maritime. Si l'on veut reconstruire un droit maritime de la guerre pratique, il faudra lui faire subir de nombreuses modifications.

Aux procédés de la guerre maritime se rattachent deux conventions, relative l'une (VIII) à la pose des mines sous-marines automatiques de contact, l'autre (IX) au bombardement par des forces navales. L'usage fait des mines sous-marines pendant la guerre russo-japonaise a montré tous les dangers de cette innovation dans l'art de nuire. De nombreux

---

[1] On se rappelle que d'abord la France et l'Angleterre, à la demande de la France, avaient exprimé l'intention de se conformer à la déclaration de Londres du 26 février 1909, mais ce ne fut pas sans lui faire subir de telles altérations qu'elle en était méconnaissable. Il était plus franc de dire qu'on ne l'observerait pas. C'est ce qui fut décidé en effet (décret du 7 juillet 1916). Cela n'est aucunement regrettable. La déclaration de Londres est inapplicable.

navires marchands ont été coulés, même longtemps après la guerre, par suite de la dérivation des mines : il fallait songer à remédier à ces abus. La convention VIII contient une interdiction ferme et une série de prescriptions d'une portée incertaine et douteuse.

L'interdiction frappe : 1° les mines non amarrées qui ne seraient pas construites de façon à devenir inoffensives une heure au plus après avoir été lancées ; 2° les mines de contact amarrées qui ne perdraient pas leur puissance explosive après avoir rompu leurs amarres ; 3° les torpilles qui ne deviendraient pas inoffensives après avoir manqué leur but.

Tout cela est très sage, mais possède-t-on, en fait, des moyens sûrs d'obtenir les résultats ainsi envisagés? La convention ne le dit pas et nous voudrions être certain qu'il en est ainsi.

Viennent ensuite plusieurs règles d'une utilité problématique. Interdiction de poser des mines devant les côtes de l'adversaire dans le seul but d'intercepter la navigation du commerce. Comment le saura-t-on? il sera toujours possible de prétendre que c'était à la marine de guerre que l'on en voulait. Promesse de prendre toutes les précautions possibles (art. 3) pour la sûreté de la navigation pacifique. Il est toujours aisé de dire que l'on a fait son possible. Obligation de chaque belligérant de faire tout ce qui dépend de lui pour relever après la guerre les mines qu'il a posées. Ce texte appelle la même observation. Engagement de se procurer, dans le plus bref délai, le matériel perfectionné que l'on ne possède pas encore.

Tout cela est un fardeau inutile[1].

---

[1] L'emploi des mines dans la guerre actuelle paraît avoir lieu du côté allemand, au moins sans aucune limitation. C'est une grave menace pour la marine du commerce et l'on n'aperçoit pas du tout comment les belligérants pourraient être astreints à certaines règles en la matière. Les sous-marins allemands rejettent volontiers sur les mines les plus honteux de leurs méfaits ; les Allemands ou leurs imitateurs auront toujours beau jeu à soutenir que les mines posées irrégulièrement ne l'ont pas été par eux.

La convention (IX) touchant le bombardement par des forces navales en temps de guerre débute par le principe qu'il ne faut pas bombarder les ports, villes, villages, habitations ou bâtiments qui ne sont pas défendus ; mais ici encore on n'a pas voulu préciser ce qu'est une ville qui n'est pas défendue. Toutefois, on a noté que l'existence de fortifications devant une ville ne suffit pas à en faire une ville défendue. Mais alors qu'arrivera-t-il ? on ne saura qu'une ville est défendue que si on l'attaque et, dans ce cas, ou elle se rendra et alors tout bombardement est inutile, ou bien elle résistera et si elle résiste, il est clair que l'on pourra la bombarder librement. On a spécifié à cet égard qu'il ne suffisait pas qu'il existât devant un port une zone de mines pour que ce port fût regardé comme défendu, cela pour ne pas réduire à néant la portée du principe. Et la présence de sous-marins sera-t-elle réputée une défense ? On n'y voit plus clair là dedans. Il ne s'agit, du reste, que du bombardement de la ville, le seul qui soit interdit ; on peut licitement bombarder les ouvrages militaires énumérés par l'article 2 de la convention, pourvu que l'on s'abstienne de tirer sur les habitations particulières, mais le commandant de la flotte n'est pas responsable pour les dommages qu'il aurait causés sans intention. Le refus d'obtempérer à un ordre de réquisition peut justifier le bombardement, mais non le refus de payer une contribution en argent. Viennent ensuite des articles généraux semblables à ceux qui figurent dans le règlement relatif à la guerre terrestre.

A la guerre maritime appartient encore la convention qui a réalisé l'adaptation à la guerre maritime de la convention de Genève. Déjà en 1899 une convention semblable avait été écrite et celle de 1907 n'en est en quelque sorte qu'une nouvelle édition. Nous ne voulons pas entrer dans l'examen de ce texte, d'autant mieux que nous ne pouvons pas affirmer que dans la guerre présente cette convention ait reçu la moindre exécution.

La neutralité a fait à La Haye l'objet de deux conventions : la convention V sur les droits et les devoirs des Puissances et des personnes neutres dans la guerre terrestre, et la convention XIII sur les droits et devoirs des Puissances neutres en cas de guerre maritime. Ces traités sont de caractère fragmentaire, ils n'ont pas envisagé de face et dans leur généralité les problèmes que soulève la neutralité; ils se sont bornés à donner des réponses à certaines questions particulières de ce domaine, questions choisies parmi celles qui sont le plus fréquemment agitées. Le plus souvent ces questions n'ont pas pris un grand intérêt dans la guerre actuelle.

La première règle posée est celle de l'inviolabilité du territoire neutre. Les belligérants ne peuvent y faire passer ni troupes, ni convois de munitions ou d'approvisionnements. Remarquons que la même interdiction n'est pas formulée pour les convois de blessés qui peuvent, au contraire, emprunter le territoire neutre si la Puissance neutre y consent. Si une Puissance neutre (art. 10) est contrainte de repousser par les armes une atteinte à sa neutralité, son acte ne sera pas réputé hostile et ne suffira pas, par conséquent, pour la mettre en état d'hostilité avec le belligérant dont elle a repoussé l'incursion. Cela suppose, bien que le texte ne le dise pas, que l'auteur de l'infraction à la neutralité ne recourt pas lui-même à la force dans la poursuite de son but; s'il en était autrement l'état de guerre existerait. Il n'est pas douteux, par exemple, que l'Allemagne et l'Autriche sont actuellement en guerre avec la Belgique.

Le parti pris par la conférence de La Haye sur ce premier point montre qu'elle n'a pas voulu ressusciter la distinction familière autrefois aux jurisconsultes de la neutralité parfaite et de la neutralité imparfaite. Cette dernière admettait le droit de passage[1] dans certains cas au moins, particulièrement dans le cas où ce droit avait été stipulé par traité. On admettait alors que la Puissance qui souffrait ce droit de

---

[1] Les auteurs allemands ont cherché à ressusciter cette vieille notion pour défendre la cause de leur empereur. Cette argumentation fantaisiste n'a eu aucun succès.

passage innocent ne sortait pas pour cela de sa neutralité. On ne l'admettrait plus aujourd'hui et l'État qui agirait ainsi pourrait être traité en ennemi par l'adversaire du belligérant auquel il aurait accordé le passage.

Nous observerons que, dans la guerre présente, l'Allemagne n'est pas seulement coupable d'avoir violé le principe rappelé aux articles 1 et 2 de notre convention. Sa responsabilité est plus grande, car elle a envahi de vive force deux États perpétuellement neutres, le Luxembourg et la Belgique, alors qu'elle avait solennellement promis non seulement de respecter cette neutralité, mais de la faire respecter par quiconque tenterait de l'enfreindre. Jamais plus scandaleuse violation de la parole donnée n'a été commise. La convention défend de même aux belligérants soit d'installer des appareils de radiotélégraphie sur le territoire neutre, soit d'y placer des appareils propres à communiquer avec leurs forces de terre ou de mer. Il leur est interdit de même d'y utiliser pendant la guerre des établissements de ce genre qu'ils auraient fondés auparavant. Au contraire, on peut leur per-mettre l'usage des câbles télégraphiques ou téléphoniques, également celui des appareils de télégraphie sans fil, appartenant à l'État, à des compagnies ou à des particuliers. Cette distinction est évidemment faite pour assurer l'action de la police du pays neutre sur les communications des belligérants et pour empêcher que l'on ne fasse de leur territoire un centre d'espionnage[1].

De même, mais ici nous retrouvons une idée déjà ancienne, une Puissance neutre ne doit pas souffrir que l'on installe

---

[1] Cette réglementation de la télégraphie sans fil est évidemment bien sommaire. La question est connexe à celle de l'espionnage et le danger le plus grave est dans l'usage de la télégraphie sans fil non par des sujets des pays belligérants, mais par des nationaux de l'État neutre pour le compte des belligérants. Un État neutre se compromet en tolérant sur son territoire des entreprises d'espionnage au détriment d'un État étranger. La règle la meilleure serait d'interdire tout établissement privé de télégraphie sans fil pendant la durée des hostilités et de sanctionner par des peines sévères cette interdiction.

sur son territoire des bureaux d'enrôlement au profit des belligérants.

Après avoir énoncé ces diverses interdictions, le texte ajoute (art. 5) que la Puissance neutre ne doit tolérer sur son territoire aucun de ces actes, et que s'ils viennent à s'y produire, elle est tenue de les punir. Est-il bien utile d'adresser cette injonction au neutre après avoir porté des prohibitions, je ne le pense pas. Les neutres sont tenus à l'observation de la convention si elle est en vigueur, aussi bien que les belligérants eux-mêmes, et il semble qu'il n'existe pas de bonne raison de rappeler leur responsabilité. Cette manière de faire est empruntée au traité de Washington du 8 mai 1871 qui a posé les règles conformément auxquelles a été jugé le grand litige de l'Alabama. Je lui trouve l'inconvénient assez sérieux de faire révoquer en doute l'autorité des prescriptions impératives ou prohibitives que l'on n'aurait pas fait suivre de la même formule[1].

Une autre disposition d'une importance réelle se rencontre dans l'article 7 de la convention. Il y est dit que la Puissance neutre n'est pas tenue d'empêcher l'exportation ou le transit, pour le compte de l'un ou de l'autre des belligérants, d'armes, de munitions et, en général, de tout ce qui peut être utile à une armée ou à une flotte. Ajoutons à cela l'article 18, d'après lequel les fournitures faites ou les emprunts consentis à l'un des belligérants par des personnes neutres ne sont pas réputés des actes hostiles, à moins que ces personnes n'habitent le territoire de l'autre belligérant. Ceci nous montre que la convention a été écrite conforme à la tradition, car jamais la tradition n'a considéré comme irrégulier le commerce de contrebande de guerre pratiqué par les particuliers neutres et jamais elle n'a imputé à faute à l'État neutre de ne s'être pas opposé à ce commerce. Cela est utile à rappeler. Au cours de la longue controverse poursuivie

---

[1] De même, il n'a pas été heureux, en 1870, de faire consacrer par des conventions spéciales la neutralité de la Belgique. Cela laisse germer cette idée qu'à défaut de conventions semblables cette neutralité est moins respectable.

entre l'Allemagne et les États-Unis d'Amérique, la première
de ces Puissances a plusieurs fois exercé une pression sur la
seconde pour que celle-ci défendît à ses commerçants de
ravitailler les alliés. C'était sortir du droit commun absolument, mais l'Allemagne n'y regarde pas de si près. Au reste,
jamais le principe avancé par elle ne sera reçu. Le commerce
neutre est, en effet, d'un excellent rapport pour les spécula-
teurs qui s'y adonnent.

Au contraire, la fourniture d'armes ou de choses utiles à
la guerre est absolument interdite à l'État neutre, à peine de
perdre le bénéfice de sa neutralité [1]. Notre convention n'a pas
cité cette règle et cela n'est pas sans nuire à son autorité.
Plus complète, elle aurait pu être considérée comme reflétant
exactement les principes de cette matière.

Les Puissances neutres ne sont donc pas tenues d'interdire
le commerce de matériel de guerre et de provisions fait par
leurs sujets avec les belligérants, mais elles peuvent le faire
et elles le feront notamment dans deux cas : 1° lorsqu'elles
auront elles-mêmes un besoin pressant de ces marchandises
et craindront d'amener une crise économique en les laissant
partir pour l'étranger ; 2° lorsqu'elles empruntent une partie
de leur subsistance à l'un des belligérants et que celui-ci met
à ses fournitures cette condition que le neutre ne fournira
pas des mêmes marchandises ou des objets fabriqués par
leur moyen l'autre belligérant. Cette dernière prohibition a
pris pendant la guerre actuelle une importance très considérable. Certains neutres ont eu un besoin absolu du secours
de leurs voisins belligérants et ces derniers ont bien vu qu'ils
n'arrêteraient le commerce de contrebande destiné à leur
ennemi qu'autant qu'ils empêcheraient qu'elle leur soit portée
par voie de terre. De là des arrangements ayant pour résultat

---

[1] Contrairement à ces idées, Lorimer a soutenu qu'il faudrait en temps de
guerre laisser le commerce des armes entièrement libre, fût-ce entre les
belligérants. Celui des deux partis qui posséderait les ressources les plus
étendues arriverait plus vite à la victoire et la cause de la paix y gagnerait.
Cette opinion ne doit être rappelée qu'à raison de sa singularité (Lorimer,
Revue de droit international, 1874, p. 546).

de déterminer le neutre à édicter des prohibitions d'exportation et de transit qui équivalent à la saisie de la contrebande de guerre qui se fait sur mer [1].

Lorsque des mesures restrictives sont prises, elles doivent être égales pour les deux belligérants, à moins de manquer à l'impartialité qui est le premier devoir du neutre.

La convention V comprend d'autres dispositions de détail, tant sur la condition des internés et des prisonniers évadés que sur les devoirs de la personne neutre et aussi touchant le matériel du chemin de fer qui appartiendrait à un neutre et tomberait au pouvoir d'un belligérant. Tout cela, on le voit, est très fragmentaire et ne présente pas une grande suite.

La convention XII concernant la neutralité en matière maritime présente les mêmes caractères et souffre des mêmes défauts. Le droit maritime de la guerre dans son entier ou à peu près concerne les neutres et doit figurer dans une convention telle que la nôtre. En réalité, il est loin d'en être ainsi et ce sont simplement certains points que la convention a visés et réglementés :

1° Le premier est l'interdiction de tous actes d'hostilité dans les eaux neutres, notamment la capture et la visite des bateaux de commerce, de même la simple constitution d'un tribunal des prises dans un port neutre ou sur un navire

---

[1] La Suisse est, à cet égard, dans une situation fort critique, ayant un égal besoin des fournitures des deux partis belligérants. De là des négociations difficiles et des arrangements peu satisfaisants. Quelque considération que mérite, par exemple, la situation d'un peuple qui a faim parce que ses voisins sont en guerre, il va de soi qu'il ne peut obtenir des provisions que s'il prend soin de ne laisser passer à l'adversaire de l'État qui le fournit aucune denrée propre à l'alimentation. Il serait inadmissible que la Suisse reçût de la France du blé et fournit des fromages à l'Allemagne. A ce point de vue, la conduite de la Hollande au cours de la guerre actuelle a paru assez suspecte. La solution la plus exacte de la question paraît être celle-ci : un État neutre qui a besoin pour faire vivre sa population du commerce d'un belligérant ne peut le réclamer qu'en s'engageant à refuser toute contribution à l'alimentation de l'autre belligérant. Tout récemment, la Suisse s'est obligée par traité à fournir mensuellement une certaine somme à l'Allemagne. C'est une infraction absolue à la neutralité.

dans les eaux neutres[1]. En cas de manquement à ce commandement, le neutre a le droit de faire relâcher la prise et d'interner l'équipage mis au bord de la prise par le capteur, ce qui signifie qu'il peut employer la force à cet effet sans excéder les bornes de sa neutralité; si la prise est hors de sa juridiction, il devra se borner à adresser au capteur une demande à laquelle celui-ci devra obtempérer.

2° Aucun belligérant ne peut prendre les eaux neutres pour base d'opérations et notamment y installer des stations radiotélégraphiques ou tout autre appareil tendant au même but. On connaît et l'importance et l'extrême difficulté de cette loi. Que contient-elle au juste? Le rapporteur, M. Renault, a proposé certains exemples[2], mais ils sont de peu de secours, et la question de savoir en quoi consiste le fait de prendre un port comme base d'opérations donnera matière à discussions nombreuses[3].

Par contre, les vaisseaux de guerre belligérants peuvent passer par les eaux territoriales du neutre et même y faire passer leurs prises. Tout cela est conforme au droit traditionnel, bien qu'une opinion célèbre, celle de Bynkershoek, soutienne que l'on peut continuer dans les eaux territoriales du neutre des actes d'hostilité commencés au delà de cette limite[4].

3° L'État neutre ne peut. fournir le belligérant ni de munitions ni de matériel, ni surtout de vaisseaux de guerre. On reconnaît là les préoccupations nées à l'occasion de

---

[1] Le développement de la navigation sous-marine ne permettra sûrement pas à cette règle de se maintenir. Un belligérant ne laissera pas les sous-marins du parti contraire se ravitailler dans les eaux territoriales d'un neutre sans tenter de s'y opposer par la force.

[2] *Actes*, 1907, I, p. 300.

[3] Sur ce point encore, la guerre sous-marine ne peut pas manquer de modifier les usages existants. Une fois ravitaillé, le sous-marin peut se livrer à des actes d'hostilité immédiats, sans se faire connaître, sans même dévier de sa route de retour à son port d'attache. On ne possède contre lui aucune garantie. Il faut évidemment une règle nouvelle plus sévère que l'ancienne.

[4] Bynkershoek, *De rebus bellicis,* cap. VIII.

l'affaire de l'Alabama. Au contraire, il n'est pas tenu
d'empêcher l'exportation à destination des belligérants
(art. 7) des armes, des munitions, de tout ce qui peut être
utile à une armée ou à une flotte. Nous ne referons pas ici le
reproche formulé à propos de la neutralité territoriale.
L'opposition est nettement accusée entre la condition de
l'État qui doit s'abstenir de toute fourniture propre à servir
dans la guerre et celle des particuliers dont le commerce
demeure libre sous le contrôle de leur propre État. Cela est
bien le droit traditionnel, le principe d'où l'on ne pourrait
pas sortir sans aller à des difficultés inextricables.

4° La question qui tient la place la plus grande dans la
convention XIII est celle de l'asile accordé aux navires de
guerre belligérants dans les ports neutres avec les points
accessoires qui s'y rattachent, comme le droit de s'y fournir
des provisions nécessaires et notamment de charbon, le droit
d'y réparer ses avaries, d'y conduire ses prises, etc. Sur
cette question, deux tendances se partageaient l'opinion,
celle de la pratique anglaise, la plus récente (car elle a
varié), et celle de la pratique française, la première limitant
strictement le droit d'asile et adoptant la règle des vingt-quatre
heures, la seconde laissant toute liberté à l'État neutre sur ce
point. La tendance anglaise l'a emporté à La Haye. Elle prête
moins aux abus, mais elle est très dure et favorise singulièrement les Puissances maritimes qui possèdent de nombreuses
possessions coloniales. Nous n'apercevons pas bien les motifs
pour lesquels la pratique anglaise a été préférée[1].

Comme nous l'avons déjà observé, les questions les plus
grosses que soulève la matière de la neutralité maritime n'ont
pas pu être réglées à la conférence de La Haye, mais ces
questions ont été reprises et résolues l'année suivante à la

---

[1] La guerre par sous-marins doit aboutir à des modifications profondes de
cette matière. L'article 16, par exemple, reproduit la règle traditionnelle du
délai de vingt-quatre heures à mettre entre le départ du même port de deux
navires respectivement ennemis. Cette règle n'a plus aucune utilité, si l'un
de ces navires est un sous-marin.

conférence de Londres qui a abouti à la déclaration du 26 février 1909. Les matières du blocus de la contrebande de guerre, du caractère ennemi du navire et des marchandises sont les principales.

Nous ne prétendons pas reproduire, même sommairement, les règles émises par la déclaration de Londres qui demeurent hors des limites de ce travail. Elles sont trop nombreuses et considérables. Disons d'une façon générale : elles sont assez conformes à ce qu'étaient les règles traditionnelles sur la matière, assez c'est tout ce qu'on peut dire. Mais il est curieux de voir combien l'événement a déçu les prévisions des rédacteurs de la convention de La Haye et de la déclaration de Londres. Le gouvernement français et, à sa prière, le gouvernement anglais ont déclaré au début de la campagne leur intention de se conformer aux principes de la déclaration de Londres, qui, n'ayant pas été ratifiée, n'avait pour eux rien d'obligatoire. Il leur a été impossible de se conformer à leur intention. Il a fallu par des ordonnances nouvelles prendre de telles libertés avec la déclaration qu'en réalité il n'en restait à peu près plus rien. Aussi ont-ils fini par publier qu'ils ne la suivraient plus.

C'est surtout en matière de contrebande que ce déséquilibre s'est produit. A Londres, suivant l'exemple que donnaient les anciens traités de commerce, on avait procédé à une énumération des objets de contrebande. Pour cela on avait fait trois listes, celle de la contrebande absolue, celle de la contrebande conditionnelle et celle des choses qui ne peuvent en aucun cas être réputées de la contrebande. Or, dans la confection de ces trois listes on avait tenu compte beaucoup moins des besoins de la guerre moderne qui vont toujours en grandissant que des intérêts commerciaux des Puissances qui prenaient part à la conférence. Et ainsi des marchandises qui sont d'un usage quotidien à la guerre, comme le caoutchouc, le coton, les nitrates, les cuirs, étaient parmi les objets qui ne peuvent en aucun cas être considérés comme de la contrebande. Il fallut naturellement remanier tout cela et ainsi apparut l'imprudence des délibérations de Londres.

Cette imprévoyance a apparu à d'autres points de vue
encore. Évidemment en 1909, lorsque cette déclaration a été
écrite, on n'a pas songé un instant que la guerre au commerce neutre pût jamais être poursuivie par le moyen de
sous-marins et les règles posées, raisonnables si on les
applique aux navires d'escadre, peuvent conduire aux plus
graves abus lorsqu'on les étend aux submersibles. La matière
de la destruction des prises neutres en est la preuve (art. 48
et s.). On admet par exception ce procédé si la capture
régulière du bateau marchand peut compromettre la sécurité
du bâtiment de guerre ou le succès des opérations dans lesquelles il est engagé. La formule est très large, plus large
que ne l'était la doctrine commune, laquelle exigeait une
nécessité impérieuse, un danger pressant, pour excuser la
destruction de la prise. Armés de ce texte, les sous-marins
prétendront qu'il leur est applicable dans tous les cas et que
par conséquent la destruction de la prise est pour eux la
règle invariable et non pas l'exception. Il faut que l'équipage
et les passagers soient mis en sûreté. On prétend satisfaire à
cette obligation en les embarquant dans des chaloupes, bien
que tel ne soit pas l'esprit du texte. Si l'on avait dit que le
capteur doit dans toùs les cas prendre à son bord les personnes susdites, ces procédés barbares ne pourraient pas au
moins se prévaloir du texte de la déclaration. Et remarquons-
le, d'après la pratique usitée, cette expression n'avait pas un
autre sens.

De même le capteur doit emporter dans ce cas les papiers
du bord pour que le jugement de la prise soit possible. Cela
se fait-il en réalité, nous ne le croyons pas.

La déclaration aurait aussi été plus sage si l'on avait
rappelé que la prise doit être précédée d'une visite régulière et
d'une enquête sur la consistance de la cargaison et que le
fait de couler un navire marchand, neutre ou belligérant est
un acte de piraterie.

Toute cette législation est un anachronisme. Il n'est pas
regrettable que la déclaration de Londres n'ait pas été ratifiée.

Il resterait à analyser la convention XII relative à l'institution d'une cour internationale des prises destinée à statuer
comme juridiction d'appel sur les décisions rendues par les
cours nationales de prises. Mais cette convention XII n'a
pas été ratifiée et ne le sera vraisemblablement jamais. On
peut donc la négliger sans inconvénient.

CONCLUSION

L'étude critique que nous venons de poursuivre serait inutile si nous n'arrivions pas à en dégager quelques leçons profitables. Mais tel n'est pas le cas, et il nous semble bien que cette étude nous permet d'affirmer certains points importants de la science politique.

1° Le premier est que l'on ne gagne rien à transporter une institution juridique hors du cadre qui lui est naturel, en vue de la faire servir à des fins pour lesquelles elle n'a pas été préparée. Voici un demi-siècle que des esprits trop prompts cherchent à amplifier en tous sens le rôle des traités diplomatiques et à en faire l'instrument qui forgera les grandes lois sous l'égide desquelles vivra l'humanité. Ils ont commis une erreur complète. Appliqués au droit de la guerre, les traités lui ont donné une armature d'une fragilité telle que l'on ne peut pas imaginer qu'elle arrive à en soutenir les principes. Sur le terrain de la cause de la paix, ils n'ont abouti jusqu'à présent qu'à recueillir quelques stériles déclarations. Gardons-nous de le regretter. Il vaut mieux ne rien promettre que de s'exposer à manquer à sa parole. Si, sur ce terrain des moyens pacifiques d'écarter les conflits, des promesses formelles avaient été arrachées à l'hésitation des États, ces promesses n'auraient pas été tenues et finalement le mal en aurait été plus grand. Ici et là les traités ont révélé leur impuissance. Cela pouvait être prévu. Pourquoi prétendre transformer en sources et en recueils de lois communes à l'humanité ces accords qui ont été inventés uniquement à l'effet de permettre aux nations de régler amiablement leurs litiges particuliers. Quels grands et nombreux précédents autorisaient ces immenses espérances ? quelle lumière nouvelle était apportée qui pût les transformer en réalité ? Rien n'a apparu. On est parti à La Haye de ce principe que par des traités on peut tout faire. Les traités n'ont pas tardé à montrer qu'ils ne sont pas bons à tout. Ce premier défaut est sans remède. Certes, les traités constituent, quant aux objets qu'ils peuvent atteindre, l'instrument le plus souple, le plus commode, le plus varié, que l'on puisse posséder, mais encore cet instrument a-t-il des imperfections et des faiblesses qui tiennent à leur nature d'actes contractuels, et parce que la source unique de leur autorité est dans la volonté des Puissances qui les signent, on ne tenterait pas de porter atteinte à leur caractère d'actes volontaires sans ruiner entièrement cette autorité.

Que ces considérations n'aient pas frappé les membres des conférences de La Haye, qu'ils ne se soient jamais demandé jusqu'où irait l'autorité des actes qu'ils rédigeaient, c'est ce qu'il est difficile de s'expliquer.

2° Une conclusion plus grave s'impose encore à l'esprit. Les deux conférences de La Haye se sont efforcées de faire faire à la cause de la paix un pas décisif par l'adoption de cette loi que certains conflits au moins doivent être résolus par des moyens amiables et non pas par la voie des armes. Au fond ce que l'on cherchait là c'était une simple manifestation, car il est clair que les propositions faites, modestes et réduites comme elles l'étaient, paraissaient tendre à enfoncer une porte ouverte, tant il est vrai qu'on ne se battra pas pour une convention postale ou pour un accord destiné à limiter les ravages du phylloxera. Ce que l'on voulait établir c'est qu'il y a des conflits qui n'admettent pas la guerre comme mode de solution : cette idée acceptée, il ne resterait qu'à la faire progresser, et dans cette voie un avenir meilleur pouvait s'ouvrir pour l'humanité.

Aucune idée n'est plus louable que celle-là. Pourtant il n'est pas regrettable que ces propositions n'aient pas abouti et dans l'intérêt de la paix du monde il est à souhaiter qu'elles ne soient pas renouvelées. Oui, dans l'intérêt de la paix du monde. Ces choses sont utiles à redire aujourd'hui où l'on parle couramment d'une société des nations à organiser.

comme si elle était à la veille d'être établie. Tout cela n'est qu'illusion et une illusion démoralisante pour les hommes épris de justice et doués de peu de réflexion, comme aussi très propre à favoriser les plus louches ambitions.

Il restera éternellement vrai qu'une société organisée n'existera et ne sera maintenue entre les nations qu'autant que chacune sera contente du lot qui lui aura été assigné, ce qui est impossible, ou que toutes devront obéir aux injonctions d'une puissance effective supérieure, et alors ce sera un régime de tyrannie internationale. Une société européenne organisée ne mettrait pas vingt ans à tomber sous le joug de l'Allemagne, car le peuple allemand possède à un degré éminent ces qualités d'ordre, de discipline et de patience qui assurent le succès d'entreprises de domination. Il faudrait alors que les peuples subjugués, mais non résignés, reprissent les armes pour reconquérir cette liberté qu'ils n'auraient pas su garder.

Mais les choses n'iraient pas jusque-là. En supposant même que par un miracle d'équilibre cette société européenne pût être constituée, il ne s'écoulerait même pas un court délai avant que le plan laborieusement élaboré ne fût bouleversé par quelque événement imprévu. Pas plus que la surface des eaux le monde politique n'est immobile. Tous les jours des changements s'y produisent qui en appellent d'autres. Forcément, le travail de la constitution européenne ne serait jamais achevé. Si, il y a trois ans, l'Europe, au lieu de voir s'ouvrir la guerre la plus sanglante qui ait jamais existé, avait assisté à la solennelle constitution de la société européenne, cette société ne serait-elle pas déjà entièrement bouleversée par la révolution russe ? Que diraient les Chambres du parlement d'Europe des prétentions de la Finlande, de la Lithuanie, de l'Ukraine ? Prononceraient-elles le démembrement de l'ancien empire russe, ou refuseraient-elles à ces populations la liberté qu'elles revendiquent d'une voix si haute ? Quels hommes dans le monde auraient une autorité assez grande pour dissuader un peuple de sa résolution de mourir pour la libération de son pays ? En présence de semblables révolutions, les hommes de conseil demeurent forcément de simples pygmées et la raison comme l'histoire montre qu'elles ne peuvent se résoudre que par la voie des armes. Qu'on laisse à la médiation l'influence légitime qu'elle a fréquemment exercée, à l'arbitrage le champ limité et connu qui lui appartient, mais que l'on n'essaie pas d'aller plus loin. Rien n'est à gagner de ce côté-là.

Et surtout que l'on s'abstienne de faire luire aux yeux des hommes de vaines espérances. La perspective d'un avenir meilleur qui n'est que pure imagination est pour la masse ignorante de la condition de l'humanité une tromperie, un dissolvant, une invitation à négliger les mâles vertus qui font la force des peuples et la sécurité des nations. A ce point de vue les conférences de La Haye n'ont pas été seulement inutiles, elles ont été mauvaises. Elles ont encouragé cette idée que le fléau de la guerre peut être évité, qu'il ne faut pour cela qu'une mutuelle bonne volonté, que quelques-unes de ces vaines réunions suffiront à l'écarter. Alors on ne s'arme plus ou on s'arme à regret, on tient les dépenses militaires pour un poids inutile, on les réduit, on voudrait les supprimer, et le jour venu, on subit le désastre de l'invasion et l'on n'échappe qu'avec peine à la menace de la servitude.

Nous recevons une dure leçon. Souhaitons qu'elle nous apprenne pour jamais à défendre notre indépendance non par des paroles, mais par des actes.

3° Dans le domaine du droit de la guerre, l'œuvre des conférences de La Haye moins funeste, certainement n'a pas été plus utile. Elle date de dix ans et elle paraît déjà très vieille, aussi vieille que si elle avait été faite pour les guerres d'un autre âge.

Ne mettons pas au compte des conventions de 1899 et de 1907 les innombrables manquements des armées allemandes aux préceptes du droit de la guerre. Il y a des peuples criminels comme il y a des hommes criminels. Les Allemands qui ont tant et de si gros canons manquent d'autres choses également nécessaires à la guerre. Ils n'ont pas de fidélité à leur parole, toute humanité leur est étrangère, le sentiment de l'honneur ne les domine pas et cela pourra leur coûter plus cher que leur aurait coûté le défaut de canons ou de mitrailleuses. Mais tout cela n'est évidemment pas la faute des conventions de La Haye. Tout au plus pourrait-on dire qu'il est inutile de faire des conventions pour des peuples qui ne les observent pas.

Mais ce que l'on remarquera, c'est que les règles posées à La Haye, lorsqu'elles ne sont pas la simple traduction des grands principes d'humanité et d'honneur que les peuples civilisés se font un devoir de suivre à la guerre, ne paraissent déjà pour la plupart susceptibles d'aucun usage. Le droit maritime de La Haye, par exemple, et aussi celui de la déclaration de Londres sont à reprendre d'un bout à l'autre. L'art de la guerre a marché et rien de ce que l'on avait prévu n'est plus possible.

C'est un mal sans doute et pis encore c'est un mal sans remède. En vain on remettrait le travail sur le chantier et l'on s'étudierait à trouver des solutions satisfaisant aux nécessités de la guerre actuelle. Ces solutions vieilliraient elles-mêmes avant d'avoir servi. Quelles surprises nous réservent les guerres de demain ? que sera la guerre sous-marine ? que pourra la guerre aérienne ? Tout cela nous l'ignorons aussi complètement que l'on ignorait il y a dix ans la façon dont on fait la guerre d'aujourd'hui. Attendons, restreignons notre horizon, attachons-nous aux seules certitudes, si clairsemées soient-elles, mais surtout ne demandons pas que l'on fasse des conventions fatalement vouées à l'inefficacité.

L'intermède des conférences de La Haye apparaîtra dans l'histoire du droit international comme un instant brillant suivi, à brève échéance, de moments douloureux, obscurs et angoissants. Il serait triste que ces solennelles assises prônées comme devant préparer le triomphe du droit international dussent marquer le terme de son autorité. Ne désespérons pas, mais disons-nous que le droit est peu de chose dans la grande mêlée des peuples et que la voix de l'homme ne porte pas loin lorsque se fait entendre la voix du canon.

TABLE DES MATIÈRES

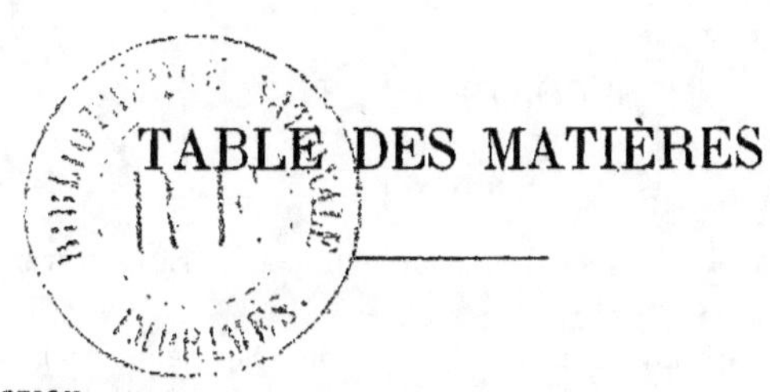

SECONDE PARTIE

Grenoble, imp. ALLIER FRÈRES, cours de Saint-André, 26.